陕西省社会科学基金项目"区块链协同下食品安全社会共治的概率共识逻辑研究"(2020F014)

陕西省社科界2019年重大理论与现实问题研究项目"区块链支持下的食品监管数据可信度提升及应用效果呈现策略研究"(2019TJ034)

陕西省教育厅服务地方专项计划项目"面向微服务框架的社会综治大数据空间共享于应用能力创新"(19JC015)

西安市科技局高校人才服务企业"微粒化背景下社会综治大数据空间共享与应用能力创新"(2019217114GXRC007CG008-GXYD7.7)

数据应用驱动的业务流程重塑与实践

李 艳 高军武 编著

U0719795

西安交通大学出版社
XI'AN JIAOTONG UNIVERSITY PRESS

国 家 一 级 出 版 社
全 国 百 佳 图 书 出 版 单 位

内容简介

随着数字化进程的发展,人类正进入一个精细解析的微粒社会,由此产生的"大数据思维"也正在颠覆着传统企业管理的理念。本书以数字化结果的视角审视企业业务流程产生的新变革与新要求,全面介绍了在信息化和工业化深度融合发展(简称"两化融合")的背景下,企业业务流程管理的创新思维、实践路径和影响效果。本书共分为四篇,第一篇是两化融合背景下的业务流程变革,主要内容包括:我国两化融合政策的由来、框架、内涵与意义,两化融合与业务流程优化的逻辑次第关系及对业务流程优化的新需求,数据驱动模式下业务流程管理的新思维;第二篇是业务流程基础概念,主要内容包括:业务流程精细化管理的定义与意义,具有实践意义的"五要素—结果"建模方法,业务流程优化所带来的管理效能阶梯上升,业务数据血缘图的绘制工具和方法;第三篇是企业核心业务流程重塑项目管理与实践,主要内容包括:业务流程优化项目的计划与实施,某大型集团企业精细化聚合管理重塑与实践;第四篇是数据应用驱动背景下的业财融合,主要内容包括:业财融合的发展趋势,业财融合的价值实现路径,某企业的业财融合案例分析。本书着重讨论了两化融合与业务流程之间的相互促进关系,并给出了具有实践意义的工具和案例。

本书可作为与业务流程管理、管理信息系统需求分析研究相关的高校信息类、管理类专业本科生、研究生教材或教学参考用书,也可供有关科研人员和工程技术人员参考。

图书在版编目(CIP)数据

数据应用驱动的业务流程重塑与实践 / 李艳,高军武编著
. — 西安 :西安交通大学出版社,2022.5
ISBN 978 - 7 - 5693 - 2052 - 7

Ⅰ. ①数… Ⅱ. ①李… ②高… Ⅲ. ①数据处理-应用-
企业管理-业务流程 Ⅳ. ①F273 - 39

中国版本图书馆 CIP 数据核字(2022)第 075925 号

书　　　名	数据应用驱动的业务流程重塑与实践
	SHUJU YINGYONG QUDONG DE YEWU LIUCHENG CHONGSU YU SHIJIAN
编　　　著	李　艳　高军武
责任编辑	祝翠华　王建洪
责任校对	史菲菲
装帧设计	伍　胜
出版发行	西安交通大学出版社
	(西安市兴庆南路 1 号　邮政编码 710048)
网　　　址	http://www.xjtupress.com
电　　　话	(029)82668357　82667874(市场营销中心)
	(029)82668315(总编办)
传　　　真	(029)82668280
印　　　刷	西安日报社印务中心
开　　　本	787mm×1092mm　1/16　印张 15　字数 357 千字
版次印次	2022 年 5 月第 1 版　2022 年 5 月第 1 次印刷
书　　　号	ISBN 978 - 7 - 5693 - 2052 - 7
定　　　价	59.80 元

如发现印装质量问题,请与本社市场营销中心联系。
订购热线:(029)82665248　(029)82667874
投稿热线:(029)82665379
读者信箱:xj_rwjg@126.com

前言

当前我国处于全面深化改革、加快转变经济发展方式、实现经济结构战略性调整的关键时期，推进两化融合是应对新一轮信息革命全球化进程所进行的战略决策，是推动我国企业实现转型升级和可持续发展的必由之路。两化融合管理体系说明了管理原则，界定了其核心要素和主要管理域，以及过程的一般要素，并指出了以流程化为切入点的原则，明确了通过实施两化融合获取核心竞争力的前提是要建立流程驱动、协同协作的动态组织模式，以解决我国企业组织刚性强等问题。企业要与相关价值主体间形成开放动态的价值网络，快速响应客户需求和市场变化，基于开放价值网络，动态优化配置企业内外部资源。

本书试图在全面总结两化融合政策的历史背景、基础框架体系、实施标准要求的基础上，说明业务流程梳理与优化重塑在我国企业信息化进程中的重要作用，重申业务流程优化是信息化建设的前置条件。书中详细讨论了数据驱动模式对业务流程管理所带来的创新要求，介绍了业务流程管理的基本理论和模式，并在此基础上结合项目实践经验，对总结的"五要素一结果"建模方法和业务数据血缘图的绘制工具等进行了阐述。业务流程优化的项目具有很强的特质性，因此本书还对业务流程优化项目管理的基础理论和关注点进行了介绍。最后，本书通过某大型企业的精细化聚合管理以及某企业的业财一体化案例进行了案例展示。

全书共分为四篇12章，第一篇是两化融合背景下的业务流程变革，包含第1~3章：第1章重点介绍了我国两化融合政策的由来，以及两化融合的国际化比较；第2章重点介绍了两化融合的基础理论框架，明确了业务流程优化在两化融合管理体系中的重要作用；第3章说明了在两化融合的四要素循环中，数据驱动与业务流程的逻辑关系，重点阐述了数据应用驱动下业务流程的新思维。第二篇是业务流程基础概念,包含第4~7章:第4章重点介绍了业务流程管理的基础定义、建模符号等基础概念;第5章重点介绍了实践过程中总结而来的"五要素一结果"业务流程建模方法;第6章说明了业务流程优化和管理效能阶梯上升的逻辑对应关系;第7章说明了业务数据血缘图绘制的工具与方法,并说明了血缘图在数据分析中的重要作用。第三篇是企业核心业务流程重塑项目管理与实践,包括第8~9章:第8章从业务流程优化项目的失败原因讲起,说明了业务流程优化项目的基础框架和实施重点;第9章以某大型集团化企业的精细化聚合项目为案例,阐述了本书所提的建模和优化方法,并对建设效果进行了总结。第四篇是数据应用驱动背景下的业财融合,包含第10~12章:第10章重点叙述了业财融合中业务流程管理优化的发展趋势;第11章重点对数据应用背景下业财融合的价值实现路径进行了说明;第12章以某大型企业的业务融合过程为案例,对业务优化的重点以及实际效果进行了总结。

本书由李艳、高军武编著,其中李艳负责第1~9章的编写,高军武负责第10~12章的编写。在本书的编写过程中,马柯教授、宋宝民高级工程师提出了非常好的建议,在此对他们深表谢意。

本书所介绍的理论是伴随信息社会发展而来的,内容都较为新颖,所阐述的方法和工具均是笔者对实践工作的总结,但这可能存在具体应用的匹配度问题,加之编著者水平所限,书中的内容难免存在不妥之处,敬请大家批评指正。

编著者

2021 年 12 月

目录

第一篇 两化融合背景下的业务流程变革

第二篇　业务流程基础概念

第三篇　企业核心业务流程重塑项目管理与实践

第四篇　数据应用驱动背景下的业财融合

» 第一篇

两化融合背景下的业务流程变革

第1章
两化融合：时代背景的必然选择

1.1 人类文明的发展历程

虽然关于人类的起源存在着各种假说和争论，但针对人类文明发展的研究却有着基础的框架和结论。在人类学和考古学中，文明是指有人居住并有一定经济活动的区域，其判定标准主要包括三个方面，即城市的出现、文字的产生和国家制度的建立。按照人类文明发展史的研究，基于生产力维度可以将人类的发展分为原始社会、农业社会、工业社会和知识社会四个阶段。图1.1对人类文明的发展阶段与生产方式的演变过程进行了有效总结。

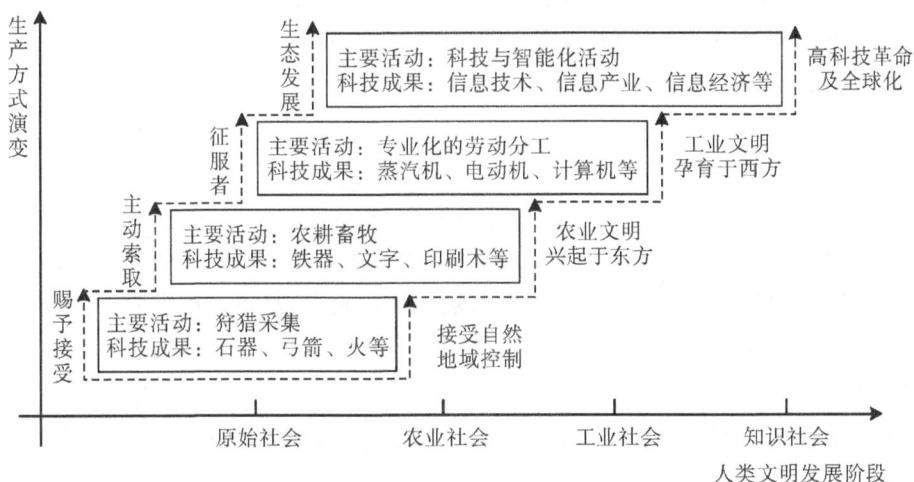

图1.1 人类文明发展阶段与生产方式演变过程

1.1.1 原始社会

人类在原始社会完成了从动物世界向人类社会的转移。在原始文明中，人类与自然的关系是被动的赐予接受关系，人类的活动和发展受到自然条件的限制。在原始社会中，人类的社会活动主要是狩猎与采集，直接采用自然界的初始生活资料，对自然的开发和利用能力非常有限，同时各种社会活动也会受到自然地域范围的极大限制。由经验积累产生的工具是原始社会最重要的科技成果，如石器、弓箭，尤其是对火的控制，极大地提高了原始人的生存能力。

1.1.2　农业社会

随着人类对自然的探索和发展,工具时代向农业时代的演变使人类从原始社会进入了农业社会。在农业文明中,人类与自然的关系变成了主动的索取,人类通过对自然的改造,进而创造适宜生存的条件。在农业社会中,人类的主要活动是农耕与畜牧,通过人类活动使自己需要的物种得到生长和繁衍,不再仅依赖于自然界直接提供的食物,对自然界的利用能力得到了极大的提升。农业文明最早发迹于东方,包括苏美尔文明的诞生地两河流域、哈拉巴文明的诞生地印度河流域及华夏多元一体文明的诞生地黄河流域,通过青铜器、铁器、陶器、文字、造纸术、印刷术等科技成果的使用,人类扩大了获取最大劳动成果的途径和方法。

1.1.3　工业社会

随着人类对自然界征服力度的加大以及工业生产方式的演变,人类自农业社会进入了工业社会。在工业文明中,人与自然的从属关系发生了彻底性的改变,人类似乎成了大自然的主宰,常以征服者的角色出现。随着生产力和生产关系的进步,出现了人口密集的城市和专业化的劳动分工,工业革命所带来的蒸汽机、电力系统、计算机等使社会的生产力空前发展。工业革命发端于欧洲,主要表现为征服大自然的物质活动。在工业文明中,工业化的生产力与传统的农业社会等深度融合,同时伴随着教育、医疗、保险、服务等现代社会机构与制度的产生,推动了现代化社会的飞速发展。

1.1.4　知识社会

工业革命建立了"人化自然"的丰碑,随着教育和科技的发展,人类进入了知识社会(也可以称为后工业社会、信息社会)。人类逐渐认识到,大自然是人类社会发展的基石,人与自然之间的发展要以一种协调的方式进行。知识型社会以自动化、信息科技和智能化活动为主,理论和科技占据了社会的统治和核心地位,信息技术、信息产业和信息经济形成了新型的信息化社会。高科技革命使人类的活动空间大幅改进,促使了全球经济、社会、文化的一体化,且科技的力量使人们认识世界的水平达到了新的高度,改造世界的能力实现了新的飞跃,使经济、社会和人类文明上升到了前所未有的新层次。

由此可见,人类自原始社会以来,发生了四次影响深远的革命:工具制造革命、原始农业革命、现代工业革命和知识与信息革命。尤其是工业经济和工业社会向知识经济和知识社会的转移,从根本上改变了人们的生活方式、行为方式和价值观念,也大大加快了人类文明的演进速度。在知识型社会中,信息成了比物质和能源更为重要的资源,以开发和利用信息资源为目的的信息经济活动迅速扩大,逐渐取代工业生产活动而成为国民经济活动的主要内容。如何促使信息有效集成与利用,实现农业化、工业化、信息化等社会发展各方面的深度融合,为社会和企业的发展带来新的动能,是本书的出发点,也是信息技术领域在理论和实践层面都关注的课题。

1.2 知识社会进程脉络

由人类文明发展的历程可知，人类社会发展到今天的知识型社会，是人类历史上各阶段经验、科技等成果的不断积累，是生产力和生产关系的同步发展所带来的必然结果。而农业文明后的工业化和信息化进程，在时间跨度、革新程度和影响效果等多个层面，都大大超过了漫长的原始社会和农业社会，因此有必要对工业革命发端以来的工业化进程、信息化进程和与之相对应的管理理论脉络进行体系化的梳理。

1.2.1 工业化进程

工业化最初只是一种自发的社会现象，始于18世纪60年代的英国，机器的诞生极大地提升了原手工劳作的工作效率，传统的生产组织和方式已经无法满足日益增长的市场容量的需求，同时社会资本的积累以及科学技术的飞速发展为工业化添加了翅膀。工业化的进程耗费了大约100年的时间。20世纪以来，特别是在第二次世界大战后，工业化成了世界各国经济发展的目标。表1.1中对自英国工业革命以来的工业化进程阶段、每个阶段的典型特征等进行了总结和梳理。

表1.1 工业化进程阶段特征总结表

序号	阶段名称	代表	阶段特征	阶段效果
1.0	蒸汽机时代	英国	机械化为主的"小工业时代"	能量不能传递，工厂规模受限
2.0	电力时代	美国	电气化为主的"大工业时代"	工厂规模急剧扩大，具有明显加速特征
3.0	自动化时代	日本	化工和电子化的"自动化时代"	行业或国家层面的加速和赶超
4.0	智能化时代	德国	信息集成驱动的"流水线时代"	各国争相布局数据战略

工业1.0时代，也可以称为蒸汽机时代，最早诞生于欧洲的资本主义国家英国。由于蒸汽机等机械化工具的发明，人类的工作效率有了大幅的提升，且实现了人口自由流动，为工业发展提供了充足、廉价的劳动力，机械化工具打破了原有的社会劳动组织系统，形成了以机械化为主的"小工业时代"。但是，此阶段由机械化工具所产生的动能，只能存在于某个局限的工厂空间内，能量不能有效存储和传递，因此工厂的规模受到了限制。

工业2.0时代，也可以称为电力时代，代表国家是美国。这个时代的典型特征是电力系统的发明及有效运用，因此也可以称之为电气化为主的"大工业时代"。美国于1860年至1920年前后完成大工业化的进程。由于电力系统产生的能量可以存储，而且可以在有限可接受的损耗内实现跨物理区域的传递，使得工业化的工厂规模急剧扩大，这个时代的工业化和社会发展进程出现了明显的加速特征。

工业3.0时代，也可以称为自动化时代，典型的代表国家是经过二战创伤后，迅速崛起的日本。通过科学技术的发展，二战后的日本及一些欧洲国家，在电力能量汇聚的基础上，在化工、材料、电子等领域快速地实现了自动化的生产线。自动化生产线的逐渐推广和使用，使得工厂规模扩大的同时,在产品质量和盈利能力上有了更大的提升,此时具有国际化竞争力的大公司逐渐显现,实现了某些公司在一些行业领域的领先和垄断地位,也实现了一些国家战略布局层面的加速和赶超目标。

工业4.0时代,也可以称为智能化时代。工业4.0是德国在2013年的汉诺威工业博览会上率先提出的概念,意图利用信息化技术促进产业变革,提高德国工业的竞争力,在新一轮工业革命中占领先机。工业4.0以物联网、数字化、网络化技术为基础,通过信息系统的有效集成和信息的综合运用实现自动化生产线的"智能化"。自德国率先发力将工业4.0纳入《德国2020高技术战略》以来,各国也争相进行布局,从国家层面提供了大量的研究资金和配套科研力量,在全球范围内掀起了新一轮基于"数字战略"的智能化竞赛。

中国的工业化进程萌芽于1840年鸦片战争失败之后的洋务运动,但真正意义上的大规模工业化进程是在新中国成立以后开启的第一个五年计划(1953—1957年)。在1978年改革开放之前,我国的工业化道路处于新中国计划经济体制下的社会主义工业化道路时期,典型的特征是:政府作为投资主体,国家指令性计划作为配置资源的手段,封闭型的重工业优先发展。改革开放之后,中国的工业化进程迈入了中国特色社会主义工业化,即社会主义市场经济体制下的工业化道路时期,典型的特征是:战略重心逐步转向在配置资源中发挥市场作用,低成本出口导向,建设开放型经济,基于产业演进规律不断促进产业结构优化升级。新中国成立以来,我国的工业化进程取得了辉煌的成就,但我国仍是工业大国,如何在知识社会快速发展的当下,全面实现我国高质量工业化,是实现中华民族伟大复兴中国梦的必要条件。

1.2.2 信息化进程

信息化的概念最早由日本学者在20世纪60年代提出,其标准定义为:信息化代表了一种信息技术被高度应用,信息资源被高度共享,从而使得人的智能潜力以及社会物质资源潜力被充分发挥,个人行为、组织决策和社会运行趋于合理化的理想状态。同时,信息化也是信息技术产业发展与信息技术在社会经济各部门扩散的基础之上,不断运用信息技术改造传统的经济、社会结构从而通往如前所述的理想状态的一段持续的过程。由此可以看到,信息化的发展是随着信息技术发展逐渐进行的,本书透过计算机技术应用的视角,对信息化发展的阶段进行了梳理和总结,如表1.2所示。

表1.2 信息化进程阶段特征总结简表

序号	阶段名称	时间区间	典型技术
1	大型机阶段	1946—1965年	电子管计算机、晶体管计算机
2	小型机阶段	1960年之后	中小规模集成电路计算机
3	服务器-客户机阶段	1990—2010年	客户端/服务器、浏览器/服务器、面向服务架构
4	"互联网＋"阶段	2010年之后	云计算、大数据、物联网、移动互联网

计算机及信息技术的广泛运用是1946年在美国宾夕法尼亚大学电子管计算机被发明后开始的,之所以称为电子管计算机是因为它的逻辑元件采用的是真空电子管,外部存储设备采

用的是磁带,辅之以冯·诺依曼结构等理论的设计思想,这些初级计算机设备开始应用于重要的部门或者大型的科学研究计算。但是,电子管计算机体积大,运算速度低,存储容量不大,并且价格昂贵,使用也不方便。1956 年,美国的贝尔实验室用晶体管代替电子管制作了世界上第一台晶体管计算机,其重量和体积较电子管计算机轻和小,但运算速度却提高了近百倍。其内存储器大量使用磁性材料制成的磁芯,外存储器采用磁盘,并在硬件设备的基础上,有了以汇编语言为基础的操作系统软件支撑。通过 Ada、FORTRAN、COBOL 等高级程序设计语言,计算机开始应用于数据处理及工业控制领域。

集成电路是一种新型半导体器件,是把一定数量的常用电子元件,如电阻、电容、晶体管等,以及这些元件之间的连线,通过半导体工艺集成在一起的具有特定功能的电路。自 1958年被美国德州仪器的工程师发明以来,集成电路对计算机技术的发展产生了巨大的影响:计算机的各硬件组成部分体积更小、价格更低、可靠性更高、计算速度更快,同时软件方面逐渐分离为操作系统、编译系统和应用程序三个组成部分,计算机的功能越来越强大,逐渐开始应用于各个行业。计算机技术的应用领域也从科学计算扩展到文字处理、企业管理、自动控制等多个方面,信息系统开始出现,尤其是 1976 年和 1981 年,苹果和 IBM 先后推动了个人计算机的市场,使得计算机的应用得到普及,进入人类社会的各个领域。

20 世纪 70 年代之后,计算机等机器设备完成了模拟设备向数字设备的转变,数字设备的进化推动力所带来的数字革命,使人类真正进入了信息时代。贝尔定律、摩尔定律、梅特卡夫定律及尼尔森定律等都说明计算机基础设备的计算能力在呈指数级增长,而获取价格却在快速下降,由此产生的经济影响更是快速地波及了社会生活的各方面。服务器的出现使得人类可以对数字信息进行规模化的利用,最初的架构是客户端/服务器(C/S)架构的,如图 1.2 中的①所示。服务器端主要承担数据库管理的职能,客户端进行相关的业务处理,对处理的结果向服务器请求。随着大家对信息系统的依赖度增强,人们发现分别维护客户端的逻辑成本很大,可以向统一的服务器端转移,因此出现了轻客户端的浏览器/服务器(B/S)架构,如图 1.2中的②所示。在 B/S 架构中,客户端只负责用户端信息的展示和录入,服务器端实现了应用服务器和数据库服务器的分离,应用服务器处理业务逻辑,数据库服务器处理由 SQL 语言触发的数据逻辑。随着信息系统的大力推广使用,在一个企业内部或者企业间形成了多个独立的信息系统,需要实现信息系统间的有效交互,面向服务架构(service-oriented architecture,SOA)应运而生,如图 1.2 中的③所示,它通过 web service 技术实现系统间信息的集成应用。

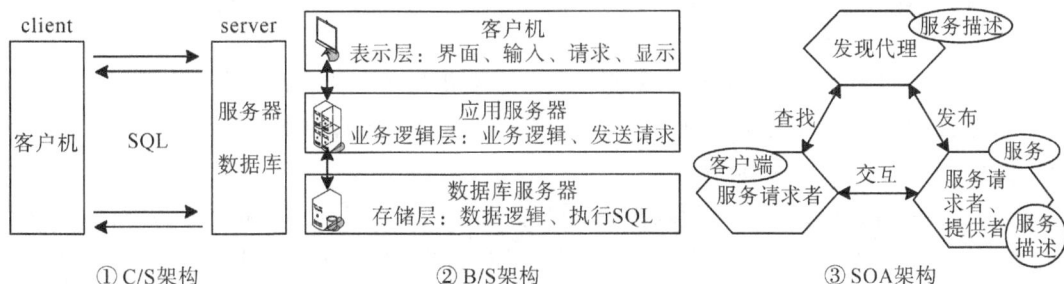

图 1.2 信息系统基础结构

在 2010 年以前,大部分组织建立并维护自己的计算机基础设施,但在 2010 年之后,组织开始将其计算机基础设施向云端转移。称之为"云",是因为在传统的 B/S 三层架构或互联网体系中,使用云的符号来代表互联网。云计算及相关技术是在 SOA 技术基础上发展起来的,SOA 技术可以使程序设计像搭建乐高积木一样,灵活地组合各种逻辑。云技术的出现使得用户购买计算能力、数据资源等所需的经济成本进一步下降,由此可以对物联网等新技术、社交网络等新数字社会等产生的大数据进行有效的存储和处理分析。云自提出以来发展异常迅速,除部分特殊的安全行业外,大部分组织都将会受益于池化的跨组织服务器以及云服务提供商带来的规模经济。

1.2.3 管理理论的产生与发展

在工业化之前,人类生产能力与社会物质水平、社会认知水平极其低下,统治者主要通过阶级制度和宗教思想管理和控制民众;工业化进程开始之后,生产力有了大幅的提升,管理理念所代表的生产关系也随之产生了巨大的改变。亚当·斯密于 1776 年发表的《国富论》是近代管理理论的开端,其所提出的劳动分工理论和经济人假设是现代管理学的理论前提和技术基础。本书对工业革命以来的典型管理理论进行了梳理,如图 1.3 所示。

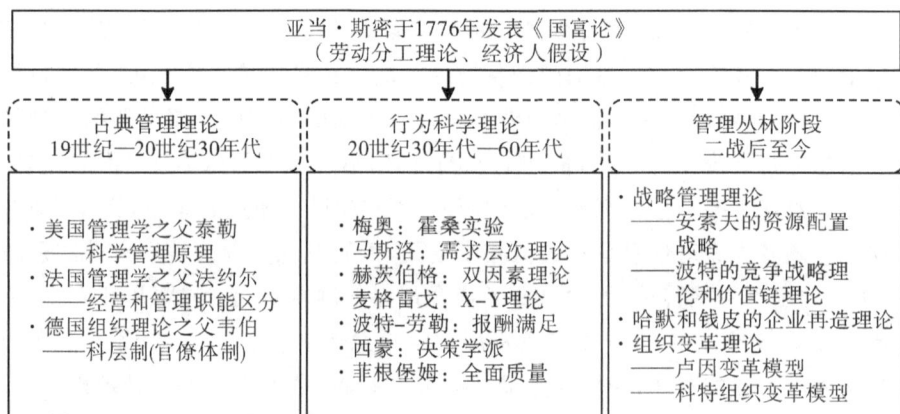

图 1.3 现代管理理论的发展脉络图

1.古典管理理论

古典管理理论起源于 19 世纪初期,至 20 世纪 30 年代左右结束。典型的古典管理理论学派创始人包括美国管理学之父泰勒(Taylor)、法国管理学之父法约尔(Fayol)、德国组织理论之父马克斯·韦伯(Max Weber)。

泰勒首次系统地阐述了科学管理的基本思想、基本内容以及科学管理的具体方法,其核心思想是如何使劳资双方都获得最大限度的利益。在双方利益一致的基础上,共同为提升生产率而努力,通过培训使工人掌握标准的方法,成为"第一流的工人",通过有差别的计件工资制实现工人激励,建立专门计划层,把计划职能(管理职能)同执行职能(实际操作)分开,变原来的经验工作方法为科学工作方法。

相比于泰勒关注于工厂生产率提升问题,法国的管理过程学派创始人法约尔更侧重于高层管理理论,并出版了《工业管理与一般管理》一书。法约尔的核心贡献是将管理活动从经营活动中区别开来,成了第六项职能,并将管理定义为计划、组织、指挥、协调和控制五部分,构建了现代管理的基础框架,通过对管理五要素的分析,提出了劳动分工、权利和责任、纪律、统一指挥、统一领导等十四项基本原则。

马克斯·韦伯是古典管理学派中另一位极具生命力和影响力的思想家,是公认的古典社会学理论和公共行政学最重要的创始人之一,被后世称为"组织理论之父"。韦伯立志于找出东西方文化差距的原因,将科层体制成功引入公司管理中,以科层制为代表的官僚组织具有劳动分工、权威等级、正式的甄选、正式的规则和法规、服从制度规定、管理者与所有者分离等特征。

2.行为科学理论

行为科学理论发源于20世纪30年代,是一门综合多学科的交叉学科,它主要研究人的行为产生、发展和相互转化的规律,以便预测人的行为和控制人的行为。典型的行为科学理论的代表人物包括美国哈佛大学教授梅奥(G. E. Mayo)、美国著名社会心理学家马斯洛(A. H. Maslow)、双因素理论的创始人赫茨伯格(F. Herzberg)、美国心理学家麦格雷戈(D. McGregor)、激励模式的提出者波特(L. W. Porter)和劳勒(E. E. Lawler)、美国管理学家和社会科学家西蒙(H. Simon)、美国通用电气公司的菲根堡姆(A. V. Feigenbaum)博士等。

梅奥的霍桑实验共包括照明实验、福利实验、访谈实验、群体实验四个阶段。霍桑实验得出企业存在着霍桑效应,员工是"社会人"而非"经济人",企业中存在着"非正式组织",新型的领导能力在于提高职工的满足度等结论。1933年,梅奥出版了《工业文明的社会问题》一书。

马斯洛的需求层次理论是最重要的行为科学理论之一,将人的需求从低到高依次分为生理需求、安定或安全的需求、社交和爱情的需求、自尊与受人尊重的需求以及自我实现的需求等五个层次,当某一低层级的需求满足之后,该需求就不再具有激励作用。马斯洛需求层次理论是人本主义科学的理论之一,其不仅是动机理论,同时也是一种人性论和价值论。

赫茨伯格是美国心理学家、管理理论家、行为科学家以及双因素理论的创始人。双因素理论认为影响人员行为绩效的因素分为"保健因素"与"激励因素",前者指"得到后则没有不满,得不到则产生不满"的因素,后者指"得到后则感到满意,得不到则没有不满"的因素。双因素理论促使企业管理人员注意工作内容方面因素的重要性,特别是它们同工作丰富化和工作满足的关系。

X-Y理论由麦格雷戈在《企业中人的方面》一书中提出。麦格雷戈将传统的管理学称为X理论,将自己的管理学说称为Y理论,这是一对基于两种完全相反假设的理论,X理论认为人们有消极的工作源动力,而Y理论则认为人们有积极的工作源动力。

波特-劳勒提出了更完备的激励模式,该激励模式是一个完备的系统,其表明激励并不是简单的因果关系。设置了激励目标,不一定就能获得所需的行动和努力,职工也不一定会满意。要形成奖励目标→努力→绩效→奖励→满意以及从满意反馈回努力这样的良性循环,取决于奖励内容、奖励制度、组织分工、目标导向行动的设置、管理水平、公平的考核和领导作风等综合性因素。

决策学派在二战后开始发展,代表人物是西蒙。西蒙以社会系统论为基础,吸收了行为科学和系统论的观点,提出了管理的决策职能,建立了系统的决策理论,主要结论包括:管理就是决策、决策过程的四个阶段、有限理性与满意准则、程序化决策和非程序化决策等。

3. 管理丛林阶段

二战之后,随着工业化进程的加速以及工业管理需求的扩大,为弥补古典管理理论和行为科学理论的不足,以及应对新增需求,工业管理进入了管理丛林阶段,这个阶段典型的代表人物包括:战略管理创始人安索夫(I. Ansoff)、哈佛商学院教授迈克尔·波特(M. E. Porter)、企业再造理论创始人迈克·哈默(M. Hammer)与詹姆斯·钱皮(J. Champy)、组织变革理论的代表人物卢因(K. Lewin)、科特(J. Kotter)等。

安索夫对战略管理进行了开创性的研究,首次提出了公司战略概念、战略管理概念、战略规划的系统理论、企业竞争优势概念,以及把战略管理与混乱环境联系起来的权变理论。安索夫是第一个将战略从军事领域拓展到经济管理活动的人,他以环境、战略、组织这三种因素作为支柱,构建了战略管理理论的基本框架。

在安索夫战略管理理论的基础上,迈克尔·波特提出了著名的竞争战略理论和价值链理论,"竞争三部曲"通过五力模型将企业的竞争战略分为三类,即总成本领先战略、差别化战略、专一化战略。价值链理论认为每一个企业都是在设计、生产、销售、发送和辅助其产品的过程中进行种种活动的集合体,所有这些活动可以用一个价值链来表明,企业竞争优势取决于价值增值的活动,整个价值链的综合竞争力决定企业的竞争力,企业的价值链可以进行分解与整合,从而改变传统的大而全、小而全的经营策略。

1993 年《企业再造:企业革命的宣言书》的出版,标志着企业再造理论(business process reengineering,BPR)的诞生。企业再造理论认为,企业再造是企业重新获得竞争优势与生存活力的有效途径,包括企业战略再造、企业文化再造、市场营销再造、企业组织再造、企业生产流程再造和质量控制系统再造等内容,同时现代信息技术与高素质人才是企业再造成功实施的基础。

组织变革是指组织根据内外环境变化,及时对组织中的要素进行调整、改进和革新的过程。卢因的变革模型指出,组织变革包括解冻、变革、再冻结等三个过程。科特认为指导组织变革规范发展的八个步骤是建立急迫感、创设指导联盟、开发愿景与战略、沟通变革愿景、实施授权行动、巩固短期得益、推动组织变革、定位文化途径等,同时科特的研究表明,成功的组织变革有 70%～90%是由于变革领导的成效,还有 10%～30%是由于管理部门的努力。

4. 工业化管理发展脉络

通过上述对工业化管理的发展过程及相关代表学派的理论的整理可以看出,工业化管理的进程主要包括以下四条主线:

(1)源自泰勒的科学管理理论,其核心的关注点是业务活动和流程,主要研究如何提高企业价值创造过程的效率和效能,典型的发展链条为科学管理(Taylor)→流程再造(Hammer 和 Champy)→价值链理论(Porter)。

(2)源自行为主义理论,其核心是企业中人的行为过程,主要强调人的主观能动性,包括人际关系和行为科学理论、领导力、激励理论、学习型组织等,典型的发展链条为需求层次理论(Maslow)→双因素理论(Herzberg)→激励理论(Porter 和 Lawler)。

(3)源自法约尔的一般管理理论,其核心是管理的过程和管理的职能,包括各种职能管理、决策理论、管理科学理论等,典型的发展链条为管理过程学派(Fayol)→决策管理(Simon)。

(4)源自古典组织理论,其核心是组织结构,主要研究的问题是组织结构与环境及企业目标的适配性。古典组织理论、企业理论、战略理论,尤其是科斯定律和韦伯的科层制(官僚制)影响深远,典型的发展链条为组织理论(Weber)→战略理论(Ansoff、Porter)→组织变革(Lewin、Kotter)。

1.3　两化融合的国际化比较

知识社会是全球工业化进程进一步发展的产物,发展的起始时间点是在 20 世纪 80 年代电子信息技术广泛应用之后。通过工业化进程之上的信息化进程,全球的经济结构产生了巨大的变化,从商品生产型经济转向了知识服务型经济,从业结构和职业分布变成了以技术阶层为主的知识型劳动者,从业者的理论知识日益成了创新的源泉,相关经验和知识被数字化编码,加大了知识的共享和运用程度,知识变成了制定政策的依据,数据驱动决策成了社会运转的主要力量。通过对具有大量相互作用变元的大系统进行管理,使之互相协调以达到特定目标,催生了新的"智能技术"。技术控制和技术评价是全世界未来的发展方向,对技术的发展进行规划和控制可能会成为社会变革的新手段。全球各国,无论是处于信息化浪潮潮头的美国,处于世界制造业最高端的德国和日本,还是处于奋进发展中的中国,都希望在知识化进程中实现赶超和发展,也因此都开始着手制订适合自己的战略计划。

1.3.1　美国——产业互联网

美国一直处于全世界信息技术的制高点位置,美国国防部高级研究计划局组建的阿帕网正是当今互联网的雏形。美国政府也一直坚信,以工业互联网为基石的先进制造业,是推动国家经济发展的引擎。工业互联网的概念最早由通用电气于 2012 年底发布的白皮书《工业互联网:打破智慧与机器的边界》中提出,美国拥有云计划、大数据、人工智能等方面强大技术能力的大企业开始主导将互联网思维植入工业企业的全过程中。

美国虽然是自由市场的典型,但政府并未对这一变革趋势袖手旁观。美国政府持续抛出先进制造业的战略规划,高度重视信息技术的迭代,积极地探索制造业与互联网融合发展的路径。2012 年 2 月,美国总统执行办公室国家科技委员会发布了《先进制造业国家战略计划》的研究报告,这是美国政府在先后发布《重振美国制造业框架》《美国先进制造伙伴(AMP)计划》后,从国家战略层面提出的加快创新、促进美国先进制造业发展的具体建议和措施。美国重振制造业的核心是用先进制造业打造低成本高质量的产品和服务。2013 年,美国联邦政府支持全美大学和企业组建了 15 个地域性先进制造业研究中心,如先进复合材料中心、数字化激光成型制造中心、网络化制造中心等,其核心是把制造业信息化转变为信息化制造业。同时,由美国国防部牵头成立了数字制造与设计创新机构,通过制定标准,开发测试平台、新型软件模型,开拓人工智能、区块链技术等方法,来重点支持相关技术的研发和产业化应用。另外,美国也在积极对标德国的工业 4.0,试图找到差异性和互补性。

1.3.2　德国——工业 4.0

德国一直处于全世界工业的最前沿,尤其是在制造业方面的领先优势非常明显,这得益于其在创新制造技术方面的研究、开发和生产,以及在复杂工业过程管理方面的高度专业化。为了在新一轮的智能革命中占得先机,由德国联邦教研部与联邦经济技术部联手资助,在德国国家工程院、弗劳恩霍夫协会、西门子公司等德国学术界和产业界的建议和推动下,"工业 4.0"项目在 2013 年 4 月的汉诺威工业博览会上被正式推出。这一研究项目是 2010 年 7 月德国政府《德国 2020 高技术战略》确定的十大未来项目之一,旨在支持工业领域新一代革命性技术的研发与创新。

之所以称之为"工业 4.0",是为了区别于由机械化、电力和信息技术所代表的前三次工业革命。工业 4.0 概念包含了由集中式控制向分散式增强型控制的基本模式转变,其目标是建立一个高度灵活的个性化和数字化的产品与服务的生产模式。在这种模式中,传统的行业界限将消失,并且会产生各种新的活动领域和合作形式。创造新价值的过程正在发生改变,产业链分工将被重组。

为快速实现从工业化生产向工业 4.0 转换,德国采取了双重战略:一方面,引导装备制造业将信息和通信技术集成到传统的工业产业中来;另一方面,通过信息物理系统(cyber physical system,CPS)技术和产品建立和培育新的主导市场。实现这个双重目标的关键是实现信息物理系统的三个主要特征:通过价值网络实现横向集成、贯穿整个价值链的端到端工程数字化集成、纵向集成和网络化制造系统。实现工业 4.0 一定是一个渐进化的过程,工业 4.0 工作组同时给出了八个公关的关键领域:标准化和参考架构、管理复杂系统、为工业建立全面宽频的基础设施、安全和保障、工作的组织和设计、培训和持续的专业发展、监管框架、资源利用效率。

1.3.3　中国——两化融合

梳理发达国家的工业化和信息化进程可以看出,发达国家的社会变革过程呈现出渐进的发展模式:在生产力上先实现了工业化,在工业化革命基础上实现信息化;在生产关系上先实现了工业管理现代化,后实现了管理信息化;在技术上是伴随着信息技术的发展逐步换代的,先是大型机、小型机,然后发展到服务器-客户机,最后进入 21 世纪发展为互联网、云计算。

我国和发达国家,尤其是和工业革命孕育地欧洲不同,受限于历史原因,新中国成立后,我国的工业化和信息化进程呈现的是跳跃式的发展,在生产力上工业化与信息化同步发展,在生产关系上管理现代化与管理信息化同步发展,技术上是快速换代,四世同堂,大型机、小型机、服务器-客户机和互联网同时存在,而技术上的高端切入,具有明显的后发优势。工业化和信息化的融合发展,是我国发展的典型特征,也是"两化融合"概念的由来。

1. 两化融合发展历程

至今为止,我国的两化融合发展主要分为四个阶段。阶段一是传统工业化阶段,时间跨度为 1949 年至 1978 年。此阶段我国全面学习苏联模式,采用的是计划经济体制,对于两化融合既无需求、也无条件,但已开始有少量的信息化应用案例。阶段二是改革开放阶段,时间跨度为 1979 年至 1999 年。这一阶段我国的经济体制从计划经济向市场经济转变,从纯国有向多种所有制共同发展转变,从闭关自守向开放引进转变,信息化需求逐渐增强,两化融合在重点行业、重点企业中开始探索发展。阶段三是跟随全球化快速发展阶段,时间跨度是 2000 年至 2010 年。加入 WTO 之后,面对计划经济和市场经济两个市场并行的情况,我国利用两种资源,进行国有企业改制改革,经济超高速发展,两化融合在企业、行业、区域层面快速发展,即将进入两化融合深度发展阶段。阶段四是两化融合深度发展阶段,时间是 2011 年之后。在经济快速发展的同时,我国的学者和企业界的同仁意识到我国工业发展存在的机遇和挑战,快速启动了两化融合的相关理论和实践研究,并开展了大量的实践,为我国两化融合的快速发展、生态发展奠定了良好的基础。

2. 两化融合政策演变

自新中国成立后,从我国的第一个五年计划开始,就提出要快速实现工业化,赶超发达国家。尤其是改革开放之后,面临发达国家正在实现信息化的新形势,我国是继续先实现工业化然后实现信息化,还是实现工业化的同时实现信息化,这是一个重大战略决策问题。十五届五中全会提出"以信息化带动工业化,发挥后发优势,实现社会生产力的跨越式发展"的战略国策。十六大报告提出:"坚持以信息化带动工业化,以工业化促进信息化,走出一条科技含量高、经济效益好、资源消耗低、环境污染少、人力资源优势得到充分发挥的新型工业化路子。"十七大报告强调:"发展现代产业体系,大力推进信息化与工业化融合,促进工业由大变强⋯⋯"十八大报告提出:"推进信息化与工业化深度融合,工业化与城镇化良性互动,城镇化与农业现代化相互协调,促进工业化、信息化、城镇化、农业现代化同步发展。"十九大报告明确提出:"加快建设制造强国,加快发展先进制造业,推动互联网、大数据、人工智能和实体经济深度融合⋯⋯"

1.4　两化融合的内涵与意义

目前我国正处于全面深化改革、加快转变经济发展方式、实现经济结构战略性调整的关键时期,为了应对全球范围的新一轮技术革命和产业变革,紧紧抓住重大战略机遇期出现的新机遇,我国提出了两化融合的战略。实行两化融合战略是实现中华民族伟大复兴的重大战略选择,事关我国发展方式转变的成败。《工业企业信息化和工业化融合评估规范》(GB/T 23020—2013)对两化融合给出的基本定义为:工业企业围绕其发展战略目标,以信息化作为企业发展的内生要素,在信息技术和工业技术不断演进、变革与交叉渗透的环境下,夯实工业自动化基础,推进产品研发设计、生产制造、经营管理和营销服务的优化提升,推动业务系统综合集成、企业间业务协同以及发展理念和模式的创新,以提升创新能力、能源资源优化配置水平和利用效率,实现创新发展、智能发展和绿色发展,形成可持续发展竞争能力的过程。

1.4.1 两化融合的内涵

要实现我国两化的深度融合,基本指导思想是以科学发展为主题,以加快转变经济发展方式为主线,坚持信息化带动工业化,工业化促进信息化,重点围绕改造提升传统产业,着力推动制造业信息技术的集成应用,着力用信息技术促进生产性服务业发展,着力提高信息产业支撑融合发展的能力,加快走新型工业化道路步伐,促进工业结构整体优化升级。

要实现我国两化的深度融合,基本发展目标是信息技术在企业生产经营和管理的主要领域、主要环节得到充分有效应用,业务流程优化再造和产业链协同能力显著增强,重点骨干企业实现向综合集成应用的转变,研发设计创新能力、生产集约化和管理现代化水平大幅度提升;生产性服务业领域信息技术应用进一步深化,信息技术集成应用水平成为领军企业核心竞争优势;支撑"两化"深度融合的信息产业创新发展能力和服务水平明显提高,应用成本显著下降,信息化成为新型工业化的重要特征。

1.融合的内涵

在两化融合的内涵层面,主要包括战略融合、技术融合、业务融合、业态融合、资源融合等。

(1)战略融合:企业从战略高度要协调一致,两化融合的落地模式要能和战略高度匹配,规划、计划要密切配合。

(2)技术融合:信息技术与工业技术的相互渗透、融合,产生新的科技成果;IT设备与工业装备的融合,形成新的生产力要素;基于嵌入式物联技术的智能化产品等。

(3)业务融合:利用信息技术整合、优化业务,促进业务创新与经营管理创新。

(4)业态融合:通过两化融合,催生生产性服务业等新的产业模式。

(5)资源融合:信息资源与材料、能源等工业资源融合。

2.融合的层级

两化融合不单单指技术层面的融合,更是生产力和生产关系同步发展的结果。融合的层级主要包括技术、产品、经营、产业几个层面。

(1)技术层面:通过工业技术与信息技术的融合,推动技术创新,如机械电子技术、工业控制技术、人工智能技术等。

(2)产品层面:将信息技术或产品融合到产品研发设计、生产制造过程和工业产品中,改进产品设计与制造过程,增加产品的信息技术含量,提高产品性能与经济价值。

(3)经营层面:将信息技术应用到物资采购、市场营销、财务管理、人力资源管理、辅助决策等各个环节,促进业务创新和管理创新。

(4)产业层面:通过两化融合催生出新的产业,如汽车电子产业、工业软件产业、工业创意产业、企业信息化咨询业等。

3.融合的原则

要实现两化的深度融合,需要秉承创新发展、绿色发展、智能发展、协调发展四个基本的原则。

(1)创新发展:以信息化促进研发设计创新、业务流程优化和商业模式创新。

（2）绿色发展：把节能减排作为信息化与工业化融合的重要切入点，加快信息技术与环境友好技术、资源综合利用技术和能源资源节约技术的融合发展。

（3）智能发展：把智能发展作为信息化与工业化融合长期努力的方向，推动云计算、物联网等新一代信息技术应用，促进工业产品、基础设施、关键装备、流程管理的智能化和制造资源与能力协同共享，推动产业链向高端跃升。

（4）协调发展：切实推动信息技术研发、产业发展和应用需求的良性互动，提升产业支撑和服务水平。注重以信息技术应用推动制造业与服务业的协调发展，促进向服务型制造转型。

1.4.2　两化融合的意义

两化深度融合的任务包括许多方面，例如，通过信息化创新研发设计手段，促进产业自主创新能力提升；推动生产装备智能化和生产过程自动化，加快建立现代生产体系；推进企业管理信息系统的综合集成，加快建立现代经营管理体系；以信息化推动绿色发展，提高资源利用和安全生产水平；完善中小企业信息化发展环境；推动信息化与生产性服务业融合发展；提升信息产业支撑两化深度融合的能力；提高行业管理现代化水平，加强标准化基础工作等。坚定不移地推动我国两化融合进程，具有十分重要的战略意义。

（1）两化融合是推动我国企业实现转型升级和可持续发展的必由之路。信息技术在企业各层面广泛的应用，将成为传统产业在更高起点上实现改造升级的利器，信息技术快速发展也将带动企业不断实现技术和模式创新，走上创新发展的道路。在信息化条件（环境）下，没有两化融合，想形成有竞争优势的研究开发、生产和管理决策能力，只是水中捞月式的空想而已。

（2）两化融合是提高企业经济效益的有效手段。两化融合引导企业不断加强全员、全要素的融合创新，从而创造了更多的服务需求，打破了传统专业领域和服务边界的集成一体化服务，对服务的理念、内容和模式也都提出了新的要求，即全面提升服务能力，加速服务产业交叉融合和发展壮大，实现在更大范围内加速企业竞争力提升，加速产业转型升级进程。两化融合水平评估发现，两化融合确实是提高企业经济效益的有效手段，只是两者并不是简单的线性关系，而是台阶式的，即两化融合只有达到综合集成阶段，企业经济效益才会出现台阶式的飞跃。

（3）两化融合是解决当前我国经济发展面临的一系列难题的必要手段。企业两化融合事关信息化时代企业现代化的全局，涉及管理理念、要素、方式方法和模式的变革。两化融合能够系统化地引导资源的投放、过程管理以及成效评价与优化，从而更有效实现资源整合，提升资源的整体使用效率和效果，是一个可牵引和贯穿其他相关工作，统领全局、切实可行的重要抓手。

1.5　中国企业的机遇与挑战

无论是中国的两化融合、美国的产业互联网，还是德国的工业4.0，都可以归集为一个词语——智能化，即以数字化、网络化生产创建智能制造体系。中国已发展成为全球最大的机械制造商，同时在自动化产品制造上有着很大的领先优势。但是，中国仍是"工业大国"，不是"工业强国"，按照微笑曲线的理论（见图1.4），我国的产业链大都处于低附加值的部分，这给中国工业的良性发展带来了巨大的隐患。

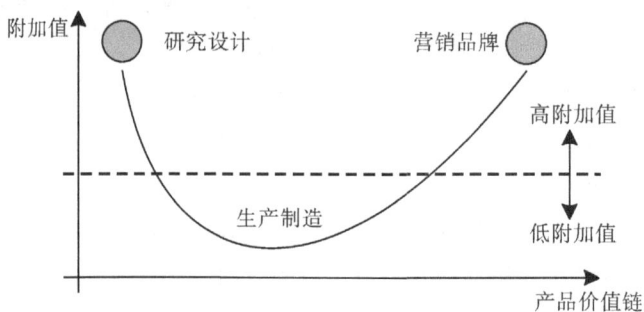

图 1.4　产业微笑曲线示意图

1.5.1　中国企业面临的困局

2021 年,中国的经济总量突破了 114 万亿美元,全国人均 GDP 为 80976 元,超过世界人均水平,已经开始迈入工业化后期阶段的门槛。但我国依然面临着持续发展的严峻形势,中等收入陷阱已经显现,面临着生产要素成本高、企业创新能力不足、价值链复杂程度加深、经济波动加剧等一系列问题,具体表现为:①单位 GDP 能源消耗高,污染物排放严重;②劳动生产率低下;③经济增长动力主要是投资驱动型增长;④工业企业竞争力低。

1.5.2　智能化为中国企业带来的机遇

无论是工业化还是信息化,都是一个渐进的过程,这个过程一定是生产力和生产关系的同步发展的过程。信息技术的快速进步、吸收与迭代,使得中国企业上升到了一个新高度。中国经济高速发展的三大优势为巨大的国内市场、明显的成本优势、快速提升的基础设施。在此基础上,通过两化融合战略的实现,中国企业还将获得更大的竞争优势。

(1)创新技术上快速升级基础核心技术。我国企业一般处于在低附加值的生产制造环节,在研发设计方面能力较弱,通过信息技术与传统产业的深入融合,可以实现企业价值链的纵向延展。同时我国在信息、制造、材料等尖端行业的核心技术较为落后,大部分企业处于拿来应用的层次,通过两化融合的进程,可以使我国企业在基础核心技术掌握上有快速提升,甚至实现超越。

(2)行业应用上凸显嵌入式软件的固化集成作用。两化融合的核心是硬件设备中的嵌入式软件,通过软件的逻辑思维整理,将成功的经验、逻辑、模式等固化在自动化能力更强的设备中,可以使相关研发创新的行业应用效果更加明显。

(3)企业管理上实现管理水平的快速提升。由于我国工业化进程的超速发展,利益驱动的技术升级重视程度远大于柔性的管理理念改革,经验主义、个人主义在企业管理中已严重制约了企业的发展。通过两化融合整体理念的推广以及实践,可以使我国企业的管理迈入科学化、智能化的管理阶段。

1.6 本章小结

两化融合是我国应对当前新一轮信息革命全球化进程所进行的战略决策。两化融合是推动我国企业实现转型升级和可持续发展的必由之路。本章首先从人类文明发展的角度，系统总结了当今社会的发展阶段以及可能会带来的影响，同时又对自工业革命以来的工业化、信息化和与之相匹配的管理理论的发展历程进行了梳理；然后通过对美国的产业互联网、德国的工业4.0以及中国的两化融合的详细介绍，展现了世界各国目前所采取的基础政策和公关方向；最后又系统化地总结了两化融合的内涵和意义，以及两化融合给中国企业所带来的机遇。

第2章
业务流程优化：两化融合框架的新要求

2.1 两化融合管理体系框架的提出

我国的工业化和信息化发展历程和西方发达国家不同，以设备为代表的技术等生产力层面，可以在全球化的背景下实现迅速追赶和超越，但是与生产关系相对应的上层建筑等理念和机制问题很难通过全盘西化学习完成。在进入21世纪之后，面对工业社会向信息化、智能化知识型社会转型的变革浪潮，我国亟须融合全球的成果经验，抓住实现自主创新发展的战略机遇，积极探索并形成符合中国发展特色的理论体系。

2.1.1 两化融合水平评估

两化融合是党中央、国务院在国家层面进行的战略部署，对战略目标和一些重大问题提出了明确的要求，但针对我国工业化和信息化跨越发展的复杂情况，如何进行组织，有效地落实两化融合战略要求，破解工作进行中的具体问题，成了摆在工信管理部门及相关科技工作者面前的第一个障碍，由此催生了两化融合评估工作的进行。

为了对我国两化融合的现状进行全面的摸查和调研，2008年起，工信部信软司（原信息化司）联合科技司、企业司、节能司、安全司、原材料司、装备司、消费品司、电子司等两化融合工作组相关司局，从"点—线—面"三个层面组织开展了两化融合推进工作，并于2009年形成了一套两化融合评估引导体系，支持政府和行业全面摸清企业两化融合发展现状，形成了基于数据的精准施策和精准服务新模式，服务于企业开展自评估、自诊断、自对标，找准两化融合发展重点、路径和方向，加速推进转型升级和新型能力培育。工业和信息化部电子科学技术情报研究所于2013年正式发布了《工业企业信息化和工业化融合评估规范》（GB/T 23020—2013），同时自2013年起开始在北京、河北、福建、山东、湖南、宁夏等6个地方省市开始试点，自此一直在开展企业两化融合评估理论研究和应用实践工作。经过"实践—理论—实践"多轮次循环，企业两化融合研究形成了"六视角、三主线、四阶段"的理论基础框架。

1.六个评估视角

企业两化融合评估框架包括水平与能力评估、效益与效能评估两部分。其中，水平与能力评估包括基础建设、单项应用、综合集成、协同与创新四个部分，效益与效能评估包括竞争力、经济和社会效益两部分，如图2.1所示。

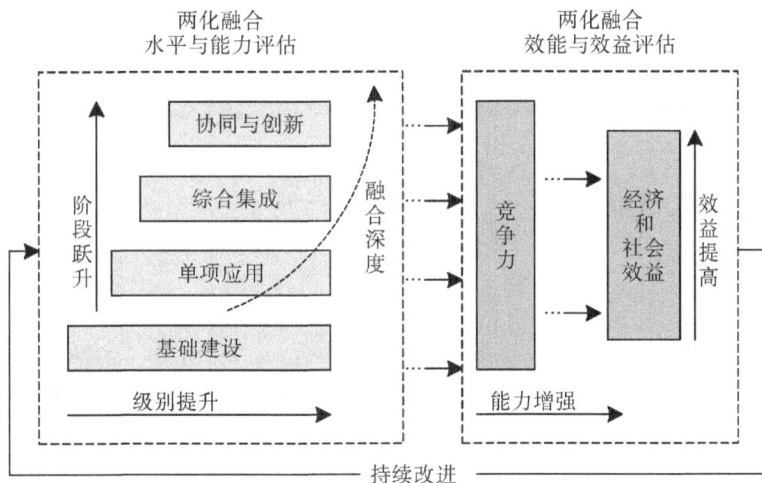

图2.1 企业两化融合评估六个视角

基础建设旨在通过评估两化融合基础设施和条件建设情况，衡量两化融合基本资源保障的水平与能力级别，主要评估内容包括与"财"相关的资金投入、与"人"相关的组织和规划、与"物"相关的设备设施、与"信息"相关的信息资源和信息安全等。

单项应用旨在通过评估信息技术在企业部门及单一业务环节中的应用情况，衡量信息技术与工业技术以及企业单项业务的结合和融合的水平与能力级别，主要评估内容包括产品设计、工艺设计、生产管理、生产制造、采购管理、销售管理、财务管理、质量和计量、能源与环保、安全管理、项目管理、设备管理、人力资源管理、办公管理等。

综合集成旨在通过评估企业内部的业务协同和综合能力提升的情况，衡量两化融合环境下企业内业务协同、创新和融合的水平与能力级别，主要评估内容包括产品设计与制造集成、产供销集成、管理与控制集成、财务与业务集成、决策支持等。

协同与创新旨在通过评估跨企业的业务协同和发展模式创新情况，衡量两化融合环境下企业间业务协同、创新和融合的水平与能力级别，主要评估内容包括产品协同创新和绿色发展、企业集团管控、产业链协同等。

竞争力旨在通过评估企业综合竞争力变化情况，衡量两化融合直接或间接带来的企业能力提升效果，主要评估内容包括质量提升与顾客满意、业务效率、财务优化、创新能力等。

经济和社会效益旨在通过评估企业经济和社会效益水平变化情况，衡量两化融合直接或间接带来的企业效益提升作用，主要评估内容包括经济效益和社会效益两个方面。

2.三条主线维度

两化融合评估的三条主线维度是指单项应用、综合集成、协同与创新，三个一级指标的评估内容主要从产品维、企业管理维、价值链维三个维度展开，如图2.2所示。两化融合促进企业能力增强，实现市场竞争力提升，并进一步促进经济和社会效益提高，其提升作用随企业两化融合阶段跃升而跃进，并与各阶段的水平与能力级别呈正相关性。企业两化融合阶段、各阶段水平能力级别、竞争力、经济和社会效益等相辅相成，可实现企业持续改进和螺旋式上升。

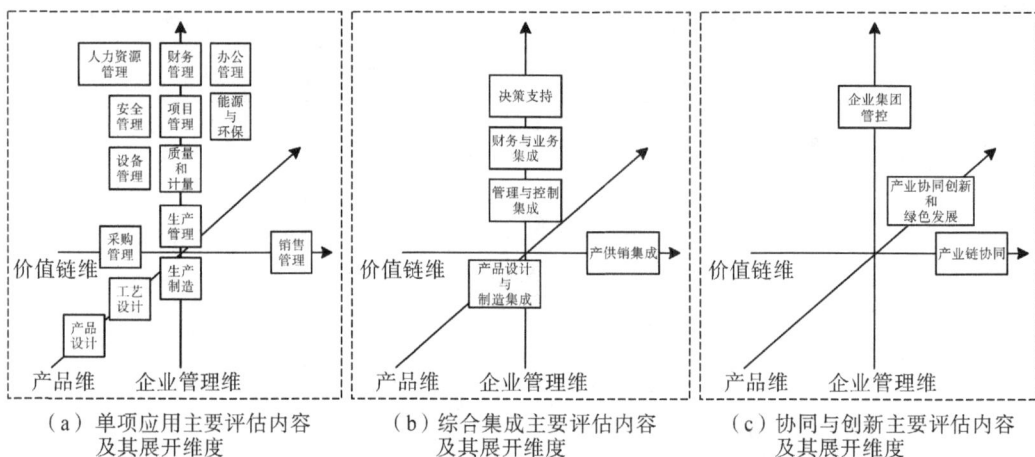

（a）单项应用主要评估内容
及其展开维度

（b）综合集成主要评估内容
及其展开维度

（c）协同与创新主要评估内容
及其展开维度

图 2.2　企业两化融合三条主线维度

3.四个发展阶段

　　企业两化融合发展可分为四个阶段：起步建设阶段（初级阶段）、单项覆盖阶段（中级阶段）、集成提升阶段（较高级阶段）和创新突破阶段（高级阶段），可共同表征企业两化融合不断跃升的阶段特征和内涵，如图 2.3 所示。

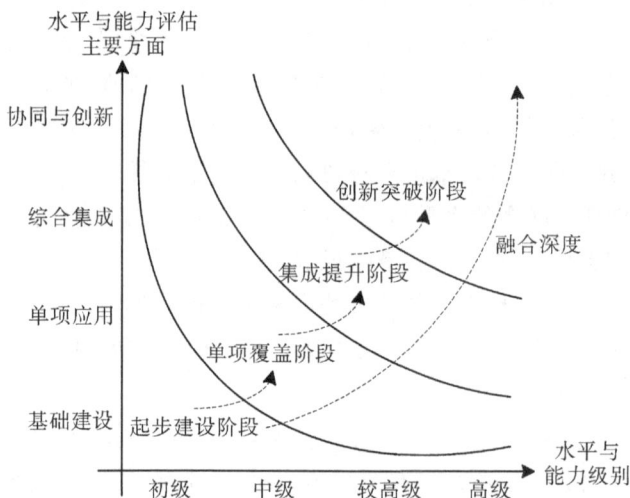

图 2.3　企业两化融合发展四阶段

　　起步建设阶段（初级阶段）指企业已经开始建设两化融合所必需的基础设施和条件，但其单项应用尚未开展或者刚刚起步；单项覆盖阶段（中级阶段）是指企业具备了一定的两化融合基础设施和条件，单项应用对企业业务覆盖和渗透逐渐加强，发挥了一定作用，但其综合集成尚未有效实现；集成提升阶段（较高级阶段）是指企业基础建设水平进一步提高，单项应用基本成熟，综合集成有效实现，但其协同与创新尚未有效开展；创新突破阶段（高级阶段）是指企业基础建设趋于完备，单项应用和综合集成趋于成熟，且协同与创新得到有效实现。

2.1.2 两化融合现状与问题

在统一评估理论框架和评估规范的基础上，工信部电子科学技术情报研究所联合地方省市、行业协会等机构，制定了流程、混合、离散（大批量、多品种中小批量、复杂单件）、采掘、电力（发电、电网）、服务业9套通用两化融合评估指标体系和评价方法，并开发了中国两化融合评估服务平台，同时针对多省市和多个重点行业开展评估，目前已覆盖超过10万家企业。通过评估实践，摸清了我国企业两化融合发展现状和各重点行业共性关键问题，有效支撑了政府科学决策和分级分类推进，并成为企业实现两化融合闭环管理和持续改进的有效方法和工具。同时，经过调研和分类统计分析，得出了我国两化融合存在的问题，主要包括以下四个方面：

（1）管理和信息化"两张皮"现象突出。经过数据统计，我国有47%左右的企业处于单项覆盖阶段，35%左右的企业处于起步建设阶段，14%左右的企业处于集成提升阶段，4%左右的企业处于创新突破阶段。这表明我国的大部分企业处于从单项应用向综合集成的跨越阶段，信息化系统建设的实际应用和现有管理的不一致现象突出，不仅在大型的集团型企业，在中小型的企业中也十分突出。信息化和管理的不一致（也称为"两张皮"现象）是阻碍两化融合进一步深入的根本原因，"两张皮"现象也同时导致信息化建设重复投入的浪费现象严重，信息化建设后的信息资源孤岛使得信息化投入的经济边际效应递减。

（2）对两化融合相关知识和理念的认识不到位。我国企业的管理团队大都从实践主义和短期效益出发，没有充分认识到两化融合是一个长期的动态过程，即企业利用信息技术，对生产经营活动中企业内外部的各种信息进行采集、加工、集成和深度开发利用，实现有效管理和控制，促成业务模式创新、工作流程重组、组织架构重构乃至市场模式和经营战略转变等，不断提高企业的经济效益和市场竞争力的过程。这个过程的发展符合阶梯性的规律，而大部分管理人员没有充分认识到战略上信息化对企业现代化的带动作用。

（3）两化融合建设目标和企业战略不一致。企业的管理者、行业的从业人员都意识到了需要用工业化和信息化的手段来提升效率，提升企业的能力，但在每一个具体的信息化项目建设中，项目的建设目标和企业的战略目标不一致现象突出，大部分管理者在进行项目决策和验收时，都很难见到企业信息化投入的价值体现，企业发展战略与信息化战略之间缺少对应关系，缺少一个动态的操作流程来保证企业发展战略与信息化战略之间持久对应。

（4）存在两化融合是技术部门主导的项目型行为的错误认识。两化融合不单单涉及技术层面，还要进行要素融合、技术融合、管理融合、产业融合等多层面的融合，所以两化融合的建设一定会涉及组织机构、业务流程的变革，需要根据项目的涉及范围，选择适当具有行政权力的人员进行统筹和安排，在公司层面要做到一把手负责、全员参与和全员考核。

2.1.3 两化融合管理体系

1. 两化融合体系的提出

在两化深度融合已经成为迫切需求的大环境下，明确企业推进两化融合的管理原则、界定其核心要素和主要管理域、建立并规范其通用方法已成为当务之急。因此，明确企业两化融合过程的一般要素,建立两化融合管理的通用方法是非常有必要的,特别是在我国当前多数行业和企业面临突破综合集成的关键时刻,尤为重要。

2013 年,工信部下发了《信息化和工业化深度融合专项行动计划(2013—2018 年)》,并以此为基础在 2014 年组织编写并发布了《信息化和工业化融合管理体系 要求(试行)》。两化融合管理体系的提出基于三个基本条件:①全世界尤其是我国改革开放以来企业信息化发展历程中积累的技术应用成果和管理创新经验;②依据自 2009 年以来在 GB/T 23030 评估标准规范基础上进行的上万家企业开展两化融合评估所提炼出的方法和规律;③借鉴在推广质量、环境、信息安全、能源等其他管理体系的过程中形成的工作基础和应用环境。

2. 与其他管理体系的关系

管理体系是企业组织制度和企业管理制度的总称。目前有许多管理体系在企业中得到应用,如质量管理体系 ISO9000、环境管理体系 ISO14001、职业健康安全管理体系 OHSAS 18001、信息安全管理体系 ISO27001、能源管理体系 ISO50001 等。此外,还有许多行业性管理体系。这些管理体系标准的应用,优化、规范了企业在相应专业领域的管理行为,从不同侧面强化了企业的核心竞争能力。但是,现有的管理体系各有侧重,都具有其专业或行业指向性,还不能满足针对两化融合领域的系统性优化和规范性引领的要求。

两化融合管理体系是企业系统地建立、实施、保持和改进两化融合过程管理机制的通用方法,覆盖企业全局,可帮助企业依据为实现自身战略目标所提出的需求,规定两化融合相关过程,并使其持续受控,以形成获取可持续竞争优势所要求的信息化环境下的新型能力。

两化融合管理体系和其他管理体系的共同点在于,它们都是旨在支撑企业实现其战略目标,规范化企业管理相关过程并使其持续受控、不断优化的通用化方法。但两化融合管理体系的层次高于专业化的管理体系,它为企业在信息化环境下做好综合管理体系的顶层设计提供了一个总体框架,能够帮助企业在信息化环境下不断优化原有的管理体系,赋予其信息化时代新的特征,促进不同体系之间的深层次融合,全面提高企业的现代化管理水平。这称为两化融合管理体系与其他管理体系的"1＋N"关系模式,而非"N＋1"关系模式。

2.2　两化融合管理体系框架及内容

2.2.1　管理体系基础框架

两化融合管理体系(见图 2.4)已经成为我国系统推进两化融合进程的通用方法,意图从企业战略出发,推动企业建立、实施和改进两化融合管理体系,促使企业稳定获取预期的信息化成效,引领企业打造和提升信息化环境下的竞争能力。两化融合采用 PDCA 管理循环,同时创新性地提出了技术、业务流程、组织结构和数据四大管理要素,处理四者之间的关系是两化融合管理体系有别于其他管理体系的主要特点。基于 PDCA 方法论,两化融合管理体系力图规范有效、渐进性地协调好技术、组织结构、业务流程和数据四者之间的关系,达到全局优化的目标,从而获得两化融合理应带来的竞争力和经济效益的提高。

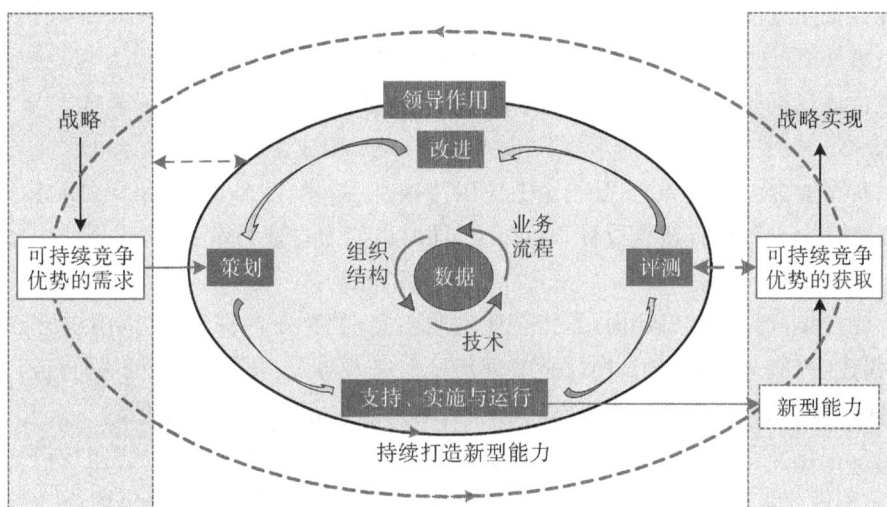

图 2.4　两化融合管理体系框架图

2.2.2　框架内容之三循环

如图 2.4 所示,整个框架箭头指示了三个循环,分别是战略循环、要素循环和管理循环。

最外层的循环是战略循环,其由企业战略开始,循环路径为:战略—可持续竞争优势—新型能力。战略循环回答了企业应该往哪走的问题。组织的战略应充分融入两化融合的发展理念,识别内外部环境的变化,并明确与战略相匹配的可持续竞争优势需求,通过打造信息化环境下的新型能力,获取预期的可持续竞争优势,实现战略落地。通过对战略循环过程进行跟踪评测,寻求战略、可持续竞争优势、新型能力互动改进的机会。

最内层的循环是要素循环,其由企业的数据开始,循环的路径为:数据—技术—业务流程—组织结构。要素循环回答了企业应该做什么的问题。企业应围绕拟打造的新型能力及其目标,通过发挥技术(包括但不限于信息通信技术、管理技术、服务技术、能源技术、应用领域技术等)的基础性作用,优化业务流程,调整组织结构,并通过技术来实现和规范新的业务流程和组织结构。企业应不断加强数据开发利用,挖掘数据这一核心要素的创新驱动潜能,推动和实现数据、技术、业务流程、组织结构四要素的互动创新和持续优化。

中间的支撑循环是管理循环,其由项目的策划开始,循环的路径为:策划—支持、实施与运行—评测—改进。企业应围绕数据、技术、业务流程与组织结构四要素,充分发挥领导的核心作用,建立"策划—支持、实施与运行—评测—改进"管理机制,规范两化融合过程,推动新型能力的螺旋式提升,稳定获取预期的竞争优势。

2.2.3　框架内容之六导向

两化融合框架的六个导向包括:效能提升、数据驱动、新型能力为主线、综合集成为突破口、流程化为切入点、服务化为方向。

(1)以效能提升为导向,是指要构建高效、灵活的管理模式,确保战略可管控、可落地、可优化,精准提升企业效能效益,并基于两化融合的管理循环通过过程,有效确保结果有效。

(2)以数据驱动为导向,是指要充分融合两化融合的四要素,将数据作为驱动企业创新的新要素,强化信息资源管理和数据开发利用。企业应建立基于数据(网络)新驱动要素的组织管理模式。

(3)以新型能力为主线导向,是指企业应围绕数据、技术、业务流程、组织结构四要素互动创新和持续改进,识别和打造企业核心竞争力,同时以能力打造为牵引,重构企业生产方式、服务模式和组织管理机制。

(4)以综合集成为突破口导向,是指企业发展要实现"企业内部管控、供应链、产品全生命周期综合集成"等综合集成应用,同时企业管理要实现人与人、人与机器、机器与机器以及服务与服务之间互联互通,实现横向集成、纵向集成、端到端集成的三大集成效果。

(5)以流程化为切入点导向,是指企业要建立流程驱动、协同协作的动态组织模式,解决我国企业组织刚性强等问题。企业应与相关价值主体间形成开放动态的价值网络,快速响应客户需求和市场变化,并基于开放价值网络,动态优化配置企业内外部资源。

(6)以服务化为方向导向,是指基于两化融合的生产组织方式与服务模式转变,企业要向产业链高附加值环节延伸,由单纯提供产品向提供全价值链服务转变,并构建网络协作关系,主动将用户引入产品研发设计、加工制造和应用服务等全生命周期的各个环节,主动发现用户需求并展开针对性服务。

2.2.4 框架内容之九原则

两化融合框架的九个原则,包括:以获取可持续竞争优势为关注焦点,战略一致性,领导的核心作用,全员参与、全员考核,过程管理,全局优化,循序渐进、持之以恒,创新引领,开放协作。

(1)以获取可持续竞争优势为关注焦点原则,是指企业应围绕获取可持续竞争优势,部署和推进两化融合,实现两化融合的闭环控制和良性循环。在两化融合发展过程中,组织内外部环境日益复杂多变,个性化竞争优势成为组织生存和发展的必然要求,通过不断打造信息化环境下的新型能力,形成并保持动态竞争优势,是组织可持续发展的必然选择。

(2)战略一致性原则,是指组织要从战略层面统筹规划两化融合,将两化融合提升到战略高度。首先,两化融合涉及理念的变革、发展要素的演变、模式的转型、技术的创新等多层次的内容;其次,两化融合实施目标要与组织战略保持一致,组织要确保两化融合工作与组织战略的一致性和协调性,围绕形成所需要的可持续竞争优势,对两化融合全过程进行监督管理,并对两化融合的成效进行考核;最后,两化融合是组织战略有效执行和落地的重要途径,在两化融合过程中,可将组织战略发展的要求全面、准确、及时、有效地落实到相关的职能和层次,从而推动组织发展进步、创新变革和战略实现。

(3)领导的核心作用原则,是指两化融合需要各级领导合力推进。两化融合是全企业的组织战略级任务,涵盖业务和管理的优化和变革,覆盖组织的所有职能和层次,其所要求的整体性和动态性越来越强,是一个典型的一把手工程,需要各级领导发挥主观能动性,进行战略决策和统筹落实。

（4）全员参与、全员考核原则，是指要调动全员积极性、自觉性、创造力，组织各个职能和层次的员工，包括管理人员、业务人员、专业技术人员、现场操作人员等，在通过信息化确保组织整体运行规范、高效的前提下，尽量为员工工作及相互沟通提供便利，并给予其足够的发挥空间，激发其创造力。

（5）过程管理原则，是指企业的两化融合进行过程中，要以过程化的方法来进行管理。过程化的方法是一种闭环管理方法，需要系统地识别和管理组织所应用的过程，特别是这些过程之间的相互作用，确保不重复发生已发生过的不足或错误，尽量减少可能发生的不足或错误，实现两化融合的效率和效果螺旋式上升和良性发展。

（6）全局优化原则，是指两化融合是组织战略级的任务，需要系统化地从全局思考问题。系统化方法指为了获得预期的结果，从系统的整体层面出发，实现分解与综合、分工与协作的有机结合，加强定性与定量分析的交互应用，科学处理局部与总体的关系，以实现全局优化的方法，确保和不断提升组织两化融合的整体有效性。

（7）循序渐进、持之以恒原则，是指两化融合是信息化时代各类组织生产、经营和决策等全面现代化的过程，只有起点没有终点，其过程不可能一蹴而就。在关注两化融合时效性的同时，要考虑持续推进两化融合的持久性和长期性，将企业转变成为一个成长型的组织。

（8）创新引领原则，是指在全球化竞争的形势下，要将数据、技术、业务流程、组织结构四要素进行有效融合，深刻认识到数据已成为驱动经济社会发展的新要素，为组织发展开辟了新空间，创造了新机遇。同时组织要坚持不断创新，才能在激烈竞争中获得差异化相对优势，赢得可持续发展空间。

（9）开放协作原则，是指信息化环境下，企业的生产经营特征逐步从集中化、趋同化和用户导向转向了分散化、个性化和用户参与特质，市场的动态性、开放性和个性化需求更强，企业需要重构和整合内外部资源，建立灵活机动的组织形态，积极探索开放的价值网络实现方式和手段。

2.3 两化融合管理体系的实施

两化融合管理体系是推进企业两化融合工作的通用的管理原则、要素和方法，该体系的使用不分领域、行业和规模，适用于所有企业，企业应依据管理体系，系统地建立、实施、保持和改进两化融合过程管理机制。两化融合管理体系引导企业统筹考虑工业化要素和信息化要素，落实新型工业化要求；推动企业全面规范两化融合的相关管理活动和过程，加强两化融合工作的战略一致性，保证过程可控、结果有效；帮助企业解决信息化与管理"两张皮"等问题，稳定获取预期的两化融合成效。本节接下来对两化融合的贯标与实施过程予以介绍。

2.3.1 实施过程

两化融合的贯标与实施过程如图2.5所示，整个过程遵循计划（P）、实施（D）、监测（C）、改进（A）的循环逻辑，共分为三个主线：管理体系建立过程、贯标组织过程和两化融合实施过程。下面依据逻辑顺序，对每一个环节的重点进行介绍。

两化融合贯标与实施过程

计划 P	管理体系建立过程	贯标启动大会，明确目标、组织与责任	两化融合实施过程	
计划 P	管理体系建立方针与目标	竞争优势要求的新型能力需求必要性评审	战略评估，能力需求	计划 P
实施 D	两化融合管理手册	两化融合规划与项目策划可行性评审	两化融合规划与项目策划	实施 D
监测 C	管理手册运行过程记录	实施过程管理规范改进与项目协调与指导	两化融合项目实施	监测 C
改进 A	管理手册完善与改进	内部审核，管理手册完善与企业竞争优势验证	两化融合绩效评估	改进 A

管理评审，持续改进，认定准备

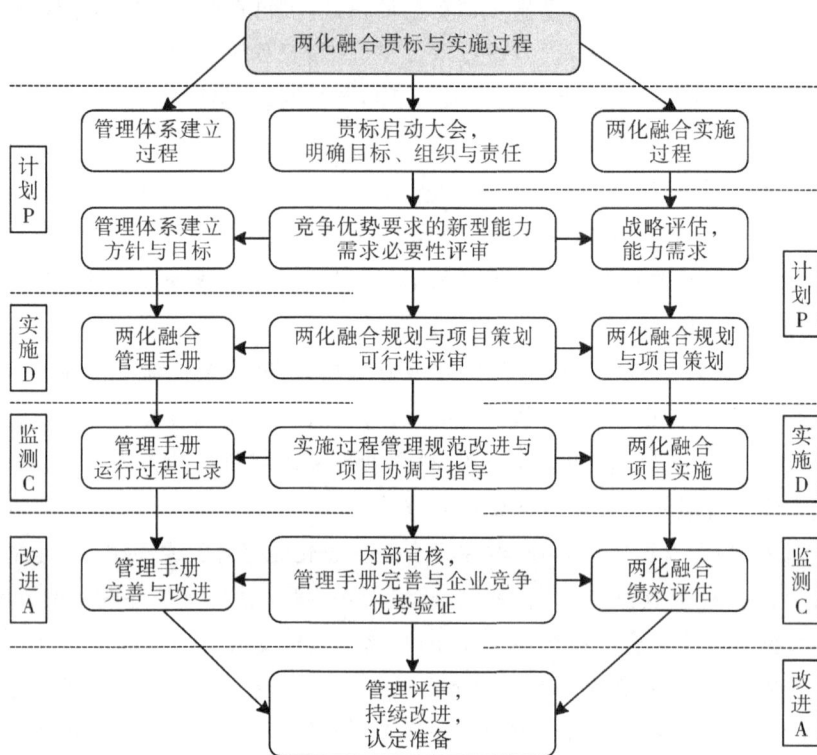

图 2.5　两化融合贯标与实施过程流程图

1. 计划阶段

　　贯标组织过程的主要动作是，召开贯标启动大会，明确目标、组织与责任，同时对竞争优势要求的新型能力需求的必要性进行评审。针对管理体系建立过程的主要目标是制定两化融合管理体系方针与目标；任务包括制定两化融合方针与目标、按要求完成方针与目标评审两个方面；可以采用的方法包括问卷调查法、Delphi Method、Brain-storming、综合评审法等；所得到的结果是形成适用于本企业需求，涵盖七要素、用户、相关利益方满意的文本化方针和目标。两化融合实施过程在本阶段的主要目标是寻求与竞争优势相匹配的新型能力；任务包括公司战略分析，明确竞争优势、分析支撑竞争优势的能力，以及针对以上结果进行评审三个方面；可以采用的方法包括 SWOT 分析法、Balanced score card、SPACE 矩阵法、BCG 矩阵法、标杆法、ABC 分析法、财务指标法等；所得到的结果是完成与公司战略实施相关的两化融合，包括需要打造的企业能力体系需求报告。

2. 实施阶段

　　贯标组织过程的主要动作是两化融合规划与项目策划可行性评审。针对管理体系建立过程的主要目标是完成两化融合管理手册，包括管理职责、基础保障、实施过程、评测与改进等制度、规范和作业模板；主要任务是制定管理职责与基础保障制度、制定流程优化与组织变革、技术匹配与数据管理规范、设计评测、改进方法和模板；可以采用的方法包括 PDCA 法、综合指数法、政策分析法、流程再造法、组织变革法、服务工程法等；所得到的结果为文件化两化融合管理手册、两化融合管理手册评审意见、两化融合管理体系运行命令等。两化融合实施过程在本阶段的主要目标是明确竞争优势总体目标、明确具体能力打造的目标；任务包括编制两化融合规划、完成两化融合项目策划两个方面；可以采用的方法包括需求分析法、服务设计法、流程再造法、组织变革法、服务工程法等；所得到的结果是形成两化融合阶段性规划、形成打造企业新型能力项目策划书、按照管理手册流程评审两个策划等。

3. 监测阶段

贯标组织过程的主要动作是实施过程管理规范改进与项目协调与指导。针对管理体系建立过程的主要目标是完成项目实施过程与管理手册配套的管理规范、完成与管理规范配套的监测、记录表单；主要任务是流程优化、组织变革、技术匹配、数据开发利用管理规范、与管理规范配套的作业表单、项目运维管理规范；可以采用的方法包括生命周期分析、PDCA 法、标杆瞄准法、ECRS 法、6 Sigma法、VE 工程法、组织变革法等；所得到的结果为形成两化融合管理规范、形成与管理规范配套的作业表单、管理规范和作业表单评审等。两化融合实施过程在本阶段的主要目标是通过两化项目实施，获取所需的新型能力、验证管理手册、管理规范和作业表单适应性；主要任务是以数据利用为目标，实施流程优化、组织变革和技术匹配方案、项目绩效评估、实施项目运维方案、验证管理体系适应性；可以采用的方法包括生命周期分析、PDCA 法、标杆瞄准法、ECRS 法、6 Sigma 法、VE 工程法、组织变革法、综合指数法等；所得到的结果为项目绩效评估报告、管理体系适应性评估报告。

4. 改进阶段

贯标组织过程的主要动作是进行内部审核、管理手册完善与企业竞争优势验证等，以及定期进行管理评审，进行持续改进，同时进行认定准备等工作。本阶段的主要目标是通过内审并验证两化融合管理体系的适应性，通过内审评测并保持管理体系不断得到改进，验证两化融合管理体系对企业竞争优势的提升作用，评价两化融合管理体系对本企业的持续适宜性，评价两化融合管理体系对本企业指导的充分性，验证两化融合管理体系实施对打造新型能力、获取竞争优势的有效性，依据两化融合管理体系持续改进或打造在信息化条件下的新型能力，获取与竞争优势机制；主要任务包括建立企业内审团队，制定审核方案（准则、目标、范围、频次），考核各部门两化融合绩效结果，编制审核报告、准备管理评审报告以及评审支撑材料策划（至少有符合管理体系要求的 10 份书面材料），制定管理评审工作方案，组织成立由企业最高管理者、两化融合负责人、相关利益方、内部专家和外部专家组成的管理评审组，开展管理评审活动，整理管理评审意见，梳理不符合管理体系的实际问题和潜在问题、提出解决这些问题的适宜措施并进行合理性评审，开展改进、纠正措施的实施，评审纠正措施的有效性，提出两化融合管理体系改进意见并评审适宜性等；可以采用的方法包括培训建立企业内审团队、实践积累内审经验、建立内部支持团队，专家查阅评审材料、专家现场诊断法、专家质疑和讨论会，PDCA 法、因果分析法、ABC 分类法、差错管理法等；所得到的结果包括一套适合本企业内审的作业规范、一份内审工作方案、形成企业两化融合管理体系内审报告、提出企业两化融合管理体系改进意见、企业两化融合绩效评估报告，企业实施两化融合管理体系有效性改进评审意见、两化融合管理体系实施的绩效改进评审意见、新型能力改进评审意见、方针和目标改进评审意见、资源分配合理化评审意见，差错改进方案、差错改进工作总结报告、差错改进评审意见等。

2.3.2　实施要点

两化融合贯标与实施的目的是为组织量身打造一套适宜、充分、高效的管理体系,确保企业通过两化融合项目实施能获取新型能力,促进企业战略目标实现。因此,企业要结合自身的结构特点、行业的先进技术和先进管理经验,为自己量身打造具有个性化的两化融合管理体系,推动企业深层次的管理变革。虽然有了理论框架和标准实施流程的支撑,但仍然要注意到两化融合管理体系是一个不断完善的过程,只有起点没有终点,贯标的过程也是形成企业战略管理能力的过程,可以大大提升管理团队的决策能力、执行能力。两化融合贯标及项目实施的要点包括以下三个方面:

1.战略分析

企业的战略是两化融合战略循环的起点,需要明确两化融合实施的目标是在信息化环境下打造与战略目标相匹配的新型能力,以此作为实施两化融合体系的出发点,同时战略是两化融合战略循环的输出物,需要牢牢紧握"战略—核心竞争力—新型能力"这条主线,才能保证两化融合的实施目标和效果。

2.四要素协同

两化融合的四要素循环说明了在实施过程做什么的问题,即企业要能够实现业务流程、组织变革、技术匹配和数据资源开发利用的四要素协同创新,尤其是重视数据的驱动作用,同时在进行两化融合项目实施前,进行组织机构变革以及业务流程优化,通过业务流程优化实现企业效率的有效提升,进而提升企业的核心竞争力。

3.评测与改进

PDCA循环是两化融合管理体系框架的基础,是两化融合实施控制的有效手段。信息化建设具有阶梯性,两化融合的实施过程也一样,是一个螺旋上升的过程,因此在策划和实施之后,更为重要的是根据实施的效果不断进行有效总结,通过内审、管理评审等有效手段,不断进行改进,确保企业实现持续发展。

2.4　两化融合实施的切入点——业务流程优化

图 2.6 展示了企业战略是如何决定信息系统的架构和实现的,首先企业战略包括行业结构特征和竞争优势,同时企业战略决定了价值链,价值链决定了企业的业务流程,最后信息系统对业务流程的数字化实现,提升了业务流程的效能,返回来支撑了企业的竞争优势,最终实现了企业的总体战略。

图 2.6　业务流程如何支持两化融合系统实施

2.4.1 组织竞争优势

根据两化融合的框架和相关要求,信息系统是为了帮助组织实现战略目标而存在的,而一个组织的目的和目标是由其自身的竞争优势决定的。本节首先对企业战略和竞争优势的理论进行主要阐述。

迈克尔·波特是企业战略和竞争优势分析领域最著名的研究者和思想家,其首先阐释了行业的五力模型,因为一个企业战略的制定都是从对一个行业的基本结构和特点的评价开始的。五力模型是用来对行业结构进行有效评价的,根据波特的结论,行业的收益率将取决于买方的议价能力、替代品的威胁、卖方的议价能力、新进入者的威胁、现有竞争对手间的竞争。五力中的每一个要素强度决定了行业的特征、行业的收益情况以及行业收益的可持续性。

每一个企业或者组织可以选择一种竞争策略来响应上述行业结构,波特提出了如表2.1所示的四个竞争战略模型。组织可以通过成本战略、差异化战略或者特定区域战略来实现自己的目标,例如,其可以通过成本领先战略来提供最低价的产品,也可以通过产品或者相关服务的附加值来甩开竞争对手。如果一个企业是成功的,则它的目的、目标、文化和活动必须与它的战略相一致。

表 2.1 波特四竞争战略模型

竞争范围	成本	差异
全行业	行业间最低成本	行业间较好的产品/服务
特定行业	行业内不同部门的最低成本	行业内不同部门较好的产品/服务

2.4.2 价值链结构

波特认为价值是买方愿意为一种资源、产品、服务支付的费用,由某一活动产生的价值和这项活动的成本差就是利润。某一企业或者组织,根据自己所在的行业结构,分析行业特质来制定相对应的竞争战略。例如,某企业选择了差异化战略,但这个企业不会围绕低成本活动规划自身结构,这类企业可能会选择一些高成本系统,他们这样做是因为这些高成本的系统能够为差异化战略带来净利润或者余额,也只有正向的利润,才会使该企业为这个高成本的活动增加成本。

价值链是能够产生价值活动的网络,其包括基本活动和辅助活动两类。基本活动是直接关系到组织产品或者服务生产的业务功能,共分为五类,包括内部物流、生产制造、外部物流、市场营销和服务支持;辅助活动是帮助和促进基本活动的业务功能,共分为四类,包括采购、技术、人力资源和基础设施活动。这些活动间的相互作用如图 2.7 所示,通过对价值链中活动和联系的分析可以决定要采取的动作。

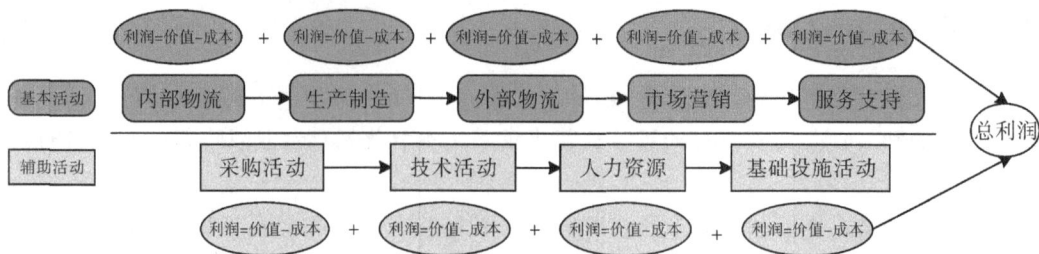

图 2.7　波特价值链模型

2.4.3　业务流程质量提升

业务流程是能够完成业务功能的活动、资源、设备和信息的网络,简而言之,价值链中的活动是通过业务流程来完成的,也即每一个价值链或者其活动都有一个或多个业务流程支持。通过业务流程,企业或者组织可以锁定客户或买家、锁定供应商、增加新进入者的障碍、建立联盟、降低成本等,进而获得相关的竞争优势。

信息系统可以有效地提升业务流程的质量,业务流程的质量有两个测量维度,即有效性和效率。业务流程的有效性是指能够促使企业或组织完成其战略目标所必需的业务流程,业务流程的效率是指业务流程实现的收益/成本比最大。图 2.8 展示了信息系统的五要素组成,其中,硬件和软件都是执行某活动的角色,软件和流程都是执行某活动的指令,软件给硬件传递指令,人员给流程发布指令,数据是连接人和计算机的桥梁。当业务流程中的某些活动可以被计算机系统自动处理时,就意味着原来由人工完成的工作可以转向左端由计算机自动化完成,进而提高业务流程的质量。

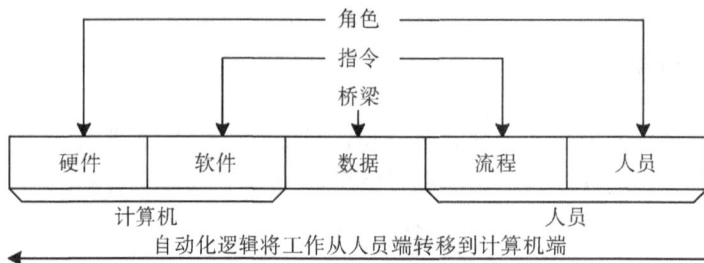

图 2.8　信息系统五要素组成展示图

2.4.4　为什么业务流程是切入点?

由图 2.6 可以看出企业战略是如何影响信息系统的,首先由企业或者组织根据行业结构和竞争优势来选择四种竞争战略模型中的某一个战略,根据战略目标来确定企业的竞争优势来源,根据竞争优势对企业的价值链进行仔细分析,对影响企业利润的价值链活动进行业务流程梳理,最后再通过信息系统并对业务流程的质量进行提升。反之,信息系统对业务流程质量的有效支撑,倒推企业的战略目标实现。可以看到,业务流程是两化融合实施中的一个重要环节,为什么选择业务流程作为两化融合的切入点,会使两化融合项目的实施成本更低、效果更加明显呢？原因主要有以下三个方面：

(1)业务流程梳理主要在企业或组织的内部进行,是内部因素。由图2.6可以看到,企业战略的确定,行业结构、竞争优势的选择以及价值链的结构等,都是外部的因素,企业由外部因素进行调整来提升自己的不可控因素很大,而实施某个价值链活动的业务流程是企业内部的行为,从组织到执行受到的制约会更小,企业所需付出的成本也会更低。

(2)业务流程结构是系统化的建模思维,会使企业或组织的整体性更强,更易于实现利润最大化。业务流程的结构化模型,使得参与流程的所有人员在统一视角下进行活动,系统性和全局性更强,所得结果会突破传统的部门限制,获得全局性的最优结果,进而会带来企业总体利润的提升。

(3)业务流程作为切入点,更容易落实企业的竞争优势选择策略。信息系统的自动化可以大幅提升企业或组织的整体效率,但是企业的竞争策略或者个性化是通过业务流程的柔性化来支撑的,通过业务流程的细节性描述,可以更加清晰地展现企业战略和竞争优势的支撑动作或活动,进而更容易实现企业的个性化和市场获取能力。

2.5 本章小结

为应对全球化的信息革命浪潮,有效指导我国的两化融合管理工作,明确企业推进两化融合的管理原则、界定其核心要素和主要管理域、建立并规范其通用方法是应然之需,这也同时促使了两化融合管理体系的诞生。本章首先介绍了两化融合水平评估、两化融合现状与问题,以及两化融合管理体系与其他管理体系之间的关系；接着在2.2节详细介绍了两化融合管理体系的基础框架,即三个循环、六个导向和九个原则；然后在2.3节的两化融合管理体系实施中,介绍了两化融合贯标与实施的过程,梳理了实施中的要点；最后对为什么业务流程是两化融合实施的切入点进行了仔细的分析,以波特的理论模型为基础,详细介绍了企业战略、竞争优势、价值链、业务流程、信息系统之间的相互支撑和提升关系。

第3章
数据驱动创新：业务流程管理的新思维

3.1 四要素互动框图

3.1.1 四要素运行框架

企业或组织应依据两化融合实施方案，充分运用过程方法和系统方法，以业务流程为导向，通过业务流程与组织结构优化、技术实现、数据开发利用、匹配与规范化、运行控制等过程的全程受控和全局优化，开展新型能力建设，确保新型能力目标及时有效达成。四要素整体运行框架如图3.1所示。

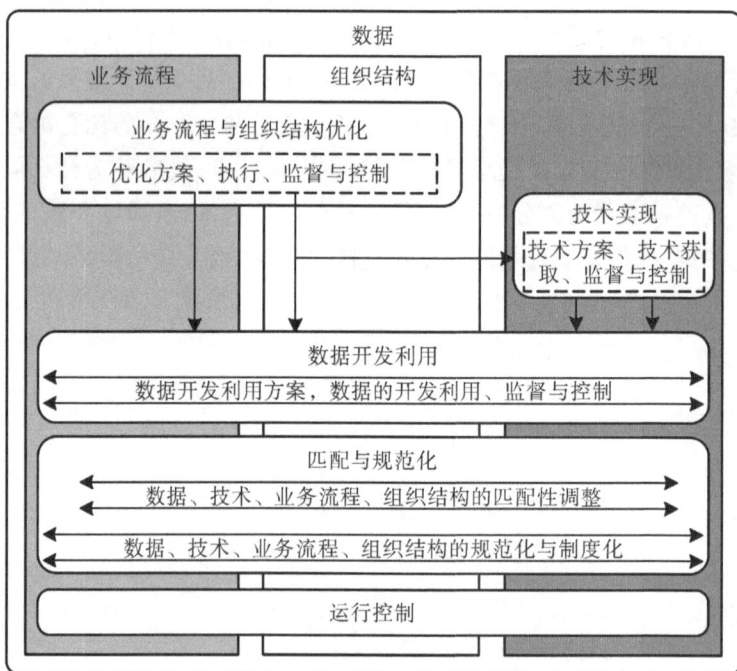

图3.1 四要素基础运行框架

（1）业务流程与组织结构优化。业务流程和组织结构优化一般会涉及管理变革和利益调整，执行难度大、风险高，是制约技术作用充分发挥、两化融合难以取得实效的关键，需要明确业务流程和组织结构优化的责任方，形成优化方案，加强执行管理和风险控制。

（2）技术实现。新型能力及其目标实现、业务流程和组织结构优化最终都离不开技术的应用和支持，需要明确技术实现的责任方，形成技术方案，加强技术获取管理和执行控制。

（3）数据开发利用。数据开发利用可以加速技术、业务流程、组织结构的同步创新，其他要素的发展也会为数据的开发利用创造新的机会和起点，需要明确数据开发利用的责任方，形成数据开发利用方案，加强开发管理和风险控制。

（4）匹配与规范化。数据开发利用、技术实现、业务流程与组织结构优化间的匹配，是新型能力及其目标实现的关键，需要在合适的时间范围内开展数据、技术、业务流程、组织结构的匹配性调整，调整完成后实现成果固化和制度化。

（5）运行控制。随着数据、技术、业务流程、组织结构的制度规范化，运行控制更加重要，应制定适宜的程序，确保正式运行的风险得到有效防范。

3.1.2　四要素实施要求

两化融合实施与运行过程中，业务流程与组织结构优化在安排上应优先于技术实现，加强数据、技术、业务流程与组织结构的适应性匹配和良性互动，特别要防止数据开发利用不足、技术过度超前、业务流程效率低下和组织结构变革滞后，从而大幅提升两化融合的效益和效果。组织应高度重视数据开发利用，这对于实现技术、业务流程、组织结构三要素的同步创新和持续优化具有至关重要的作用。形成新型能力后，组织仍需对新型能力相关活动的运行进行持续控制，从而有效保持新型能力。在利用外部资源时，组织应围绕新型能力建设，积极与咨询、技术、系统集成、运行维护等供方沟通合作，确保合作过程有效可控。

1. 业务流程与组织结构优化

组织应对业务流程与组织结构优化方案的制定、沟通和确认做出制度化安排，包括明确责任人及其职责、优化和调整的时机、组织和协调的机制、保障落实和监督机制等。

组织应以业务流程职责为主导，建立业务流程职责、部门职责、岗位职责的协调运转机制，以确保业务流程的高效运行。组织应围绕新型能力目标，依据两化融合实施方案，梳理现有相关的业务流程，以及跟这些业务流程相关的部门和岗位，识别问题与差距，确定拟优化的关键点和调整范围，开展新的业务流程设计，并以业务流程职责为牵引，梳理和调整部门职责，将业务流程职责和部门职责落实到岗位职责，同时应注意跨部门业务流程衔接处的职责，在此基础上形成业务流程与组织结构优化方案。业务流程与组织结构优化方案还应明确业务流程与组织结构优化的责任部门和责任人、参与部门和参与人，参与部门和参与人应覆盖业务流程与组织结构优化相关的职能和层次，并包括负责技术实现和数据开发利用的部门和人员。

组织应通过适宜的方式，对业务流程与组织结构优化方案进行沟通和确认，确保业务流程与组织结构优化的相关方对优化方案达成共识，同时兼顾技术实现和数据开发利用的可行性。组织在形成优化方案过程中，可借助外部咨询服务商的力量，但应确保组织内部相关职能和层次人员的充分参与。

组织应对业务流程与组织结构优化的执行做出制度化安排,包括职责、流程和方法等。业务流程与组织结构优化往往涉及职能和利益的重新调整,因此,组织应采取适宜的措施,加强与相关方的充分沟通,妥善处理业务流程与组织结构优化执行过程中的利益分歧,以达成共识。

组织应采取例会等适当的方式,掌握业务流程与组织结构优化的执行进度、变更、相关方反馈等动态信息,确保按优化方案设定的关键节点协调、有序地推进业务流程与组织结构优化。在实施业务流程与组织结构优化过程中,应识别潜在的风险,制定应对措施以规避风险。

2. 技术实现

组织应对技术方案的制定、沟通和确认做出制度化安排,包括职责、流程和方法等。组织应依据两化融合实施方案、业务流程与组织结构优化方案,评估现有相关的技术及其应用现状,开展技术需求分析,论证可选技术路线,明确性能参数要求等技术指标,编制投资概预算,确定技术实施范围,形成技术方案。技术方案还应明确技术实现的责任部门和责任人、参与部门和参与人,参与部门和参与人应覆盖业务流程与组织结构优化、数据开发利用相关的部门和业务骨干。组织在形成技术方案过程中,可与外部技术服务提供商开展合作。组织应明确技术的获取方式和开发、建设单位。

技术获取是将技术方案付诸实际的过程,一般包括实施准备、执行、安装部署、调试和测试等过程。组织应对技术获取做出制度化安排,包括职责、流程和方法等。基础资源的数字化和标准化等初始准备工作是否充分,对于所获取技术的有效性具有至关重要的作用。技术知识转移是帮助应用主体有效应用所获取技术的必要条件,组织应采取有效手段(如网络平台),对相关人员提供持续培训(包括理念、方法和技术等),确保技术的开发建设单位将必要的技术知识及时、充分、有效地转移至应用主体。组织应确保技术的应用主体全程参与技术获取过程。

组织应采取例会、周报等适当的方式,必要时采用里程碑评审等监视与测量手段,跟踪和控制计划进度、质量、调整、变更等的执行情况以及相关方反馈等动态信息,确保技术方案有效实施。在技术实现过程中,组织应加强风险点识别和风险控制,制定应对措施以规避风险。

3. 数据开发与利用

数据开发利用是通过对数据的选取、分析和应用,进而全面实现数据价值的活动。组织应充分认识到数据开发利用是优化资源配置和运营管理的重要手段,并对其在打造新型能力、获取可持续竞争优势方面日益提升的价值形成共识。

组织应对数据开发利用方案的制定、沟通和确认做出制度化安排,包括职责、流程、方法等。组织应依据两化融合实施方案,适用时还可依据业务流程与组织结构优化方案、技术方案,结合信息资源管理现状,开展数据开发利用需求分析,明确数据开发利用的范围、关键环节和实施路径,形成数据开发利用方案。数据开发利用方案还应明确数据开发利用的责任部门和责任人、参与部门和参与人,参与部门和参与人应覆盖业务流程与组织结构优化、技术实现相关的部门和业务骨干。组织在形成数据开发利用方案过程中,可与外部服务提供商开展合作。

数据开发利用的价值可表现为有助于技术改进，如寻找最佳技术路线；有助于优化业务流程，如持续改进跨职能、跨层次的业务协同水平；也有助于改善组织结构，如不断提升岗位及其职能设置和业务流程需求的匹配程度等。组织通过对数据的开发利用，可以加速技术、业务流程、组织结构的同步创新和持续优化。同时，技术、业务流程与组织结构的改进也会为数据开发利用创造新的机会和起点。组织应对数据开发利用做出制度化安排，包括职责、流程和方法等。

组织应不断拓展数据开发利用的深度和广度，探索开展跨时间、跨职能、跨层次的数据开发利用。组织所构建的数据应用模型应充分融合其业务需求、业务逻辑和业务经验，并根据模型的运行情况和成效不断优化完善，解决新型能力建设的不确定性、多样性、复杂性问题，持续提高数据开发利用价值。组织还应注重应用互联网、移动互联网、物联网、大数据、云计算等新技术，开展跨平台、跨产业的数据融合应用，不断挖掘数据开发利用潜能，探索和构建数据驱动的新模式新业态。

组织应采取例会、月报等适当的方式，必要时采用里程碑评审等监视与测量手段，跟踪和控制计划执行情况、应用成效及相关方反馈等动态信息，确保数据开发利用方案有效实施。在数据开发利用过程中，组织应加强风险点识别和风险控制，制定应对措施以规避风险。

3.1.3　四要素匹配与规范

试运行是实现数据、技术、业务流程与组织结构相互磨合、动态匹配的必要过程，也是检验两化融合实施方案实效性的关键环节。在试运行（包括新旧系统切换、新系统上线、解决方案启用等）前，应制定试运行方案，确保试运行期间组织能够正常运转。组织应高度重视静态和动态数据初始化，包括数据转化、导入与校验等，需提前做好充分准备，确保快速、准确完成。试运行期间，组织应确保全面、有效收集各方反馈意见，识别问题或缺陷，并采取适宜的措施，确保其得到及时解决。必要时，应制定调整方案，并在得到各相关方确认、批准后实施。

匹配性调整完成后，组织应通过确立相关制度，确保匹配后的数据、技术、业务流程与组织结构得以规范。组织应对沟通、确认和批准与数据、技术、业务流程、组织结构有关的制度规范做出制度化安排，包括职责、流程和方法等。

组织应不断加强运行控制，确保所确立的制度规范得以有效执行、运行风险得到有效控制、新型能力得到持续保持和改进。适用时，组织应对运行控制过程中的风险防范做出制度化安排，识别、确认并管理风险。

3.2　基于数据流图的过程建模

要对业务过程进行有效优化和分析，首先需要对非结构化的问题，进行结构化的处理。结构化的一个最基本的方法就是绘制模型，模型是现实世界或现实流程的一种数字化表示，而且大部分分析人员都知道"一张图能抵万言"的基本道理，所以一般的模型都通过图形化的方式来表示。对系统的现有业务流程构造模型，可以更好地理解系统，或者对构建的模型进行进一步的优化。

3.2.1 过程建模基本概念

过程建模是一种组织和记录数据结构和流向的技术,记录了系统的"活动过程",以及由"活动过程"实现的逻辑、策略和程序。过程建模源自传统的软件工程方法。数据流图是一种描述通过系统的数据流以及系统实施的工作或者处理过程的工具,一个简明的数据流图示例如图 3.2 所示。

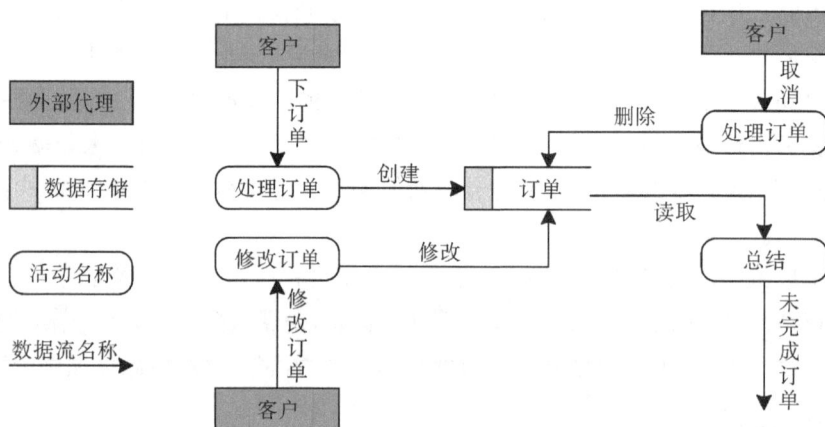

图 3.2 一个订单业务过程数据流图简明示例

由图 3.2 可以看到,一个数据流图主要包括四个组成部分,即外部代理、数据存储、活动名称和数据流。

(1)外部代理指的是系统所处的外部环境的事件或者条件。外部环境形成了系统的边界,并定义了系统与外部环境的接口。外部代理还定义了位于项目范围之外但与正在被研究的系统交互的人、组织部门、其他系统或者其他组织。认识到一个系统的外部代理的活动是非常重要的,因为这些活动是范围之外的,外部代理的活动不会引起系统内部活动发生实质性的改变,同时也要注意到,外部代理是很少固定的,随着目标和范围的变化,业务流系统的范围也会扩大或缩小。

(2)数据存储是一个数据的仓库。它在图形中采用一个开口的方框表示。数据存储一般表示静止的数据。一般状况下,数据存储应该包括企业业务过程中想要留存的全部数据。通常数据存储按照相应的数据模型实体的附属形式命名,同时应该避免使用物理性词汇,如文件案、数据库表等名称。

(3)活动名称是业务流程中的最基本构件。一个最简单的业务流程由一个活动和输入/输出组成。当对一个复杂的系统进行业务流程分析时,需要将它分解成组件子系统、过程、活动,每个层次的抽象都揭示了有关整个系统或者系统某个子集或多或少期望的细节。活动是业务流程中描述的最低层次细节,其应该用一个强调动作的动词后跟一个描述实施过程的工作的宾语从句命名。

(4)数据流表示一个过程的数据输入,或者来自一个过程的数据输出。数据流是运动中的数据,系统与其外部代理间的数据流动是一种通信。数据的流通通道可以看作是一条"高速公路",在图中一般通过一条带箭头的实线表示,且数据流的名称同时隐含了哪些数据类型可以在某条"高速公路"上流动。如果目前系统的表格和过程是对现有业务流程进行的计算机化过程，则计算机程序只是自动化了手工的低效率，因此业务流程优化需要相关分析人员在过程建模时消除这些低效率的因素。

3.2.2 逻辑建模过程

按照系统的建立和优化过程，基于数据流的过程建模共包括战略系统规划、业务过程优化、系统分析建模、系统设计建模四个部分。

按照两化融合的战略循环理论要求，企业或者组织应该基于战略进行系统规划，选择开发的项目，系统地进行信息系统战略规划，为企业或组织的信息化系统定义整体架构和设想。整体的架构中一般都会包括企业的业务过程模型（整体规划中还包括其他的架构组件），战略层面的业务过程模型仅仅确定企业的业务领域和功能，并通过业务领域和功能来确定优先权，使其给企业或组织整体带来最大价值。

业务过程优化有时也可以称为业务流程重构，业务流程优化的核心目的是分析现有的业务过程，然后在信息系统应用之前重构它们以消除低效率和官僚作风。过程模型在业务流程优化中扮演了重要的角色，因为分析团队一定会通过过程模型提取那些引起低效率和低价值的实现特征点。当然，在业务流程优化中，一般使用多种形式（如过程模型和数据模型相结合的方式等）简化过程和数据流，努力做到最大化效率并给组织返回最大价值。

在系统分析环节，一般专注于业务需求分析的逻辑过程建模，其包括过程焦点和系统所有者或者系统用户的观点视角，而且一般作为需求分析阶段的交付成果出现。在实际操作过程中，一般按照事件划分的策略实施组织，事件划分是根据业务事件和对那些事件的响应将一个系统分成子系统的过程，包括：上下文数据流图、功能分解图、事件响应或用例清单、事件处理器、事件图、系统图、基本图等几个主要步骤，但这样的分析方法都是自顶向下的构造，从一般到细节的过程，虽然概念逻辑清楚，但会导致"分析瘫痪"，建模过程和项目进度明显迟缓，这也是需要其他非过程建模方法辅助的主要原因。

在系统设计建模阶段，逻辑过程建模将会转换成所选择的技术架构的物理过程模型，是技术实现过程的重要工作环节。在系统设计方案实现之前，需要有一个高层的概述，构建架构蓝图作为后续的内部和外部设计提纲。基于过程的模型驱动设计是将一个大的程序分解成一个容易实现和维护修改的计算机程序模块层次的过程，这样就形成了一个自顶向下的模块层次，每一个模块就是一个程序段、程序块、子程序或者开发路线，模块的开发将会按照设计规则和设计指南进行。

3.3 基于实体关系的数据建模

3.3.1 数据建模系统概念

数据建模在系统分析与开发过程中同样扮演着重要的角色，数据建模一般被定义为一种数据库定义业务需求的技术，因为数据模型最终要实现成数据库，所以有的时候数据建模也称为数据库建模。被使用最多的符号数据建模方法是实体关系图,它按照数据描述的实体和关系来刻画数据。在实体关系模型图中(如图 3.3 所示的示例),包括三类主要基本的概念:实体、属性和关系。

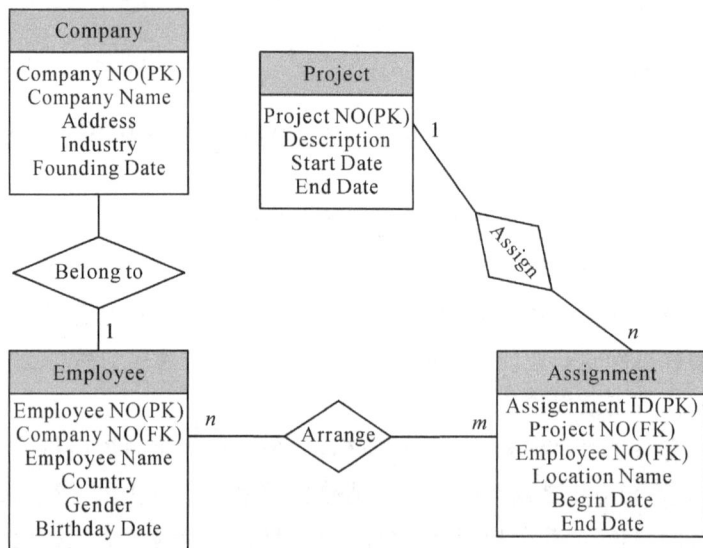

图 3.3　实体关系数据模型示例

1. 实体

实体是对一组相类似事物的抽象,将这个抽象的概念定义为实体,具体指企业或者组织需要存储这些事物的有关数据。在系统建模过程中,我们需要对一个抽象的概念指定一个表示形状(图 3.3 中的黑色矩形),它表示命名实体的所有实例。而某一个实体实例是指实体的某一个具体值,如图 3.3 中的 Project 实体,可以拥有名称为 A 的一个具体实例。在建模过程中,我们认为每一个实例都有类似的数据描述。

2. 属性

实体是我们想要存储数据的某样东西,那么就需要在此基础上确定我们想要存储的关于一个给定实体的每个实例所需要的数据,这些数据称为属性。例如,在图 3.3 中,属性由白色的矩形表示,可以看出,属性实际是对实体抽象的一种扩充。

3. 关系

由于实体的属性不可能独立的存在,它们所代表的事物之间会相互交互并产生影响,共同支持不同的业务,因此我们通过关系来表示存在于一个或者多个实体间的自然业务联系。关系可以代表相互连接的实体间的一个事件,或者是实体间的逻辑关系(图 3.3 中用菱形表示)。按照不同的类型,实体关系包括一对一、一对多、多对多等多种类型。

3.3.2　数据建模过程

在理解数据模型概念的基础上,我们接下来理解如何进行数据建模。数据建模可以在各种类型项目的多个阶段进行,数据模型是不断累进的,对于一个企业或者组织来说,不存在一个完美的、最终的数据模型。数据模型应该被看作是一个动态的架构，它将随着需求的变化而变化，这需要分析人员在企业战略、系统分析和系统设计等多个层面开展数据建模。

按照两化融合的战略循环理论要求，企业或者组织应该基于战略进行系统规划，选择开发的项目，系统地进行信息系统战略规划，为企业或组织的信息化系统定义整体架构和设想，这些架构中一定会包括一个企业数据模型。在战略分析和业务流程梳理阶段，一般只是标识出了企业或者组织的最基本实体，不会对实体的属性进行详细描述，一般情况下此阶段的分析也很少包括关系，即使是包含了关系也是一些非特定的关系描述，但这些包含基础实体的数据模型会为后续的应用分析和技术开发团队提供基础。

在系统分析环节，一般针对企业或组织的逻辑数据进行建模，某个信息系统的数据模型通常会称为应用数据模型。在业务流程和系统分析阶段，分析人员很少采用数据模型建模方法，因为在此阶段，上一节所阐释的过程模型似乎更有效率，但也有很多分析人员认为在此阶段，数据模型具有快速、简洁、概括性强等优点。

在技术实现的系统设计阶段，逻辑模型将会转变为所选数据库的物理数据模型，这个模型将会反映数据库技术的技术能力和限制，以及数据库管理员建议的性能优化需求。物理数据模型是数据库模式的特殊模型，描述的是数据库的蓝图；关系型数据库模式按照表、键、索引和完整性规则定义数据库结构，是目前使用最广泛的数据库之一，同时根据实际情况，也可以选用非关系型数据库。总之，要对数据库进行仔细设计，确保系统生命周期内的适应能力和灵活性。

3.4 基于 UML 的对象建模

面向对象方法被广大的技术人员使用，是因为面向对象编程可以更好地促进代码复用以降低编程费用，也更适合于由于地理位置分散的程序员小组协作开发一个集成系统的项目，每个团队可以开发独立的程序片段，实现一个或者几个具有定义的接口的对象。面向对象方法主要有面向对象分析和面向对象技术两部分，本书重点关注不受面向对象环境限制的面向对象分析和设计方法，这样的方法也同样可用在过程或数据建模方法中。

3.4.1 历史与概念

面向对象建模技术要求使用与面向过程和面向数据建模完全不同的方法和图形记号。在1980 年至 1990 年间，同时出现了很多种不同类别的面向对象方法，这些方法间的不一致导致了项目开发团队的共享性和可复用性降低，同时也导致了许多的错误。由此，1994 年 Grady 和James 合并了他们各自的面向对象方法，为面向对象系统创建构造了一个单一的标准过程，之后他们又联合其他人，构造了标准的对象建模语言（unified modeling language，UML）（图 3.4是某会员订单系统类图示例）。UML 是目前被广泛接受的面向对象建模标准的符号体，而且其相关模型图可以广泛用在业务流程分析与优化或信息系统构建的多个环节。

面向对象的分析方法需要使用人员从一个全新的视角考虑系统分析和开发过程。与传统的数据模型进行数据定义和过程模型进行静态抽象不同，面向对象技术需要分析涉及定义信息系统的静态和动态行为模型，这会使我们可以有一个全新的视角看待业务流程抽象过程。

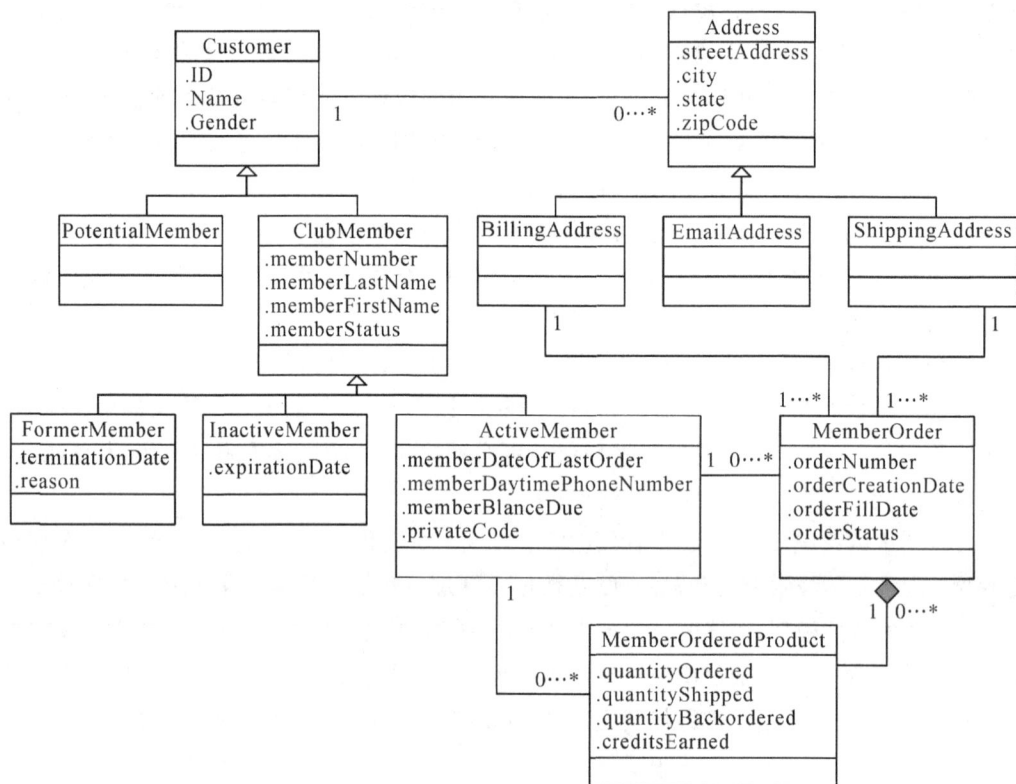

图 3.4　某会员订单系统类图示例

对象建模涉及的基本概念包括对象、对象实例、属性、方法、封装、类、泛化/特化、对象/类关系、消息和消息发送、多态性等，每个概念的基本释义如表 3.1 所示。

表 3.1　对象建模的基本概念

概念	定义/描述
对象	正在分析的系统相关的任务、地点和事情，也可以包含数据属性
对象实例	由描述特定的人、地点、事物或者事件的属性值构成
属性	对象定义中的数据部分
方法	对象定义中针对对象行为部分的描述
封装	几项内容一起打包成一个单元（也称为信息隐藏）
类	是共享相同属性和行为的对象集合，有时也称为对象类
泛化/特化	是一种技术，其中基类对象类的公共属性和行为被组合成为类，称为超类。超类的属性和方法然后被那些对象类（子类）继承
对象/类关系	是一种存在于一个或者各个对象/类之间的自然业务联系
消息和消息发送	当一个对象调用另一个对象的方法（行为）以请求信息或者某些动作时发生的通信
多态性	指"多种形式"，意味着不同的对象可以以不同的形式响应同样的消息

3.4.2 常用 UML 模型图

UML 提供了一个标准的工具集,用于记录软件系统的分析与设计。UML 工具集包括很多图表,它们准许人们可视化面向对象系统的结构,类似于一系列蓝图允许人们设想一栋大楼的构造。无论是独立工作还是同一个大型开发团队合作,用 UML 创建的文档都可以为项目开发团队和业务人员提供一种有效的沟通手段。在 UML 模型中,主要包括两种类型的图,一类是结构图,包括类图、组件图和部署图;另一类是行为图,包括用例图、顺序图、通信图、状态图和活动图。其中,用例图、用例场景、活动图、顺序图、类图和状态图的使用频次最高,这六种图的示例和相互转化关系如图 3.5 所示。

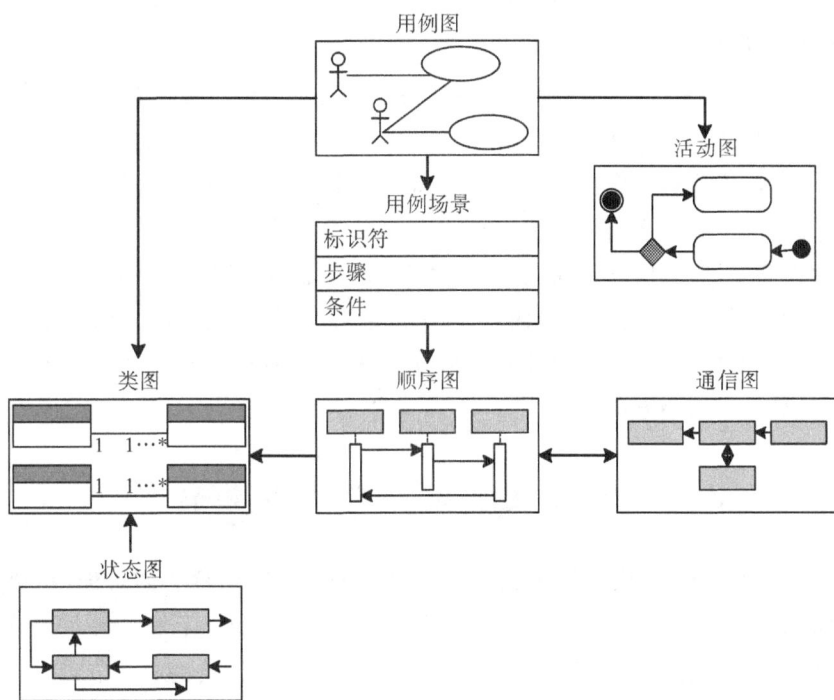

图 3.5 UML 常用模型图及相互联系

3.4.3 对象建模过程

对象建模和过程建模、数据建模分析方法的目的一样,面向对象分析的目的是更好地理解系统及其功能需求,需要我们从辨识用户角度开发所需的系统功能、支持所需系统功能的对象、对象的数据属性、相关的行为以及对象之间的关联。对象建模过程主要包括三个步骤:建模系统功能、发现并确定业务对象、组织对象并确定其关系。

1.建模系统功能

建模系统功能是在用户业务需求建模系统功能需求的基础上进行细化,以包括更多的细节。为了将业务梳理形成的需求用例模型转化为分析用例模型,需要进行以下几个步骤的动作:构造分析用例分析模型(主要包括:确定、定义并记录新的参与者;确定、定义并记录新的用例;确定任何复用的可能性;如需要,细化用例模型图;记录抽象用例描述和扩展用例描述等),通过活动图建模用例活动,构造活动图指南,绘制系统顺序图,构造系统顺序图指南等。

2. 发现并确定业务对象

试图确定业务对象,这是一个复杂任务。对象建模中的用例建模为这个问题提供了一个解决方案,即将整个系统分解成用例,这些相对较小的用例减少了挑选名词的工作量,主要的工作步骤包括:发现潜在对象,检查每个用例以发现对应业务实体或事件的名词,并将发现的每个名词添加到对象列表中;筛选建议对象,不是在对象列表中的业务对象都是有用的,通过对每个候选对象进行分析,确定候选对象是应该保留,还是应该从列表中删除。

3. 组织对象并确定其关系

在系统业务对象确定之后,需要组织这些对象,并记录对象之间的主要概念关系。这就需要用到类图,以图形化的方式来描述对象及其关联关系,包括多重性、关联关系、泛化/特化关系以及聚合关系等,主要的工作步骤包括:确定对象/类之间的关联关系和多重性,关联关系是一个对象/类需要知道另一个对象/类的东西,关联关系允许一个对象/类交叉引用另一个对象/类,并能够向它发送消息;确定泛化/特化关系,即类之间的层次关系或"isa"关系,由超类(抽象类、父类)和子类(具体类、子类)构成;确定聚合关系,聚合是一种关联关系,表示其中的一个对象是另一个对象的一部分,也被称为部分/整体关系;准备类图,描述业务对象/类。同时,描述其中的数据和行为方法。

3.5 流程定义到数据驱动的转型

信息时代的变革已经深入社会的方方面面,美国产业互联网核心的目标便是将数字化对人生活的改进引入工业企业中,我国的两化融合体系也具有同样的目标。在信息化促使下,企业管理和业务流程中的任何一个人或者一个设备,都是数字化网络的一个节点,任何时刻都会有各种信息反馈回来,实时决定着我们的决策和行动。

3.5.1 数字化带来的改变

在我国企业的工业化过程中,大部分企业的管理模式都是一个有能力的领导者,带领一些勤奋的工人在努力工作,但是这样的现状在信息化或数字化的进程中,产生了巨大的变化。首先是信息化促进了工人阶级的知识化水平提升,企业所有活动的交互更加频繁;其次是管理者的角色在不断弱化,员工的重要性在不断提升,需要有手段或工具促进员工的自我驱动力。在整体环境层面,数字化带来了以下几个转变:

(1)信息共享和透明。在传统的企业或社会运转状态下,各种知识、数据、信息、方法等是封闭在某个组织内部的,如采购部门和工程部门使用某材料的信息获取渠道和口径都是不一致的,导致信息孤岛和决策不一致的现象;但在数据时代,通过信息化的工具手段,使信息打破了传统的区域或者组织的限制,每个人获取信息的渠道大幅增加,这样的信息共享和透明,极大地改变了传统的企业管理，企业的管理流程也需要随之改变。

（2）数据及时性不断加强。数字化时代通过技术手段实现了万物的互联，传统企业的信息传递过程是有时间延迟的，如一个文件从一个部门物理传递到另一个部门，会有时间的延迟，但信息化的手段使信息的传递可以实时发生，连接速度的实时性也直接导致了下游反馈信息速度的加快，这样就促使了具有创新能力的企业可以快速地落实新想法，同时企业的工作流程也需要随之发生改变。

（3）打破了传统的部门或企业边界。数字化的连接和工具化的实现，使得企业的工作环境在虚拟的网络空间进行，打破了传统的地理位置的限制、时间跨度的限制等，数字化和信息共享同时也削弱了职责的边界。2016 年 Gartner 的文章明确指出，企业的首席信息官必须通过重构组织、流程和他们的业务来进行数字化转型。

3.5.2 从"流程预设"到"数据驱动流程"

数字化技术使数字化的过程得以实现，从而为改变和改造现有的商业模式、消费模式，乃至社会经济结构、法律和政策措施、组织模式、文化形式等带来了更多的机会。因此，数字化转型强调的是带来的效果，是区别于传统的组织形式、沟通形式、技术手段所产生变化本身的。

1. 从流程驱动转向数据驱动

如本书第 2 章第 2.4 节中图 2.7 所描述的示例，传统的企业运营模式是工业化生产的理念、流程化的管理，在标准化的基础上，将一个价值链分解成一个个的流程节点，然后将一个节点对应到一个小的组织，由这个组织来负责这个节点的工作。价值链的思考逻辑确实提高了企业的运营效率，实现了规范化边际效益的递增。但是，流程化的分割逻辑使原本一体化的工作产生了中间的空白地带，且流程优化时经常会出现为了流程而进行流程制定的现象。要解决这个问题，唯一的办法就是利用数据，因为信息化和数字化使得大量的数据沉淀了下来，这使管理者可以从数据视角而不是过程视角来查看他们的业务。随着数据的出现以及管理者将这些数据与指标或问题联系起来能力的提升，数据使组织不仅能够变得更有效率，而且还能改变组织的功能。取代以流程为核心，建立从数据出发的管理体系，用数据驱动业务的运营、战略的制定和创新的产生，是数字化转型最核心的工作。

2. 数据驱动的优化和创新

传统业务流程优化时，所采用的基本工具就是 BPR 方法论和最佳实践，现有的业务流程方法论逻辑没有脱离流程定义驱动的范畴，是经验的总结，是体系的沉淀，是非常重要的，但在数字化时代，企业的员工已经可以轻松地掌握这个知识，最佳实践的参考价值也会越来越小。在企业信息化建设和积累的大量数据基础上，从数据中挖掘和分析价值，从流程驱动到数据驱动的数字化转型体系是一个颠覆性的变革。

数据驱动意味着将数据作为企业重要的资产来看待，对之进行集成、共享、挖掘，从而发现问题，驱动创新。传统企业由于流程和组织的划分，将原本统一的数据割裂，产生了不同的解读，不仅无法提高效率，更是在应对市场外部变化的道路上越走越远。数据是客观、清晰的，能够帮助管理者化繁为简，透过复杂繁芜的流程看到业务的本质，更好地优化决策。一个企业的业务流程的梳理和固化过程,以及信息化建设的过程都是漫长的,如果从业务流程本身去优化,是不可能的。但是,所有的业务流程都会有数据的沉淀。不论业务流程多么复杂,但物理世界的本质是清晰的,数据之间的关联也是清晰的,从数据出发可以越过流程的迷雾,快速到达业务的本质。同时对数据资产进行充分利用,利用数据可视化进行建模,发现经验不能触达的部分,是数据驱动创新的根本原则,也是如今经济社会发展的驱动力。

3.6　本章小结

两化融合的四要素循环回答了企业或者组织在实施中应该遵循的基础原则问题。本章首先依据四要素的互动框图,介绍了四要素的基础运行框架、实施要求和匹配与规范;接着介绍了三种建模的基本方法——过程建模、数据建模和对象建模,介绍了每种方法的基本概念、建模的基本过程和方法,同时总结了每种方法的适用环境和条件,以及建模后的价值和效果;最后在此基础上,阐述了从流程驱动到数据驱动业务流程变革的必然性和优势,明确了在信息时代下,每一个企业都应该积极地拥抱数据驱动流程的变革历程。

第二篇

业务流程基础概念

第4章

业务流程管理：精细化管理的基石

精细化管理是管理技术、管理方法及管理理念的综合体。从管理技术角度上来讲，精细化管理能够通过标准化、程序化的手段使组织内部的各个单元精准、高效地运行；从管理方法角度上讲，精细化管理要建立健全科学量化的标准和可操作、易执行的作业程序及其相关的管理工具；从管理理念角度上讲，精细化管理体现了企业、组织对管理制度的严谨、认真、精益求精的贯彻。精细化管理最大的特点是排斥人治的思想，推崇规则优先，而业务流程梳理是建立企业标准和规范、提升企业运营效率和有效性的基本手段，是精细化管理的基石，同时也是信息化管理的基础和前提。本章将对业务流程的基本概念和理论进行体系化介绍。

4.1 业务流程概述

对业务流程概念的理解有狭义和广义之分。狭义的业务流程认为其是与客户价值的满足相联系的一系列活动。广义的业务流程认为，其是为达到特定的价值目标而由不同的人共同完成的一系列活动。活动之间不仅有严格的先后顺序限定，而且活动的内容、方式、责任等也都必须有明确的安排和界定，以使不同活动在不同岗位角色之间进行转手交接成为可能。活动与活动之间在时间和空间上的转移可以有较大的跨度。

4.1.1 业务流程的定义

业务流程这个术语的使用范围很广，但是针对业务流程的定义却存在很多种变化，如表4.1所示。企业再造理论创始人哈默与钱皮将业务活动和价值链相结合，将业务流程解释为企业创造价值的活动和输入/输出的组合；达文波特将业务活动和管理的目标相结合，指出业务流程是某特定结果输出所需的可测量活动的集合；斯切尔的关注点是业务活动涉及的人员之间的关系；约翰逊的观点与哈默和钱皮的观点相类似，将业务流程定义为把输入转化为输出的一系列相关活动的结合，它增加输入的价值并创造出对接受者更为有效的输出；ISO9000将业务流程定义为一组将输入转化为输出的相互关联或相互作用的活动。

总体而言，业务流程是完成一项业务功能的活动的网络。因此，本书简单地将业务流程视作活动网络,每一个活动由一个角色执行,角色由人员、小组、部门、组织担任,有时也可以是虚拟的角色(如本书第 5 章"任务管理流程"中的个人工作中心是一个信息化视角下的虚拟角色)。数据在活动间传递,当一个活动紧随着另一个活动时,数据流表现为顺序流。同时,复杂的活动可以用一个单独的子流程来表示。

表 4.1　针对业务流程的典型定义

序号	提出人	定义解释
1	Michael Hammer & James A. Champy	定义某一组活动为一个业务流程,这组活动有一个或多个输入,输出一个或多个结果,这些结果对客户来说是一种增值。简言之,业务流程是企业中一系列创造价值的活动的组合
2	T. H. Davenport	一系列结构化的可测量的活动集合,并为特定的市场或特定的顾客产生特定的输出
3	A. L. Scheil	在特定时间产生特定输出的一系列客户、供应商关系
4	H. J. Johnson	把输入转化为输出的一系列相关活动的结合,它增加输入的价值并创造出对接受者更为有效的输出
5	ISO9000	一组将输入转化为输出的相互关联或相互作用的活动

4.1.2　业务流程的层次

本书第 1 章曾对管理理论的产生与发展进行了详细的总结,现行的管理理念大多源于 18 世纪亚当·斯密的"劳动分工原理"和 19 世纪泰勒的"制度化管理理论",但进入 20 世纪 80 年代后,企业家和管理学家都认为其存在分工过细、无人负责整个流程、组织机构臃肿、员工技能单一等问题,因此诞生了业务流程的概念。

虽然本书将业务流程简单地理解为是完成一项业务功能的活动的网络,但是业务流程对企业的作用绝对不仅限于企业业务的说明和描述,更对于企业战略、运营等层面有很强的指导意义,这样的意义更多体现了企业的追求目标,如降低企业的运营成本、提高对市场需求的响应速度、争取企业利润的最大化等,因此业务流程也是具有和企业层级结构相对应的层次关系的。

业务流程的层次关系和人类的思维习惯相一致,反映了从总体到部分、从宏观到微观的总分关系,同时业务流程的层次关系也可以反映企业部门之间的层次关系,一般情况下,可以根据公司的情况建立总体运行业务流程图,然后再根据业务层次划分情况进行细化,对每一个子项的业务分别进行细化说明。一个针对流程的层次及编码规则示例如图 4.1 所示,第一级表示公司的业务管理体系,第二级表示管理体系内的业务或活动,第三级及以后,表示流程的层级。

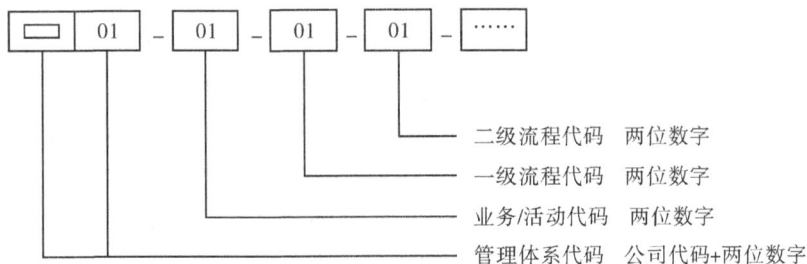

图 4.1　流程编码规则

4.1.3　业务流程管理

业务流程管理(business process management,BPM)的概念也可以追溯至 19 世纪泰勒的科学管理原理,正式提出于 1995 年前后,尤其是美国教授哈默提出了业务流程管理理论之后,在全球范围内引起了新的管理革命变革。例如,美国的全球化公司,如 IBM、通用、福特、美国电话电报公司等都纷纷实行 BPM,并取得了巨大的成功。我国也成立了针对 BPM 研究相关的学术机构,虽也有一些企业实践层面的成功案例,但理论的研究和实践层面的结合仍需继续进行探索。

伴随着业务流程管理的发展,有一系列的相关技术涌现,下面按照业务流程管理的发展阶段,对相关技术及特征进行介绍。根据业务流程的发展历程,业务流程管理大致可以分为传统流程技术管理阶段、内部电子化流程管理阶段、全面电子化流程管理阶段、电子平台化管理阶段四个阶段。

(1)传统流程技术管理阶段。此阶段主要运用传统的方法对企业内部的生产流程进行阶段性或者全过程的分析,所使用的方法包括:对生产进行阶段过程分析的"方法和过程分析"(泰勒)、用于多工序流程控制的甘特图、可以用于大规模制造企业的福特流水线、对产品质量进行全流程控制的全面质量管理技术、美国海军率先使用的网络计划技术、以看板作为生产管理控制的看板管理、消除生产物品库存积压的准时生产、日本丰田推出的精益生产等。该阶段对生产过程内的阶段性过程进行分析,处理的对象一般是单一的流程环节,是企业经营管理的一种辅助手段。

(2)内部电子化流程管理阶段。此阶段主要是指采用先进的计算机系统进行分析和处理,通过信息化和网络化相结合的方式对流程信息进行管理,主要使用的方法包括:20 世纪 60 年代兴起的 MRP[①] 系统、20 世纪 70 年代兴起的闭环 MRP、20 世纪 80 年代兴起的制造资源计划管理 MRPⅡ、20 世纪 90 年代兴起的 ERP[②] 系统等。该阶段通过信息系统对业务流程进行全面的信息管理,进而提高企业的整体运营效率,业务流程管理已经从幕后走到了台前,逐渐关注到了业务流程的战略特性。

[①]　指物资需求计划,英文为 material requirement planning,缩写为 MRP。

[②]　指企业资源计划,英文为 enterprise resource planning,缩写为 ERP。

（3）全面电子化流程管理阶段。此阶段主要采用先进的计算机系统对企业内部的流程和企业外部的流程进行统一的分析，主要的使用方法包括：迈克尔·波特的价值链分析、迈克·哈默的业务流程再造、戴尔的跨企业供应链协作与管理、以客户服务为中心的客户关系管理（customer relationship management，CRM）系统、基于面向服务架构（service-oriented architecture，SOA）等技术的企业应用集成（enterprise application integration，EAI）系统、实现企业流程自动化管理的自动化流程管理等。该阶段对企业整体资源的管理强调供应链的全周期管理，这是企业发展的重要推动力。

（4）电子平台化管理阶段。此阶段主要采用的方式是将具体业务流程和流程的电子化、信息化系统进行解耦，主要采用的技术是：协同商务的 ERPⅡ、业务流程建模语言、业务流程与应用系统的拆解、业务流程平台的推出等。该阶段主要发生在 2000 年以后，其把业务系统的流程管理和业务系统的使用逻辑分开，实现流程管理和流程技术的标准化、系统化、平台化，此时流程管理已经是企业发展的主要手段，由以前的辅助角色变成了主要角色。

4.2 业务流程建模符号

业务流程建模与标记（business process modeling notation，BPMN），也可以称为业务流程模型示意图，由一系列的元素符号构成，这些符号将业务流程建模简单化、图形化，将复杂的建模过程视觉化，使得业务流程的使用者或者阅读者对 BPMN 有统一和清晰的认知。无论采用何种方式构建业务流程图，BPMN 的符号都是基础，也十分重要，因此需要对 BPMN 符号的名称、意义、使用方法等有一个全面的理解。

4.2.1 BPMN 的定义

业务流程建模与标记由业务流程管理计划组织（business process management initiative，BPMI）开发，BPMI 的说明工作组经过 2 年的基础工作，于 2004 年 5 月对外发布了 BPMN 1.0 规范。后 BPMI 并入对象管理组织（object management group，OMG），OMG 于 2011 年推出 BPMN 2.0 标准，对 BPMN 进行了重新定义。BPMN 的主要目标是提供一些被所有业务用户容易理解的符号，从创建流程轮廓的业务分析到这些流程的实现，直到最终用户的管理监控。BPMN 也支持提供一个内部的模型，以生成可执行的 BPEL4WS[①]。因此 BPMN 的出现，弥补了从业务流程设计到流程开发的间隙。

BPMN 定义了一个业务流程图（business process diagram），该业务流程图基于一个流程图（flowcharting），该流程图被设计用于创建业务流程操作的图形化模型。而一个业务流程模型（business process model），指一个由图形对象（graphical objects）组成的网状图，图形对象包括活动（activities）和用于定义这些活动执行顺序的流程控制器（flow controls）。

---

① 指网络服务业务流程执行语言（business process execution language for web services，BPEL4WS）。

4.2.2　BPMN 的建模元素

BPMN 定义的业务流程图,由一系列的图形化元素组成,这些统一的元素对每一个分析者都是一致的,因而可以简化业务流程图的开发。这些元素都可以清晰地表达各自的特性,而且大部分支持 BPMN 的建模实现的模式都相类似,如业务活动是矩形、条件判断是菱形等。BPMI 进行 BPMN 的标准规范建设的目标是为了在创建业务流程模型时提供一个简单的机制,同时又能够处理来自业务流程的复杂性。处理这个矛盾的折中办法就是将标记的图形化方面组织分类为特定的类别。这里对 BPMN 的 4 个基本建模元素进行简要介绍,以便业务流程图的使用者可以简单地识别出元素的基本类型,从而理解图形。

1. 流对象

流对象(flow objects)是 BPMN 的核心元素,包括事件、活动、条件三种。流对象的核心元素及符号如表 4.2 所示。

表 4.2　流对象的核心元素及符号

序号	名称	释义	符号
1	事件	一个事件用圆圈来描述,表示一个业务流程期间发生的东西。事件影响流程的流动,一般有一个原因(触发器)或一个影响(结果)。基于它们对流程的影响,有三种事件:开始、中间以及终止事件	◯ ◎ ● 开始　中间　终止
2	活动	一个活动用圆角矩形表示,是要处理工作的一般术语。一个活动可以是原子性的,也可以是非原子性的(可以是由多个活动组合而成的更大粒度的活动)。活动的类型包括任务和子流程。子流程在图形的下方中间外加一个小加号(＋)来区分	活动　子流程
3	条件	条件用熟悉的菱形表示,用于控制序列流的分支与合并。另外,它还可以作为传统的选择,还包括路径的分支与合并。其内部的标记会给出控制流的类型	否 是

2. 连接对象

连接对象将流对象连接起来形成一个业务流程的基本结构,包括顺序流、消息流、关联三类。连接对象的核心元素及符号如表 4.3 所示。

表4.3　连接对象的核心元素及符号

序号	名称	释义	符号
1	顺序流	顺序流用一个带实心箭头的实心线表示,用于指定活动执行的顺序。"控制流"这个术语一般不用于 BPMN	
2	消息流	消息流用一条带有开箭头的虚线表示,用于描述两个独立的业务参与者(业务实体或业务角色)之间发送和接受的消息流动。在 BPMN 中,图中用两个独立的池代表两个参与者	
3	关联	用一根带有线箭头的点线表示关联,关联用于将相关的数据、文本和其他人工信息与流对象联系起来。关联用于展示活动的输入和输出	

3. 泳道

许多建模技术利用泳道这个概念将活动划分到不同的可视化类别中,来描述不同的参与者的责任与职责。BPMN 支持池和道两种主要的泳道构件。泳道的核心元素及符号如表4.4所示。

表4.4　泳道的核心元素及符号

序号	名称	释义	符号
1	池	池描述流程中的一个参与者,可以看作是将一系列活动区别于其他池的一个图形容器	名称
2	道	道就是在池里面再细分,可以是垂直的也可以是水平的。道也是用于组织和分类活动	名称 / 名称 名称

4. 人工信息

人工信息添加到建模的业务流程上下文中作为信息备注,可便于人员理解。当前 BPMN 规范的版本预定义了 3 种人工信息:数据对象、组、注释。人工信息的核心元素及符号如表4.5所示。

表 4.5　人工信息的核心元素及符号

序号	名称	释义	符号
1	数据对象	数据对象显示活动是如何需要或产生数据的。它们通过关联与活动连接起来	名称 [状态]
2	组	组用一个虚线的圆角矩形表示，用于记录或分析的目的，但不影响顺序流	
3	注释	注释是建模者为 BPMN 图的读者提供附加文本信息的一个机制	文字注释信息 准许建模者提供附加的信息

4.2.3　BPMN 的价值与未来

业务流程管理计划组织借鉴了众多标记语言（如 UML、Activity Diagram、UML EDOC Business Process、IDEF、ebXML BPSS、RosettaNet 以及 Event-Process Chains 等）中的专业和经验，而且从这些不同的标记语言中找到了最好的理念，形成了一套标准的标记语言。BPMN 也是减少众多已存在的业务建模工具和标记断层的重要一步（图 4.2 是 BPMN 建模的示例：项目结项过程流程图），其价值包括：①BPMN 的标准建模标记将会减少业务与 IT 用户之间的混乱；②减少了业务流程建模结果到执行模型间的转换难度；③减少建模技术的断层，创建面向业务流程建模标记到面向 IT 执行语言的桥梁。

BPMN 的目标是从业务的视角建立统一的标准，减少业务人员和技术开发人员之间的分隔。但是，全面推广 BPMN 的效果能够达到这样的期望吗？对业务人员使用友好的界面是否对技术开发人员也是如此，反过来，对技术开发人员使用方便的符号是否对业务人员也同样适用？业务流程管理计划组织试图通过统一的标准符号来解决这个问题，从 BPMN 1.0 升级到了 BPMN 2.0，但是符号和标准的统一，很难对多种建模的方式进行弥合，因为这涉及模型面向的最终用户是哪一类别的群体（如业务人员、软件开发人员、软件设计人员、系统分析人员等）。来自 IBM 的 Steve White 在 BPM2012 年大会上表示 BPMN 3.0 虽无正式计划，但这将会在未来出现，工具的完善无疑会促进此方面的进步，但工具仍然只是工具，还需要从整体建模逻辑思维的角度进行优化分析。

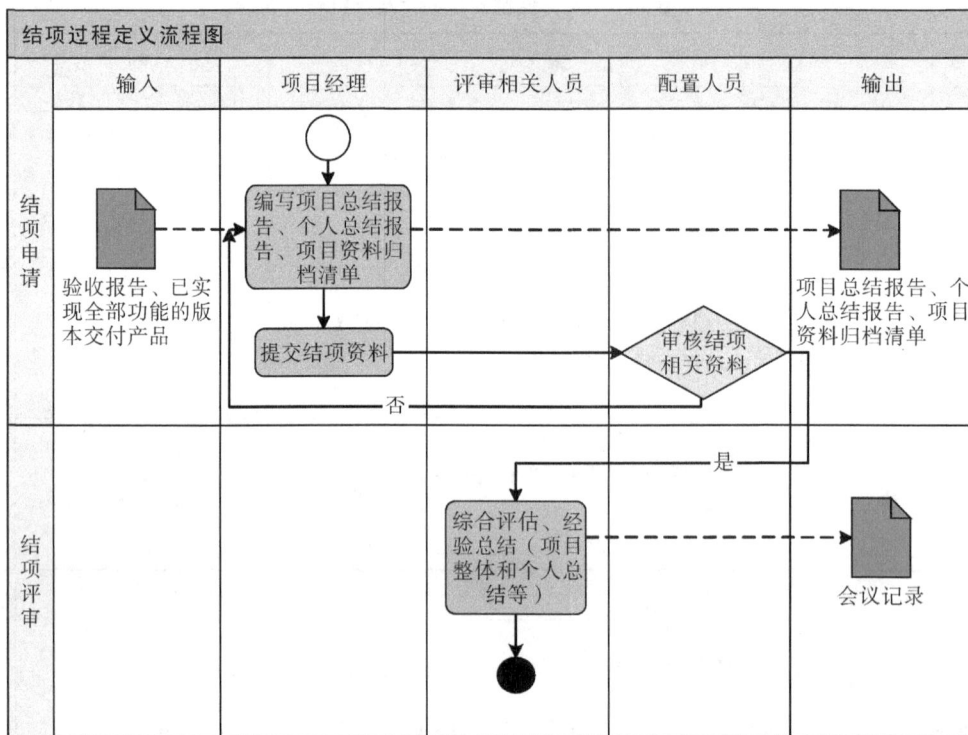

图 4.2　BPMN 建模示例：项目结项过程流程图

4.3　业务流程与信息化建设

信息化的概念由日本学者梅棹忠夫提出。1997 年我国召开的全国信息化的工作会议对信息化和国家信息化的定义为："信息化是指培育、发展以智能化工具为代表的新的生产力并使之造福于社会的历史过程。国家信息化就是在国家统一规划和组织下，在农业、工业、科学技术、国防及社会生活各个方面应用现代信息技术，深入开发广泛利用信息资源，加速实现国家现代化进程。"经过 20 余年的发展，信息化的概念和作用已经深入人心，但我国在如何实现信息化的路径上却是摸着石头过河，积累了大量的实践教训。两化融合的基本方法理论就是指导企业如何实现信息化的基本框架，并在框架中明确指出业务流程是四要素的组成之一。本节将在此基础上对业务流程梳理和信息化建设的相关关系进行简要探讨。

4.3.1　信息化项目的特点

项目管理的历史由来已久，许多方法和技术都可以用在信息化建设项目管理领域，本书的后续章节也将对项目管理的基础理论知识以及业务流程梳理项目的计划与实施进行说明。但是，应当注意到，信息化项目有很多的特性，尽管它与其他的项目有很多相类似之处，但也有很多的差别。首先，信息化建设一般涉及整个组织，所整理的数据存储在整个组织的内部。组织不仅要对自主部门中的数据进行管理，还要对独立于部门内的数据进行管理，这可能会导致许多组织的政治问题,因为各个独立的部门或者单位需要保护他们生成的数据,而不是倾向于在组织之间共享数据。其次,信息化建设需要组织内部各种技能人员的有效参与,包括各个层级的领导、业务专家、技术操作员、开发人员、数据库专家、系统集成人员等,有内聚力的信息系统项目小组是信息化建设项目成功的必要条件,但是在实际执行中却存在着这样那样的问题。最后,管理现代化是管理信息化的前提,组织的内部需要在信息化建设前实现整个组织的管理能力的提升,同时信息化建设的项目经理正面对着严重的挑战,尤其是随着全社会整体信息化建设水平的提升和深入,项目规模增大和结构变复杂的速度持续增加,硬件开发、固件开发和软件开发之间不断增加的交互活动,以及这些系统中人为因素等人机工程学的相关考虑,不断扩大的全球市场为信息化项目提供了类型更为广泛的文化、语言和生活方式等,这都增加了信息化建设项目的范围和复杂度。信息化建设的复杂性和挑战性体现在以下一些方面:

(1)信息化建设中涉及的项目和产品的复杂性、资源的非线性标度、项目和产品的测量、项目和产品范围的初始不确定,以及项目演化的知识获取等,都增加了信息化建设项目的复杂度和挑战性。同时,建设需求经常随着知识的获得、项目与产品出现的范围而改变。

(2)信息化建设需要解决创新问题,提出独特的解决方案。尤其是信息化建设项目中的软件项目需开发独特的产品,与复制物理器件相比,复制现有软件或项目是一个不可能完成的过程。信息化建设项目更像研究和开发项目,而不是建造和制造项目。

(3)信息化项目涉及风险和不确定性,因为它们需要创新,产品又是无形的,而且干系人也不能对满足产品的需求进行有效表达或形成一致意见。项目的初步规划和估计依赖于需求,而这些需求往往是不准确的,且建设和开发人员的效率和效果变化范围很大。

(4)信息化中软件项目的延展性对于信息化项目管理具有积极和消极的影响。在积极方面,与对计算机硬件元素变化或其他物理器件元素变化的响应相比,软件的延展性使它有时(并非总是)可以快速响应用户需求变化和其他环境因素。在消极方面,中断正在进行的工作去响应变更请求可能会破坏进度和预算约束。

(5)信息化项目建设往往涉及图2.8中的五个组成部分,它在计算机硬件上执行,常常是一个由不同硬件、其他软件和手工处理程序组成的系统中的一个元素。平台技术、支撑软件和供应商提供的软件频繁地变更或更新,会迫使正在开发的软件进行变更。

(6)信息化建设项目是智力密集型创新团队中个体认知过程的直接产品,因此,许多用于信息化项目管理的过程和技术旨在促进从事密切协作、智力密集型工作的团队成员之间的沟通和协调。

4.3.2 业务流程与信息化建设的相互影响

业务流程和企业信息化建设原本是两个独立的命题,在不同的空间范围之内。业务流程是伴随着企业的产生和发展而长期进行的改革过程,不管企业的规模大小,都一定有相对应的业务流程与之相适应。企业的信息化是近些年才兴起的,是提升企业业务与管理效率的一系列工具和方法。在两化融合的框架内可以看到,业务流程优化和组织结构建设是企业进行信息化和工业化建设的主要组成要素。在实际的信息化建设项目中,业务流程和信息化是孪生的,即通过业务流程梳理和优化消除企业中的官僚机制和效率低的环节或者节点,同时通过信息化的工具作用对这样的正向效果进行提升和放大,从而提升企业整体的工作效率。如果没有业务流程的方向性和可执行性的梳理,盲目地上马信息化项目,信息化的工具作用会对企业原有的官僚机制和效率低的点进行放大,这也是为什么在两化融合的指导意见中,要求先进行业务流程梳理,再进行信息化建设的主要原因。业务流程和信息化建设的相互影响关系具体如下:

1. 业务流程规范性对信息化的影响

企业业务的规范性是进行信息化建设的前提,这一点在两化融合的基础框架中(本书第2章中图2.4)有十分清楚的阐述。企业的信息化建设一般从企业的核心业务开始(如某集团性企业的信息化建设顺序为财务、人力、物资、项目等),只有抓住核心的瓶颈环节,才能有效地提升效率,发挥信息化的作用和威力。业务流程的规范程度轻则可以影响信息化建设过程中的进展顺利的程度,重则影响信息化建设的最终效果。

企业的业务流程不规范主要体现在业务流程混乱、随意性强和业务流程变化太快两个方面。业务流程混乱、随意性强意味着企业的整体运行效率低下,各个流程环节上的工作人员,都在按照各自的习惯在进行,沟通的过程更多的是人际关系的沟通过程,工作的结果也没有约定的文档等进行传递,没有有效的组织过程资产积累,尤其是新同事的融入时间非常长,不利于人员的更迭;业务流程混乱、随意性强还意味着事情需要靠各级领导去抓,去驱动,任何事情都需要领导的督办和检查,检查的力度或详细程度不到位就会导致严重的问题,更关键的是在发生问题之后,无法进行有效的溯源,无法产生有效的预防机制和手段方法,导致的企业流程管理失控,无法使企业处于一个良性的循环上升中;业务流程混乱、随意性强更意味着企业的业务数据无法形成原始积累,在业务流程缺失或者混乱的情境下,各种工作活动的结果信息无法形成统一的收集规范,这不符合现在数字化建设的大潮,更使得信息化建设缺少必要的信息。业务流程变化太快主要体现为流程环节的长短、流程上职位的设置、流程上的工作内容等不断变化,业务流程变化太快会导致新的管理体系建立后置的问题,使得管理和业务流程两张皮,同时企业耗费大量资源建立的管理体系和流程之间的不匹配会导致资源的浪费。

业务流程的不规范性会导致很多信息没有有效的记录、收集、整理与保存,企业的整体运行缺少必要的数据支撑;业务的过度灵活性会使得信息化建设中无法满足各种自由的需求,同时为了满足这样的灵活性,使得整体的运行模式比手工下的模式更复杂,运行效率更低,影响信息化项目的实施效果;业务流程的不规范性更体现了企业的整体管理现状和落实执行力的薄弱,在没有进行管理现代化的条件下实施信息化项目,会使得信息化建设的过程举步维艰,对信息化最终的绩效也有一定影响。

同时,业务流程的规范性和企业的信息规模有着直接的关系。业务流程中流转的信息一般可以采用密集度和复杂度两个指标来解释,其中密集度是指信息量比较大,复杂度是指信息之间的逻辑关系比较复杂。如果业务流程过长,流程中涉及的活动节点较多,数据库中与之相对应的记录量就更大;流程上的活动节点所对应的操作和状态过多,也会增加数据库中表的数量,实际的执行过程也需要大量的人为的动作参与。

业务流程的不规范性会给企业的信息化建设带来很大的阻力,但是业务流程的规范性与企业进行信息化建设所要求的业务流程规范性还有一定的差距。传统的业务流程模式只能适应当前的管理环境,在企业的信息化建设过程中,还需要对传统管理模式下的业务流程进行修改和优化。

2.信息化项目建设对业务流程的影响

企业信息化建设的过程一般是从业务流程的信息化或电子化开始的,简单来说就是将业务流程的实现从线下搬到线上来,因此在线上化的过程中,无论采用的是标准化的软件还是定制的软件,都会对业务流程进行不同程度上的修改,主要体现在以下几个方面:

(1)通过流程定义或者审批流程定义的方式,省去了传统管理中信息传递的中间环节,信息传递的过程更加简洁和公开,成本也几乎趋近于零。

(2)在信息化的环境下,同一个流程或者不同流程间的信息可以有效复用,节省了大量的重复信息录入成本。

(3)提升传统模式下的精准度,可以节省大量的校对成本,因为在信息化的环境下有一部分信息可以预制到系统中,系统使用人员只需要选择即可,不会存在书写的错误问题,同时信息在计算机的流转过程中,机器不会产生错误,不会出现失真的情况。

(4)通过大量数据的查询、汇报、整理等功能,可以通过计算机快速地生成大量的分析报告,提升数据的利用效率。

这里列举的是信息化建设能够对业务流程所产生的基础功能,因为在信息化或者信息手段的环境下,业务流程中所流动的数据之间的逻辑关系更加严密,企业的信息化的结果并不会单纯地对业务流程进行简化处理,信息化的过程也可能根据实际需要对业务流程进行规范化后的复杂化处理,同时也有可能对最基础的数据录入增加操作人员的工作量。当然,在实际的项目建设过程中,可能会在信息化建设的目标和需求与业务流程的实际之间进行合理的匹配和折中。

4.3.3 业务应用集成与业务流程集成

1.信息化系统的分类

信息化建设的效果一定会以某一个信息系统的方式来呈现(如图2.8所示的信息系统五要素组成部分)。信息系统根据在企业或组织内的使用范围的不同,主要可以分为以下四类:

(1)个人信息系统。个人信息系统是指由企业或者组织内部的某一人使用的系统。例如,我们每个人使用的手机或者 E-mail 中的联系人管理就是个人信息系统的一个示例。个人信息系统只有一个简单的用户,程序较为简单,也不需要进行过度的规范化或流程化处理,因为个人是信息系统的唯一使用者,掌握着信息改变的时机。个人信息系统的变更相对容易,如果需要将连联系人进行更新或者复制到另外一个地方,个人去适应或者调整就可以了。

(2)部门或者工作组信息系统。部门或者工作组信息系统是按照某一职能部门或者业务活动划分的信息系统。例如,在医生的合作关系中,医生、护士、检查和药房等采用统一的病人管理信息系统对病人的预约情况进行管理,安排就诊、检查设备和其他活动,又比如财务部门所使用的应收/应付管理系统等。无论是部门的还是工作组的信息系统,都需要所有成员理解并使用他们的程序,这需要对整体协作的工作流程进行规范化、文档化。虽然部门或者工作组信息系统出现问题时,可能会影响到其他的部门,比如财务应付系统的故障可能会影响采购部门的工作进度,但是问题的解决方案大部分都可以在部门或者工作组内部得到解决。

(3)企业信息系统。企业信息系统是一个跨部门和工作组的,支持不同部门和功能的人员活动的信息系统。例如,在医院,医生、护士、药房、厨房以及其他环节的员工使用统一的信息系统来跟踪患者的档案、治疗、药物、饮食、病房等,又比如企业使用统一的 ERP 系统,来实现采购、生产、销售、运维等所有环节的统一信息共享和业务办理。企业信息系统一般含有成百上千的用户,这需要在系统实现之前,进行业务流程的规范化和过程结果的模板化,用户则根据自己的业务分类或者专业知识水平使用系统。企业信息系统涉及多个部门、许多的用户,要想进行变化,解决方案往往很复杂;如果必须进行改变,必须仔细的计划、谨慎的实施,并且提供相对应的培训。

(4)跨企业信息系统。跨企业信息系统是指由两个或者两个以上的独立企业或者组织共享的信息系统,比如在本书第 6 章 6.6 中所提到的跨组织的物资共享平台,实现了三个矿业公司、一个产业发展公司间的物资信息互通互用,所有涉及的相关人员都会对系统权限和数据分配等感兴趣。跨企业信息系统往往涉及成百上千的用户,问题的解决需要独立的企业或者组织间通力合作,甚至通过行政性的命令或者诉讼方式。由于问题复杂、跨度大、多个主体参与,这样的系统需要详细的流程梳理和计划,一旦运行也很难改变,因此每个企业自主拥有和运行的系统与跨企业信息系统之间必须是交互的。

2.EAI 支持下的业务集成

不论是哪一种类型的信息系统,当某一实体在创建满足其特定需求的信息系统时,都可能会造成信息孤岛的情况,这是由相互隔离的信息系统造成的数据孤立。例如,在图 4.3 中所示的六个部门,每个部门都建立了和自己部门业务相关的信息系统,可以看到每个部门都会涉及客户、订单、员工以及其他的一些数据,但是每个部门的关注目标不同,对数据的存储结果也就可能不同。例如,销售部的 CRM 系统中会存储客户联系人相关的数据信息,而在财务部的财务系统中也会存储某客户联系人相关的数据信息,但是这两个数据很可能是不一致的;又比如销售部为了扩大销售量可能会提升针对某一客户的预销额度,但是财务部门的审计发现,该客户的银行账户信息已经存在异常情况,并不能授予更大的额度,这样的独立决策会导致组织的低效率。总之,信息孤岛会造成组织成本的增加,导致成本增加的原因包括冗余的信息、脱节的系统、有限的信息、低效率等。

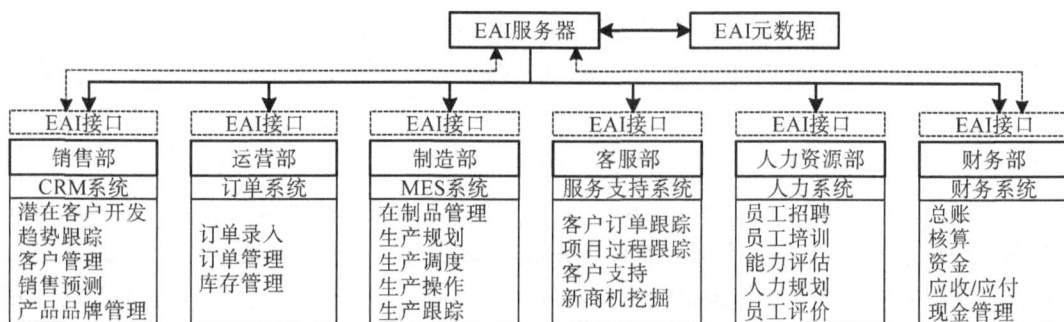

图 4.3　企业应用系统集成架构示意图

针对信息孤岛问题的解决，通用的方法包括两种：一是从上向下考虑进行统一的规划，把各类的数据归集到统一的数据库中，形成类似于企业整体 ERP 的系统；另外一种方式是通过企业应用集成来解决问题。

采用第一种方法只能解决企业某个时间点或有限时间段内的系统集成或信息孤岛问题，因为企业总是在不断地变化之中，为了实现新的目标，总会有新的系统出现，而且统一建设需要有大量的资金投入，企业很难一步到位，这样就会出现在本书第 2 章中提到的烟囱式应用的情况，这在我国的企业中更为普遍。企业为了解决突出的问题，逐步建设了信息化的系统，到了一定的阶段，需要对多个系统间的数据进行有效集成，进而解决信息孤岛的问题，EAI 技术应运而生。

EAI 技术是一套应用套件，通过提供一个统一的软件层将各类应用接在一起。EAI 的主要功能包括：

(1)通过 EAI 的软件层，将各个系统的孤岛连接起来。例如在图 4.3 中，EAI 服务器通过接口实现了不同系统间的连接。

(2)使得不同的系统间可以相互联系并共享数据。例如在图 4.3 中，销售部的 CRM 系统可以通过 EAI 层和财务部的财务系统进行数据交互。

(3)提供一致的和整合后的数据。例如在图 4.3 中，EAI 元数据数据库可以提供企业需要的一致数据，同时对不同部门的数据统计可以实现集约化的数据报表。

(4)在保留现有系统功能的基础上，促使系统发生改变，成本最低。例如在图 4.3 中，六个部门的系统基础功能没有发生变化，通过之上的 EAI 接口层，实现功能上的交互。

(5)可以逐步过渡到统一的一体化系统。

4.3.4 SOA 与业务流程的相互促进

要通过 EAI 实现应用集成，SOA 是其中的关键技术，SOA 结合中间件、XML、Web 服务等技术，支持企业内或企业间的异构系统进行服务、消息或者事件级的交互。这里结合软件架构的发展历程对 SOA 的理念等进行说明，同时简要罗列实施信息化项目对业务流程管理所带来的挑战。

1.SOA 的发展历程

软件架构(software architecture，SA)是一个系统的草图，是构建计算机软件实践的基础，是软件系统构建的一系列原则和目标。软件架构的概念理解起来很容易，但是却很难给出精确的定义，哪怕是描述性的定义，因此大部分工程师都会从直观意义上理解它。结合笔者多年的软件行业从业经验，本书将软件架构的历程分为单体架构、垂直结构、面向服务架构和微服务架构(microservice architecture，MSA)四个阶段。

单体架构没有统一的定义(基本架构图如图 4.4 所示)，其基本含义是将所有的基础应用组织到一个模块或者单元内，即在开发过程中将所有的功能集成在一个项目中，并打包在一个 WAR 包内进行服务器部署，这样做的优点是架构简单，开发周期短，成本低，比较适合小型的项目，而且由于接口之间的交互很少，系统的执行性能优化和改进相对容易。其缺点是所有的功能集成在一个项目中,不利于多个协作者之间共同扩展和维护,系统提升一般通过应用和数据库分开部署,分别进行应用集群和数据库集群,成本较高,且对大量数据进行读写处理时存在着技术瓶颈。

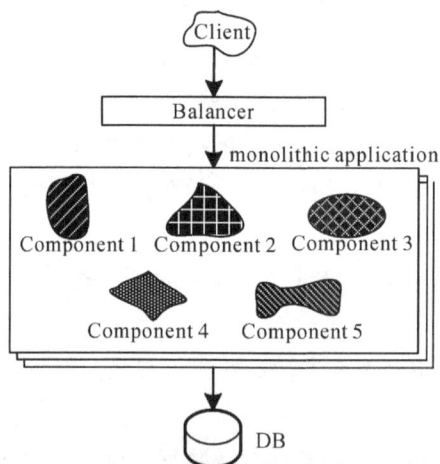

图 4.4 单体系统架构图

垂直架构的概念是借鉴于自然界中垂直结构(意指群落在空间中的垂直分化或成层现象)的概念,是针对单体应用架构的局限发展而来的。随着项目复杂度和用户访问量的不断增加,单一应用中通过集群优化等方式带来的加速度越来越小,这时可通过对大项目进行垂直的划分,拆分成多个单体结构的项目(如图 4.5 所示),来提高效率。垂直架构对传统单体架构中的缺陷具有一定程度的缓解,例如,通过垂直拆分使得原有的单体项目不至于过分扩大,垂直的不同项目之间可以采用不同的技术,更易于多人协作和维护,但是其本质上仍是单体架构的延续,本质上的问题并没有得到解决。

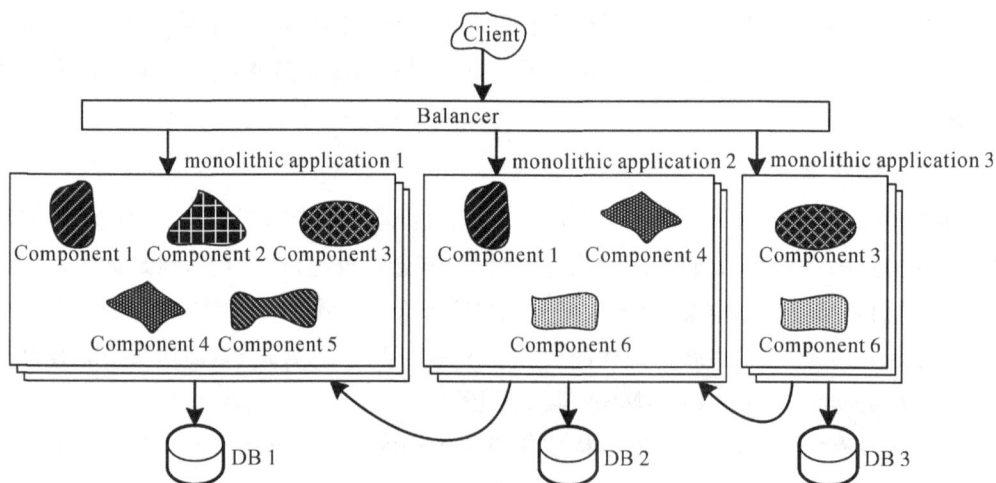

图 4.5 垂直系统架构图

当垂直的应用不断增加,不同应用之间的交互问题就越来越突出。2000 年前后,SOA 开始流行起来,准确地说,SOA 是一种架构风格,是一种粗粒度、松耦合服务架构,服务之间通过简单、精确定义的接口进行通信,不涉及底层编程接口和通信模型。SOA 的基础架构包含服务提供者、服务消费者和服务注册三部分,其将重复共用的功能抽象为组件,以服务的方式提供给各系统,服务之间采用 Webservice、远程过程调用(remote procedure call,RPC)等方式进行通信,企业服务总线(enterprise service bus,ESB)是项目内多个服务之间通信的桥梁。SOA 的优点是显而易见的,共用组件的抽取提高了可重用性、可维护性,进而提高了效率;不同的项目或者服务可以采用不同的技术,也可以针对某个服务的特性制定集群及优化方案;ESB 使得系统接口之间的耦合度进一步下降。SOA 的缺点是系统与服务的界限模糊,不利于开发及维护,服务的接口协议不固定,种类繁多,虽采用 ESB 仍不利于系统维护,所抽取的服务粒度过大,系统与服务之间耦合性高。

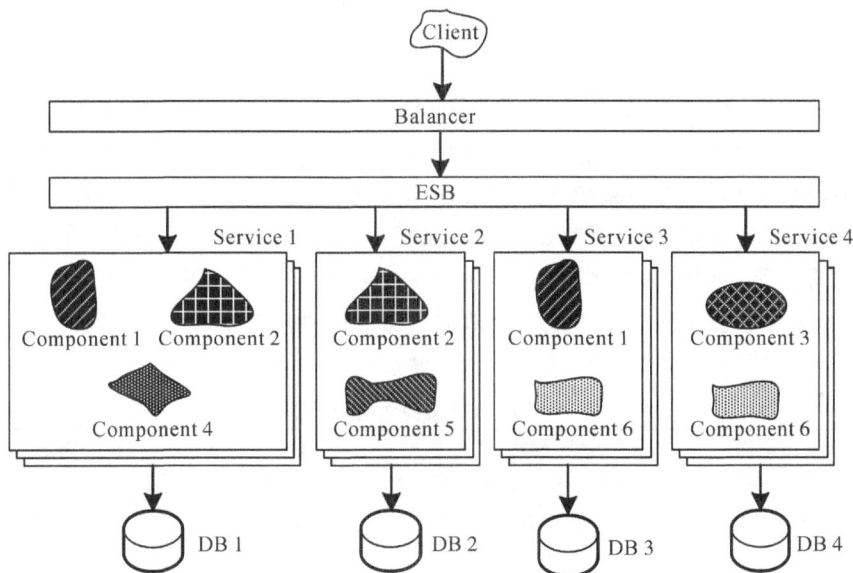

图 4.6　面向服务系统架构图

微服务架构是在 2010 年之后提出的一种新的架构理念,目前还没有统一的定义。其中最有代表性的是 Martin Fowler 提出的定义,他认为 MSA 是将软件应用程序设计为独立可部署服务组件的特定方法。MSA 的架构风格是根据业务能力将单个应用程序开发为独立在自己进程中运行的小型服务(如图 4.7 所示),服务间一般采用轻量级协议进行通信(如 RESTful等),并且每个服务可以通过完全自动化的部署机制独立部署。这种将服务层完全独立出来并抽取为一个个小型服务的方法有着显而易见的优势,相较于传统的 SOA,MSA 拆分粒度更细,更利于资源重复利用和效率提高;采用去中心化思想及轻量级通信协议比 ESB 更灵活;服务单一化后可以更加精准地制定每个服务的优化方案;系统可维护性强;产品迭代周期更短,更适合于互联网时代的产品更新。但也有学者认为 MSA 服务治理成本和服务粒度细化之间要有合理的平衡,分布式开发对团队挑战大,技术成本较高。

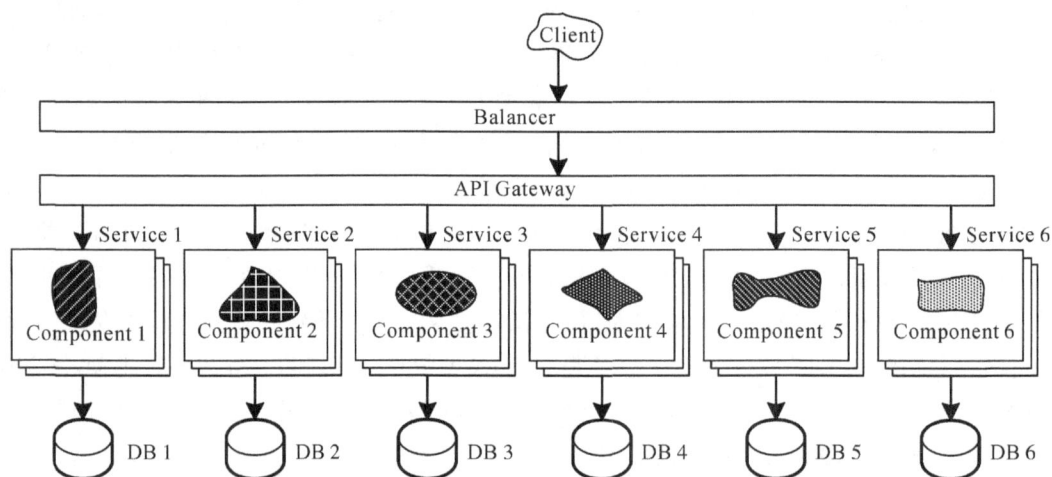

图 4.7　微服务系统架构图

在实际业务应用场景中,挑战既来自业务也来自技术,本书对四种架构的特征进行了详细总结,并分析了架构间的关键区别(如表 4.6 所示)。从分层的角度来看,单体架构和垂直架构将各层级的功能模块紧耦合地集中在一起;面向服务的架构将三层及以上的垂直层及水平层中多个功能组件进行解耦合,但只有水平层内之间可以共享公共组件,因此不能达到完全的解耦;在垂直层和水平层同时进行解耦,达到完全自助的灵活性是微服务架构的主要特征,但在开发团队进行大型项目实践时不可能完全地遵从微服务的所有特性,必须同时考虑现有不可替代系统的整合以及在一定可接受的变化率内增加完全解耦的灵活性。

表 4.6　四种不同架构之间的关键区别

架构	单体架构	垂直架构	SOA	微服务架构
时间	1990 年前	1990 至 2000 年	2000 年前后	2010 年后
特征	紧耦合	紧耦合	松耦合	解耦合
优点	1. 架构简单,开发周期短,成本低; 2. 接口间交互少,性能优化和改进相对容易	1. 架构简单,开发周期短,成本低; 2. 垂直拆分原有单体项目不至于过分扩大; 3. 不同的项目可采用不同的技术	1. 共用组件的抽取提高了可重用性、可维护性,提高了效率; 2. 不同的项目或者服务可以采用不同的技术; 3. ESB 使得系统接口之间耦合度进一步下降	1. 拆分粒度更细,更利于资源重复利用和效率提高; 2. 采用去中心化思想及轻量级通信协议; 3. 系统可维护性强,产品迭代周期短
缺点	1. 所有的功能集成在一个项目中,不利于多个协作者之间共同扩展和维护; 2. 性能优化依赖于集群,成本高,有瓶颈; 3. 技术栈受限	1. 单体架构的简单拆分; 2. 不利于大型项目的开发与维护; 3. 性能扩展有瓶颈	1. 统一服务的界限模糊,不利于开发及维护; 2. 服务的接口协议不固定,种类繁多; 3. 所抽取的服务粒度过大,系统与服务之间耦合性高	1. 服务治理成本和服务粒度细化之间要有合理的平衡; 2. 对开发团队挑战大,技术成本较高
适用范围	小型项目	中型项目	大型项目	交互频繁且复杂的大型项目

2. 实施或更新信息化项目对业务流程的挑战

实施或更新信息化系统是有挑战、难度大、成本高、有风险的,在实施新的信息化项目时超预算、延期一倍以上或更久交付在业界都很常见;除了实施或更新信息化系统,还可以升级企业已经运行多年的系统或系统的一部分满足现有的新需求。无论是实施新的系统还是升级旧的系统,对业务流程所带来的影响主要包括以下几个方面:

1) 业务协同管理

现阶段的信息化项目,不像 20 世纪 90 年代初期的部门信息系统建设或者简单的业务流程电子化的过程,往往一个独立的部门经理很难推动,且明确的项目负责人需要有一定的行政权力,这在两化融合的指导框架和实施意见中已经有明确的说明。例如,在出院流程协同的过程中,没有专门的负责人,各部门间很难协同;再如在图 4.3 所示的 EAI 集成中,没有统一的协同,很难实现预期的效果。

如果不存在明确的主管,或者主管没有确认的行政权力,那么,这些不可避免的分歧怎么样解决? 一般的情况下,企业的最高管理者或者管理者代表会组成一个专门的领导小组来对这些管理活动和业务流程进行管理,通过临时的或虚拟的组织来进行业务流程的梳理和部门间协同,虽然这个方案是通用的解决办法,或者是唯一的解决方案,但是这些工作小组的工作效率一般较低,成本也很高,这是信息化项目延期或者超概算的根本原因。

2) 需求差距弥补

大部分企业在实现信息化项目时,可以选择选择购买现有的成熟软件或者自行定制开发,无论采用哪种方式,都应该在此之前实现企业或者组织的业务流程的规范化和标准化。这样的业务流程梳理过程永远不会存在一个完美的解决方案,且在组织的目标需求和授权能力应用之间永远存在着一些差距。

解决差距问题的第一步是找到或识别出差距,仔细甄别目前的业务流程和目标需求之间的差距,规范后的业务流程和标准软件内置流程之间的不同或者定制软件要实现的程度等。第二步是找到差距后的工作包括什么,要么对标准软件进行改变或定制软件功能来满足组织设定的业务流处理方式,要么调整规范后的业务流程来适应系统的功能,但这样都会带来问题,如员工会抵制变化,变化的成本会很高,或者更多数的情况是,企业一直致力于通过业务流程的优化应对这些变化,应用系统也一直在改变。因此,应该选择代价较小的折中方式来弥补这些差距。

3) 业务流程过渡

无论是从一个流程标准向新的业务流程体系转换,或者进一步升级到新的信息系统,都是十分困难的,企业必须从职能体系相互割裂的部门转向横向连接的业务流程协同,进而通过信息系统实现效率提升,同时又要保证现有业务的持续运营,这好比在进行马拉松比赛的同时进行大型的心脏手术。

这样的转变需要对信息化项目进行仔细的规划和思路的统一,也需要企业的高层管理者知道这个事实并采取相关的办法,这样业务流程就会起到重要的作用。因为它可以让不同部门的员工在同一个频道下进行沟通,在基本问题得到解决后再寻求信息系统的工具支撑,但这期间对所有参与的人员来说,压力都是极大的。

4)员工变革阻力

企业的员工会抵制变革,这是人之常情,因为这需要人们付出努力,而且会令人感到害怕,这时就需要企业或组织的高层管理者对组织变革的重要性进行解释,还要在信息系统建设或者两化融合项目的实施过程中不断重申。员工抵制变革的另一个重要原因是变革会威胁到他们的自我效能,会影响他们在工作中成功的信念,因此,为了使员工获得信心,企业或组织的高层管理者需要对员工进行必要的培训和指导,使他们能够对业务流程进行改变,并成功地过渡到信息系统。另外,从短期行为来看,对业务流程进行改进或者实施新的系统,可能受益的只是某些高级管理者或者某些特定部门(如财务部门),而其他的员工却不能获得直接的益处,因此,企业或组织的高层管理者需要对企业的激励机制进行同步的改变,以激励员工适应新的业务流程和系统。

5)新技术的影响

新技术的出现会对现有的信息系统有所影响,但更为重要的还是企业信息系统的内在价值或者重要性。例如云技术的出现,大部分企业都开始使用"两地双活"的混合云来构建企业的基础设施。也有很多评论是关于移动技术的,移动设备的普及以及性能的大幅提升,会给大部分企业的使用带来很大的改进,但是移动设备只是一个访问渠道而已,更重要的还是企业系统要完成的功能和作用,如果对组织失去控制,企业系统就会面临巨大的风险。

4.4 业务流程重构

20 世纪 90 年代初,在网络技术、数据通信技术、数据库技术等发展到相当的水平之前,如图 4.3 所示的业务集成或者统一 ERP 系统是很难实现的,大部分企业在建立了大量的独立业务系统之后,才开始开发企业级的信息系统。

然而,在企业开发企业级信息系统的时候,开始注意到业务流程需要改变,因为部分的岗位或者流程间可以共享数据库,或者使用新建立的基于计算机的表单和报告。业务流程需要改变的另一个原因是,集成的数据和企业系统为提高企业整体的运作效率提供了可能。

4.4.1 BPR 的兴起与概念

图 4.8 所示的是某一个钢铁生产制造企业的汽车衡(地磅)主体业务流程图。在传统的纸质单据运转状态下,这是很难实现的,因为前一天磅房的司磅员是不知道每天具体的过磅车数的,同时也不知道需要准备多少张 ID 卡,同时,当料场的信息不能实时地传递给业务部门时,可能会导致采购的原料过多,或者原料短缺或不足影响生产的情况。

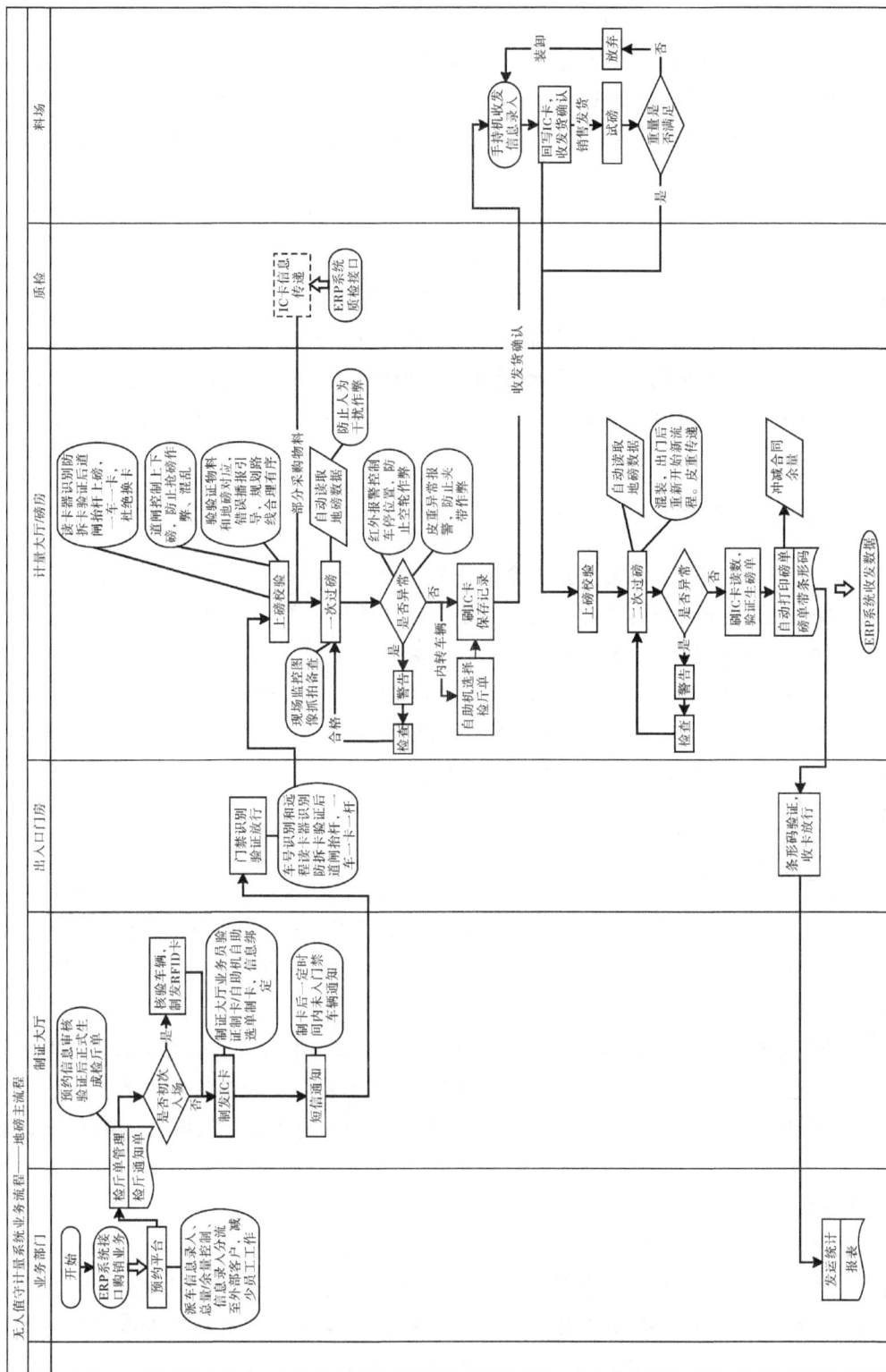

图 4.8 某钢铁公司汽车衡过磅流程图

例如在上线无人值守计量业务系统之后,计量大厅或磅房可以准确地预知每天过磅的车数,且在相关环节进行准备。同时,通过质检、料场信息的实时同步与更新,可以准确地共享给业务部门和制证大厅,采购的量或者库存的平衡等会更加科学,也会使相关的业务人员有更多的选择。为了实现上述目标,需要对企业的原有业务流程进行重新设计,并确定如何最优化地改变流程来充分发挥新系统的能力。

以上针对钢铁企业的计量业务进行无人值守改造的过程就是业务流程重构(business process reengineering/business process re-engineering/business process redesign,BPR)的过程,也可以称为企业流程重组、企业流程再造等,该理论最早由哈默和钱皮提出,并在 20 世纪 90 年代达到了全盛。业务流程重构通常定义为通过对企业战略、增值运营流程以及支撑它们的系统、政策、组织和结构的重组与优化,达到工作流程和生产力最优化的目的。简单地说,业务流程重构就是通过改变现有的业务流程,设计新的业务流程,更好地利用或者发挥信息系统的优势。

4.4.2　BPR 的基本逻辑与方法

企业的业务流程重构就是对企业的全部业务过程进行重新的设计,同时可以使后期的信息化工具能够最大效能地发挥作用。要想对现有业务流程中的不合理、不必要的环节进行改变,需要一些基本的步骤,如:调研与发现问题(对原有流程进行全面的功能和效率分析,发现其存在的问题)、寻找可能的解决方案(设计新的流程改进方案,并评估每个方案的优劣)、确定折中或最优的解决方案(制定与流程改进方案相配套的组织结构、人力资源配置和业务规范等方面的改进规划,形成系统的企业再造方案)、实施方案并改进(组织实施与持续改善)。表4.7对目前常见的业务流程重构模式进行了简要的总结。

4.4.3　BPR 的问题

业务流程重构的主体不应该是信息系统的构建者或者分析人员,应该是企业熟悉业务的专业人士,但业务人员可以寻求专业人士的帮助,所以一般的业务流程重构的项目团队是业务和技术人员的组合。

业务流程重构的最大问题就是难度大、进展慢、成本高。业务人员和专业人员需要遍访整个企业或者组织的全部关键人员,进而来确定应用新技术所需的业务流程以及应用新技术的最佳方式,因此业务流程重构的难度大。因为业务流程重构的项目一般都比较复杂,所以需要高水平的人员,以及成本较高的技能,因此业务流程重构的成本高。项目的难度和人员组织结构的复杂也决定了项目时间一般较长,且很多业务流程重构的项目在初期就陷入泥潭,很难前进,导致业务流程重构的进展缓慢。上述问题也直接导致了有很多"两张皮"的信息化系统上线,这些遗留的、未完全完成的业务系统,可能会导致严重的后果,如业务人员在实际操作的时候,会在传统的纸质单据流转、业务流程重构前的旧系统、业务流程重构后上线部分功能的新系统三者之间不停地切换或者增加工作量,或者更常见的办法是在这三者或者两者间进行折中,但无论哪种方式都很难实现企业或组织预先设定的目标。

表4.7 业务流程重构的基本模式总结

哈默的四阶段模式				Peppard & Philippe 的五阶段模式					潘国友的四阶段模式			
1.确定再造队伍	2.寻求再造机会	3.重新设计流程	4.着手再造	1.营造环境	2.流程的分析、诊断和重新设计	3.组织架构的重新设计	4.试点与转换阶段	5.实现愿景	1.再造策划	2.重新设计流程	3.流程规范化	4.再造实施
产生再造领导人;任命流程主持人;任命再造总管;必要时组建再造指导委员会;组织再造小组	选择要再造的业务流程;确定再造流程的顺序;了解客户需求和分析流程	召开重新设计会议,运用各种思路和方法重构流程	向员工说明再造理由;实施前景宣传;实施再造	树立愿景;获得有关管理阶层的支持;制订计划,开展培训,辨别核心流程;建立项目团队,并指定负责人;就愿景、目标的必要性和再造计划达成共识	组建和培训再造团队;设定结果;诊断现有流程;诊断环境条件;寻找再造目标杆;重新设计流程;根据新流程考量现有人员队伍;根据新流程考量现有技术水平;对新流程设计方案进行检验	检查组织的人力资源情况;检查技术结构和能力情况;设计新的组织形式;重定岗位,培训员工,组织转岗;建立健全新的技术基础结构和技术应用	选定试点流程;组建试点团队;确定参加试点的客户和供应商;启动试点,监控试点,支持试点,检验试点;听取意见反馈;确定转换顺序,按顺序组织实施	评价流程再造成效;让客户知道流程再造产生的效益;挖掘新流程的效能;持续改进	识别客户及其需求;树立愿景;明确战略;确定再造领导人;营造环境,组建再造小组;指定主持人;制订再造计划	翻新流程;新设试新流程;验证新流程;完善新流程	对新流程规范化,制度化;设计新的组织结构;构建新的岗位系列;培训员工,指导新建设的IT结构和信息管理系统	新旧流程切换;评估新流程

续表

威廉姆·J.凯丁格的六阶段模式						芮明杰和袁安照的七阶段模式						
1.构思设想	2.项目启动	3.分析诊断	4.流程设计	5.流程重建	6.监测评估	1.设定基本方向	2.现状分析	3.确定再造方案	4.解决问题计划	5.制订详细再造工作计划	6.实施再造流程方案	7.继续改善的行为
得到管理者的承诺和管理愿景;发现流程再造的机会;认识信息技术/信息系统的潜力;选择流程	通知股东;建立再造小组;制订项目实施计划和预算;分析流程外部客户需求;设置新流程创新的绩效目标	描述现有流程;分析现有流程	定义并分析新流程的初步方案;建立新流程的原型和设计;设计人力资源和信息结构;信息系统的分析和设计	重组组织结构及其运行机制;实施信息系统;培训员工;新旧流程切换	评估新流程的绩效;转向连续改善活动	明确企业战略目标分解;成立将再造流程的组织机构;设定改造流程的出发点;确定流程基本再造的基本设想与目标;针对流程的基本再造给出流程可行性分析	企业外部环境分析;客户满意度调查;现行流程状态分析;改造的基本设想;改造成功的判别标准	流程设计创立;流程设计方案的改造的基本路径确定;设定先后工作顺序和改造重点;宣传流程再造;人员配备	挑选出当前应该解决的问题;制订解决此问题的计划;成立一个新小组负责实施	工作计划、目标、时间等确认;预算计划;责任任务分解;监督与考核办法;具体的行动策略与计划	成立实施小组,对参加人员进行培训;发动全员配合新流程试验性启动、检验;全面开展新流程	观察流程运行状态;与预定改造目标比较分析;对不足之处进行修正改善

4.5　战略导向的业务流程设计

4.5.1　业务流程导向的六个视角

业务流程作为一个管理工具,可以对企业的管理起到十分重要的作用,越来越多的企业意识到业务流程和信息化是一个孪生体,两化融合框架也明确了业务流程梳理是进行信息化建设的必要条件。从流程的视角看待企业业务,是对企业的所有业务进行清单列示,鼓励企业从跨越产业流程的视角而不是狭隘的功能的视角来审视他们的行为。业务流程提供一整套完整的框架模型,可以帮助管理者从流程角度通览企业,从水平流程视角来理解各项业务和管理,而不是垂直职能视角,流程清单如同企业员工花名册一样,可以让所有员工从繁杂的工作中抽离出来并进行清晰简洁的交流。这里简要介绍业务流程导向的六个视角。

1.企业的各项活动间存在着效率关系

只要企业存在了一段时间,就一定存在着业务流程,但不同企业的运作效率往往是不同的,且同样的员工从一个企业到同行业的另一个企业,短时间内所展现的效率也可能是完全不同的。业务流程中体现了组织过程资产和事业环境因素等方面的影响,且随着组织过程资产和事业环境因素等的不断影响,业务流程也会自我驱动和变化,从而保证企业的目标达成。从公司层面来看,企业的每一个人所完成的活动或者所作的工作之间是相互影响的,这些活动间是一个有生命力的体系,因此业务流程通过程序化的改进可以提升企业组织结构内在的效率关系和能力。

2.竞争压力会推动业务流程的柔性化发展

迈克·波特的行业五力模型和四个竞争战略模型,为企业的战略选择提供了方向和指引。企业的内外部环境会使企业跟随市场的步伐而升级演进,也就是合理的竞争会带来创新和发展,而且在一个成长型的市场内,竞争是相当激烈的。企业要想在竞争中保持不败,就要想办法在价值链模型的活动中提升利润产生能力(如图2.7所示)。因此企业必须注重复盘与反思,不断使自己的流程在规范化和柔性适应性之间取得折中,同时通过流程对标管理,企业还可以向行业内的优秀企业学习,设计出符合自己企业实际的业务流程。

3.人和环境共同推动着业务流程变革

业务流程视角一个重要的思维就是,所有的参与者都要跨越职能边界,从流程的横向视角进行合作,也就是流程式的客户服务思维。成功高效的公司往往在流程涉及的相关人员整合度方面有较高的能力。流程管理需要从上向下的管理思维和体制,需要打破传统的监管式思维,变成面向客户的服务评估模式。流程中涉及的各个角色人员,需要更高的责任感、自主性和目标渴望,且通过信息化使流程的信息不断公开,以使员工更了解业务流程的状态和问题点,因此企业需要通过培训和沟通,提升员工的整体素质和能力。

4.柔性化发展是世界主流,也是公司主导地位提升的手段

随着经济全球化进程的加快,行业的生态特性越来越明显,企业要想在整体生态链中提升

自己的核心竞争力,更倾向于将自己不擅长的部分交给生态链中的合作伙伴,但这种方式的前提是,企业必须构建足够柔性的业务流程以及信息化系统,来提升企业的整合和协调控制能力。

5. 业务流程创新及工具有效应用可以提升行业地位

如何激发员工的创新力是所有企业面临的重要任务,且传统的方法如意见收集管理机制等很难对员工的创新活力进行激发,因此企业需要具备结构完善的业务流程,能够在职责清晰说明的基础上,对更细化的独立活动之间的关系进行透明化展示,这可以使得员工更加精准地理解流程,同时让员工参与到业务流程的改进和变革之中,从而激发员工的创新力,提出更好的想法来履行自己的职责。这样,公司的活力也就会大大提升。

6. 所有业务和人员的整合是业务流程变革成功的保障

马克斯·韦伯将官僚体制引入公司治理中,给企业的管理带来了极大的改观和提高了效率,但同时也带来了很多的问题,这样的职能式结构会导致部门间的空白地带越来越大,部门信息孤岛会使企业付出高昂的成本。流程式的公司必须改变管理的体制和结构,将传统的层级监管体制转变为员工自治的活力组织,给予每个员工更大的决策权,也促使员工承担更多的责任,且通过流程内或者流程间的服务评价,促使员工更好地认识到自己的职责。

综上,业务流程导向的六个视角如图4.9所示。

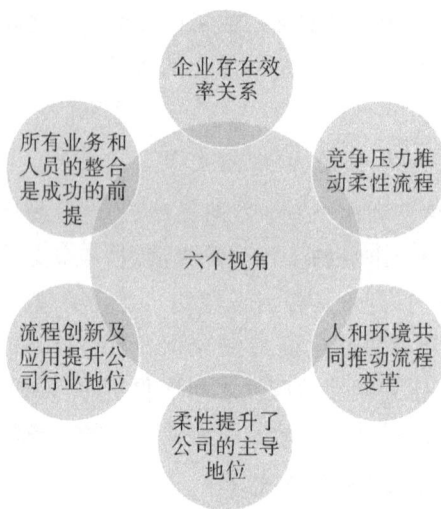

图 4.9　业务流程导向的六个视角

4.5.2　战略目标导向的业务流程设计

企业或者组织会分析自己所在的行业结构,然后根据五力模型等方法来分析制定企业的竞争战略,从而进行规划并执行该战略。例如,企业所采取的竞争战略是成本领先战略,那么就需要所有的行业活动必须尽可能地发挥节约优势。

由前述分析可知,行业的结构决定了企业的竞争战略,竞争战略决定了价值链结构,价值链进一步决定了业务流程,因为每一个价值链的全部或者部分活动,都由一个或者更多的业务流程支持,在通过信息化系统有效实现之后,反过来可以对企业战略进行支撑,产生巨大的竞争优势。

由业务流程所产生的竞争优势,包括锁定客户和买家、锁定供应商、增加新进入者的障碍、建立联盟、降低成本等。企业锁定客户的成本主要是提升转换成本,使买家需要较高的代价才能使用类似的产品。针对供应商也是如此,或者采用更积极的沟通、增强型的联系来锁定供应商。竞争优势也可以通过形成新进入者障碍的方法来获得,也即新进入者很难或者需要很高的成本才能进入市场。企业可以制定行业标准,提升产品知名度,建立行业联盟,以获取效益最大化。当然,企业也可以通过业务流程优化,降低成本来获取竞争优势。低成本能使组织降低价格或者增加利润,增加利润意味着增加股东价值或者获取更多的资金,这样会进一步有利于优化资本结构,创造更多的竞争优势。

4.6 本章小结

业务流程梳理是建立企业标准和规范、提升企业运营效率和有效性的基本手段,是精细化管理的基石,同时也是信息化建设的基础和前提。本章首先对业务流程进行了概述,对业务流程的定义、层次和管理方法进行了介绍,接着对业务流程的建模符号BPMN进行了详细说明,并对业务流程梳理和信息化建设间的孪生关系进行了解释,介绍了如何通过信息化的技术手段实现业务流程集成,消除信息孤岛。同时,业务流程需要不断地改进和提升,因此需要进行重新构造或者设计。此外,本章还介绍了BPR的基本概念和逻辑,最后介绍了业务流程设计的六个视角,以及战略目标导向的业务流程设计给企业所带来的竞争优势。

第5章
业务流程建模：
"五要素—结果"建模法

业务流程对企业的成败至关重要，对于专业的商务人士来说需要一直思考，自己的企业或业务工作是否已经存在了规范化的业务流程？是否可以通过更低的成本进行工作？是否可以改变工作方式更好地实现目标？为什么工作中需要填写这么多的表单？是否可以用信息化手段来改进流程效率？当有新的活动加入流程时，是否需要调整流程？因此，需要在业务流程理论的基础上实现业务流程的精准建模。

5.1　业务流程建模的目的

业务流程建模是对工作流的抽象表示，也就是对业务过程的抽象表示。工作流建模阶段的主要功能就是完成业务流程中工作的逻辑化定义和抽象。因为业务流程优化一般和信息化建设同步进行，是信息化建设的前置环节，因此信息系统分析人员在进行分析时一般使用在第4章所讲述的过程模型、数据模型、对象模型等方法，直接关注对计算机可处理的形式化定义转化，但对于某企业的专业经营而言，也应该掌握业务视角下的流程建模技术。

5.1.1　业务流程建模的意义

业务流程建模是指通过模型化的方式描述企业管理和业务所涉及的对象和要素，以及它们的属性、行为和彼此关系的过程，其主要产出物是企业业务流程的可视化显示，包括业务流程所包括的关键互动，每个活动的执行负责人或团体。某流程内活动流转需要的数据被称为输入，某活动所产生的文档称为输出，这些都可以称为业务流程建模的组件。有了针对某一活动关联的输入、输出和工具等，管理人员就可以识别生产力较低的环节，并制定相关的措施来提升组织的业绩。正如德鲁克管理学的基本理论所描述的那样："不能管理不可测量的东西"，业务流程建模就是帮助管理人员在业务流程上建立可以测量的标准，以便管理。

进行业务流程建模的目的包括，厘清企业或组织的结构及运转机制，确定企业或组织存在的问题和改进的可能方法，清晰化支撑企业或组织战略目标的系统要求，确保业务流程的参与人对组织目标和改进方向达成一致等，同时业务流程建模可以显性化如何拟定企业或组织的前景，并基于该前景来确定在业务用例模型和业务对象模型中的流程、角色以及职责等。

5.1.2 业务流程建模的层次与特征

企业或者组织都需要在组织的商业目标、机制及其运营环境的限制约束等前提下，根据企业的现有制度、职责或要求等进行业务流程梳理。根据业务流程覆盖的层次和范围不同，业务流程可以分为以下四个层次：

(1)部门级业务流程。企业或者组织的部门一般都是某一个或者几个业务的承载和独立运行体，业务流程的建立一般在传统部门操作级进行。

(2)企业级业务流程。在单个部门进行的业务流程梳理效应只局限于某个部门，如果要实现对企业战略的支撑，需要在公司层面进行设计和建模。

(3)跨公司级业务流程。信息化使得公司协作越来越频繁，公司间的业务沟通，需要有严密的接口设计，因此业务建模过程需要将法规、全球化、电子数据交换等都考虑进去。

(4)跨行业级业务流程。某一产品或者服务需要通过公司间的网络提供给最终客户，需要进行严密的业务梳理，确保多个联系点同时提供一致服务。

为了有效分析企业或组织的业务流程，需要找到一种业务流程的通用表达工具，这样的工具既包括第4章所提出的过程模型、数据模型或者对象模型等信息系统分析方法，也包括本章后续小节中所提到的"五要素—结果"建模法，但无论哪种方法，都应该具备以下四个最基本的特征：

(1)完整性：模型要能充分地描述企业流程的主体与活动的组成及其相互关系。

(2)精准性：模型应该准确地再现企业业务流程的各项本质特征。

(3)易理解性：模型要足够简洁，能够被不同视角和层级的人所理解。

(4)可自动化：流程应该可以向信息化建设传递，能够便于用计算机来辅助建模，便于过程模拟；否则，将会大大影响模型的效率和效果。

5.1.3 业务流程建模的基本技术

业务流程是企业管理人员和分析人员认识企业的基础，也是改造企业的客观要求，在数字变革和信息革命的催动下，企业的业务流程梳理和优化的需求更为迫切。但是，企业是非常复杂的社会、经济、物理系统，用单一的模型很难进行描述，一般需要通过多个模型的组合才能完成建模的过程，且每个子模型完成企业某一个局部特性的描述，并按照一定的约束和连接关系将所有的子模型组合在一起构成整个企业模型。目前的业务流程建模技术体系主要包括：IDEF方法建模、CIM方法体系、ARIS方法体系等。

IDEF方法建模的含义是集成计算机辅助制造，最初的方法包括功能建模、信息建模和动态建模等，后来扩展为IDEF方法家族。一般用途下，IDEF方法中的信息建模用于企业中的信息或数据的管理流程梳理，过程描述方法用于记录事件状态和事件之间的优先与因果关系，为企业或组织提供一个结构化的方法。

CIM方法体系由欧洲共同体多家组织共同开发完成，这个开放的体系结构提供了一个面向系统生命周期的开放参考架构，从多个层次和多个角度反映了企业的建模阶段。同时，CIM方法体系建议从功能、信息、资源和组织四个视图，建立功能模型、信息模型、资源模型和组织模型。CIM 方法体系通常也有对视图模型维的扩展,以过程视图(工作流模型)为核心,其他视图(功能视图、信息视图、组织视图、资源视图)为辅助来统一集成建模,最终形成具有一定柔性的动态企业模型。

ARIS 方法体系是继承性信息系统架构,其核心思想就是多视图、多层次、多关联、全生命周期地描述企业信息系统的各个方面,并提供各个建模信息之间的关联关系,为多种描述方法之间的自动转换和联合分析提供基础。ARIS 方法体系不仅提供了一套完整的集成体系,而且提供了一系列的开发工具,可以帮助企业完成各阶段建模工作。

5.2 "五要素一结果"建模法框架

在进行信息化项目或两化融合项目建设之前,必须要进行业务流程和组织结构优化,这是行业的共识和基本要求,也是两化融合体系的实施重点。由此,业务流程建立和梳理优化的过程一般和信息化项目建设一起完成,作为信息化建设的一个前置工作环节,这样就导致了业务流程建模环节的结果物不清晰,难以被非技术人员理解以及作为组织的过程资产被后续工作复用,同时从第 4 章对业务流程基础知识的介绍以及相关章节对业务流程建模分析技术的介绍中可以看到,目前的方法大都是从信息分析的视角进行的,在企业管理优化层面难以被业务人员使用。本节通过笔者实践的经验积累,整理出了一个业务流程建立和梳理的基本框架——"五要素一结果"建模法,下面对该方法的基本框架和业务流程编制规范及内容进行详细介绍。

5.2.1 建模方法框架

笔者根据多年进行业务流程建立和梳理的经验,抽象出了"五要素一结果"建模方法,框架如图 5.1 所示。所谓的五要素包括活动执行人(who)、活动执行内容(what)、活动执行时间(when)、活动执行的原因或前提条件(why)、如何进行活动的动作(how),一结果是指每个动作的输出结果物(result)。

(1)who(执行人):指业务流程中某一活动的执行角色,一般以部门加角色进行说明,如工程部计划员。

(2)what(执行内容):指业务流程中某一活动的工作内容,一般以动宾短语进行说明,如制作工程部月度费用计划。

(3)when(执行时间):指业务流程中某一活动的执行时间要求,如时间节点要求、工作内容的执行时限要求等。例如,工程部计划员需要在每月月末最后一个工作日的下午 6 点前,提交工程部月度费用计划,整个动作需要工作时间 1 个小时。

(4)why(执行原因):指业务流程中某一活动的前序动作与当下动作的逻辑因果关系,如集团公司费用预算和执行文件的明确要求。

(5)how(如何执行):指业务流程中某一活动的具体执行动作细节。例如,工程部计划员通过系统采集上个月的预算数和实际执行数,进行调整后制作下个月预算。

(6)result(执行结果):指业务流程中某一活动的输出结果。例如,工程部计划员按照模板制作工程部月度费用计划,并提交至集团预算系统。

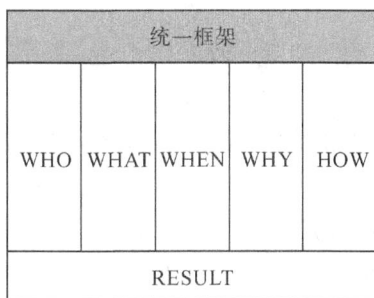

图5.1 "五要素一结果"建模法框架图

5.2.2 业务流程编制规范

根据"五要素一结果"的建模法对企业或组织的业务进行有效梳理,梳理的输出物也需要进行有效的规范。图5.2给出了一个具有实践意义的业务流程编制规范,共包括9部分内容:流程综述、相关术语、岗位职责、流程图、活动描述、输入、输出、退出准则、相关制度,其中流程图和活动描述最为重要,流程图的建模抽象程度是体现业务流程精准性要求的主要方面,活动描述是体现业务流程具体化和细化要求的主要内容。

(1)流程综述:对流程的责任单位、适用范围、主要业务等进行描述。

(2)相关术语:对流程图或相关流程描述中涉及的术语进行解释,便于阅读者理解。

(3)岗位职责:对流程中涉及的岗位及其职责进行说明。

(4)流程图:采用跨部门/职责流程描述方式,以图形化形式展现流程。

(5)活动描述:对每一个动作的作业指引进行说明,同时对每个动作的时限要求、范本要求、指标要求、其他要求等进行细化说明。

(6)输入:对流程或活动开始的条件、依据、需要进行加工的内容等进行说明。

(7)输出:对流程过程或活动的中间输出结果、流程最终结果等进行说明。

(8)退出准则:对流程结束的标志及相关结果、资料等进行说明。

(9)相关制度:对流程依据的相关制度、使用的业务单据、统计表格等进行说明。

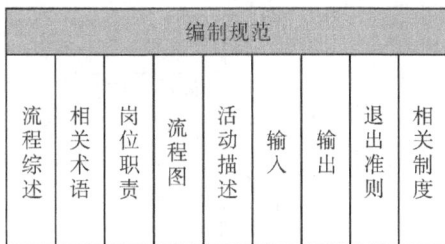

图5.2 业务流程内容编制规范

5.3 核心活动细化的工作步骤

对企业进行业务流程抽象和细化的核心环节是对流程中核心活动的细化。流程图体现了整体业务架构的全貌和精准性,使业务相关人员在看到流程图后能清楚地理解业务流程所包括的基本内容,但对于业务细节的了解和说明,就需要对流程图中的动作活动进行规范化的说明。

笔者在大量实践经验的基础上,对业务流程中核心活动的细化规则进行了归纳和整理,主要包括五个步骤:工作层级细化到岗位、关注流程中的核心活动、分解核心活动至关键动作、明确关键动作的标准要求、对关键动作进行其他说明。这样就在原有流程图的基础上细化到了动作层级,可以对具体的细节进行有效说明。

步骤一:工作层级细化到岗位。将活动的动作执行人(who)按业务线条细化至岗位角色层级,如工程部计划员。

步骤二:关注流程中的核心活动。对每个业务流程中的核心活动进行细化,建议按照二八原则进行选择。

步骤三:分解核心活动至关键动作。将核心活动再次分解为具体的关键动作,进行动作分解,并且每个动作都是一个动宾结构,如审核项目立项资料。

步骤四:明确关键动作的标准要求。按照范本要求、指标要求、时限要求、其他要求四个组成部分对关键动作的标准要求进行说明,例如:①参考关于×××项目申请立项请示;②保证五年内的立项数超过5%;③新立项项目在每月10号前上报,工作完成时长约为5小时;④注意要符合省上针对此类项目的法规文件。

步骤五:对关键动作进行其他说明。将关键动作的其他需要说明的情况进行说明,如办公费用不超过10%。

核心活动细化的步骤和细则如图5.3所示。

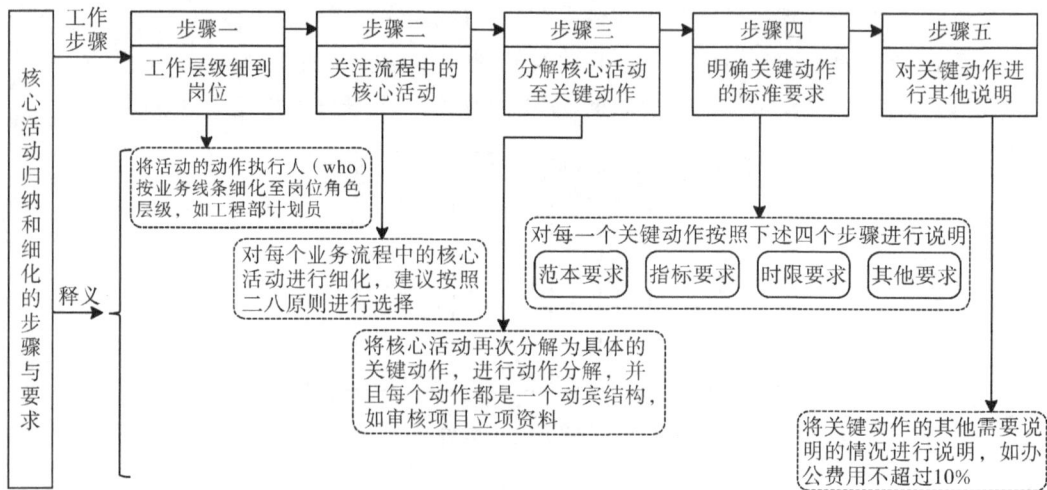

图 5.3 核心活动细化的步骤和细则

5.4 "五要素一结果"建模法的实施

本章前几节对"五要素一结果"建模法的基础框架、编制规范、活动细化的工作步骤等进行了详细说明,但是在业务流程建模实施的过程中,要从复杂的实体业务活动中进行抽象建模,除了需要有前述的规范、标准等支撑外,还需要有明确实施方法论的支撑。

5.4.1 实施关键六步法

从对"五要素一结果"建模法的框架和编制规范的介绍来看,"五要素一结果"建模法将对业务流程的抽象和系统思考过程分解为六个部分,这也是"五要素一结果"建模法名称的由来。如何针对这六个部分实施,达到企业流程抽象的目标要求,辅助后续的信息化建设,进而实现对战略层面的支撑,是实施方法论要思考的重点。这里将"五要素一结果"建模法六个部分的实施抽象为实施关键六步法,具体如下。

(1)按角色抽象活动的执行人(who)。按照框架的要求,对谁来执行活动的抽象要达到岗位角色级,一般业务流程常见的问题是没有明确活动执行人、抽象至部门级或者明确到了某一具体的人身上。

(2)明晰需要活动执行的原因(why)。为什么需要执行这个动作一般由动作的输入和前序动作的逻辑连接来表示,但是需要在相关描述中进一步明确为什么需要某一个岗位角色来执行此活动,更为重要的是需要说明为什么需要某一个岗位角色来配合这个活动的辅助执行。

(3)厘清每一个活动的工作内容(what)。此部分的要求是进行抽象后必须是一个动宾结构的短语,一般的业务流程是对执行动作的抽象,有的是一个名词,有的只写了一个动词,没有清晰地表达要执行动作的要义。

(4)对必要的活动进行细化(how)。大部分的业务流程图在完成后没有对核心活动进行说明,也就是只说清楚了动作之间的逻辑,没有说明活动如何执行;有进行说明的情况也只是对动作的输入/输出等依赖关系进行了说明。因此需要按照5.3节中的细化步骤为流程中的核心活动做出动作指引,动作指引在活动的基础上继续进行分级为关键动作,并进行相关解释,以达到对流程图细化的目的和要求。

(5)为活动执行增加时间约束(when)。业务流程图的抽象除关注整体的输出价值外,还应该关注业务执行的考核,因此需要在执行活动的逻辑连接基础上增加相关的时间等限制约束,以便后期对流程的执行实现量化考核。一般的流程图对此没有说明,导致流程抽象和实际流程执行脱节。

(6)对必要执行活动的输入/输出制作表单模板(result)。输入/输出表单是执行活动的执行条件和执行结果,同时也是数据随活动流转的路径,更是保证工作结果质量的重要保障,因此需要在工作中不断总结,对过往的组织过程资产进行有效积累并加以利用。

5.4.2　流程图实施效果

图5.4(a)是某公司制度文件中对战略规划部门项目申请立项的业务流程图,图5.4(b)是公司规划部的业务人员进行初步梳理后的业务流程图。可以看到,图5.4(a)中所示的流程图只是对主要的业务活动进行了简要的梳理,没有对"五要素一结果"中的活动执行人(who)、活动执行时间(when)、活动执行的原因或前提条件(why)、如何进行活动的动作(how)以及动作的输出结果物(result)进行说明。图5.4(b)是公司规划部的业务人员进行初步梳理后的业务流程图,虽然对活动执行人(who)进行了梳理,但没有到岗位角色级,执行动作的内容(what)描述得不够清楚,没有说明活动执行时间(when)、活动的动作(how)以及动作的输出结果物(result)等相关内容。

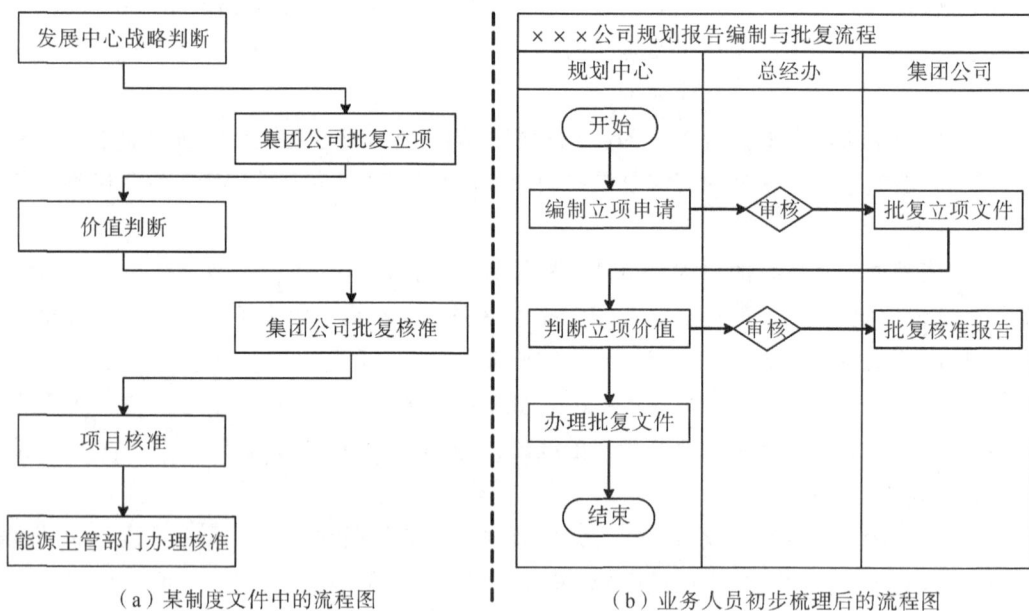

（a）某制度文件中的流程图　　　　　　（b）业务人员初步梳理后的流程图

图5.4　某业务流程梳理前的流程图示例

图5.5是通过"五要素一结果"建模法对某公司的投资规划业务进行梳理的结果,可以看到,通过"五要素一结果"的规范框架,流程图说明了活动执行人(who),并且已经梳理到了岗位角色级,执行动作的内容(what)已经抽象成为一个动宾结构的短语,动作的输出结果物(result)通过了表单数据的流转。同时,信息化分析人员可以在此基础上继续进行细化,活动执行的原因或前提条件(why)等问题可以通过执行活动和输入条件的逻辑联系清晰表达,整个流程图的描述能力有了大幅的提升。下面对活动执行时间(when)、如何进行活动的动作(how)等细化要求进行示例说明。

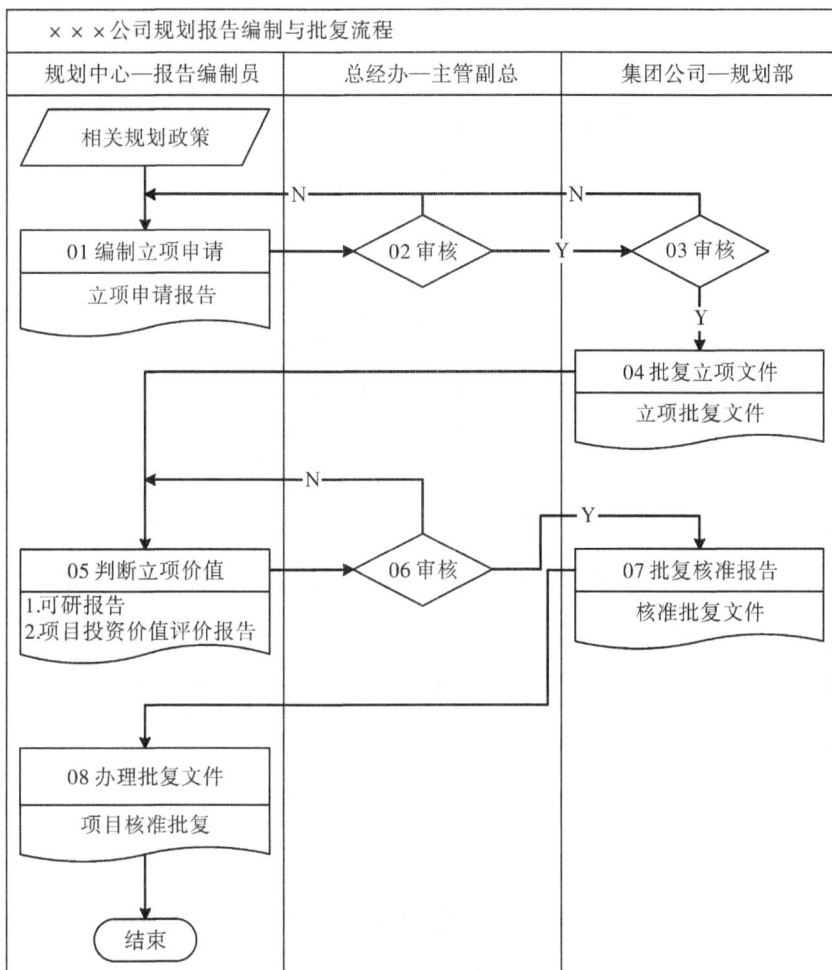

图5.5 按照"五要素—结果"建模法梳理后的流程图

5.4.3 活动描述细化效果

图5.5虽然已对"五要素—结果"六部分中的活动执行人、执行动作的内容、活动执行的原因或前提条件、动作的输出结果物等进行了清晰的展示,但是活动执行时间(when)、如何进行活动的动作(how)等要素还没有展示出来,因此需要通过5.3节的核心活动细化工作步骤继续进行细化,所得部分结果如表5.1所示。以此为基础,再按照业务流程编制规范的内容进行文本化呈现,即可达到业务流程梳理业务层面的清晰化要求。

表 5.1　核心活动细化后的结果示例

编号	活动名称	岗位	关键动作	标准/要求	情况说明
01	编制立项申请	规划中心-报告编制员	立项申请报告	符合集团公司立项申请报告编制大纲	
			准备项目立项材料	项目负责人完成资源开发协议签订,报送项目立项申请报告	
		规划中心主任	审核项目立项资料	附件齐全: 1.关于×××项目申请立项请示; 2.资源开发协议; 3.项目立项申请报告	
			报分管领导审核	部门主任审核通过	
03	审核	集团公司规划部	审核项目立项资料	附件齐全: 1.关于×××项目申请立项请示; 2.资源开发协议; 3.项目立项申请报告	在集团公司系统2个工作日内完成
			上报集团公司党组会审核	通过集团公司新能源事业部审核	
		集团公司党组会	审核项目立项资料	集团公司新能源事业部提交相关资料	
05	判断立项价值	规划中心-报告编制员	编制项目可研报告	咨询机构出具正式可研报告	
			编制项目投资价值评价报告	符合集团公司投资价值评价报告编制大纲	
			准备项目价值判断材料	项目负责人完成可研报告编制,报送项目投资价值评价报告	
		规划中心主任	审核项目价值判断资料	附件齐全: 1.关于×××项目申请开展投资价值评价工作请示; 2.项目可研报告; 3.项目投资价值评价报告	
			报分管领导审核	部门主任审核通过	
			报公司党委会审核	公司领导审核通过	
08	办理批复文件	规划中心-报告编制员	办理规划选址手续	取得规划主管部门选址意见	由报告编制员和省相关负责部门沟通
			办理土地预审手续	取得自然资源部门土地预审意见	
			准备项目核准材料	编写项目申请报告	
		规划中心主任	审核项目申请核准资料	附件齐全: 1.关于×××项目申请核准请示; 2.选址意见; 3.土地预审	
			报分管领导审核	部门主任审核通过	

5.5 "任务管理流程"建模示例

5.5.1 流程综述

任务管理流程由办公室负责,涉及各部门、办公室、个人工作中心(虚拟角色)、公司领导四个角色,通过编制任务计划、审核任务计划、审批任务工作、汇总任务计划、委派任务、个人任务计划生成、个人任务计划维护、执行任务、提交进度/状态、查询/催办/关注任务、办结提交、延期/放弃申请、完成确认、考核评价等14个动作,完成任务管理流程。

5.5.2 术语

任务管理流程的术语描述如表5.2所示。

表5.2 术语描述

序号	术语	解释	备注
1	个人工作中心	基于分配给某个任务执行人任务集之上的虚拟角色	
2	任务链	某任务的先后指派信息所形成的逻辑链表	

5.5.3 职责分工描述

任务管理流程的岗位职责分工描述如表5.3所示。

表5.3 岗位职责分工描述

角色	职责分工
各部门	负责编写任务计划、确认任务考核结果
办公室	负责审核编制的任务计划、汇总任务计划、组织相关人员对任务进行考核评价
个人工作中心	生成个人任务计划、对个人任务计划进行维护、执行任务、提交任务状态、办结提交、提交延期/放弃申请
公司领导	负责审批任务计划、进行临时任务委派、查询/催办/关注任务、审批延期/放弃申请

5.5.4 流程图

任务管理流程如图5.6所示。

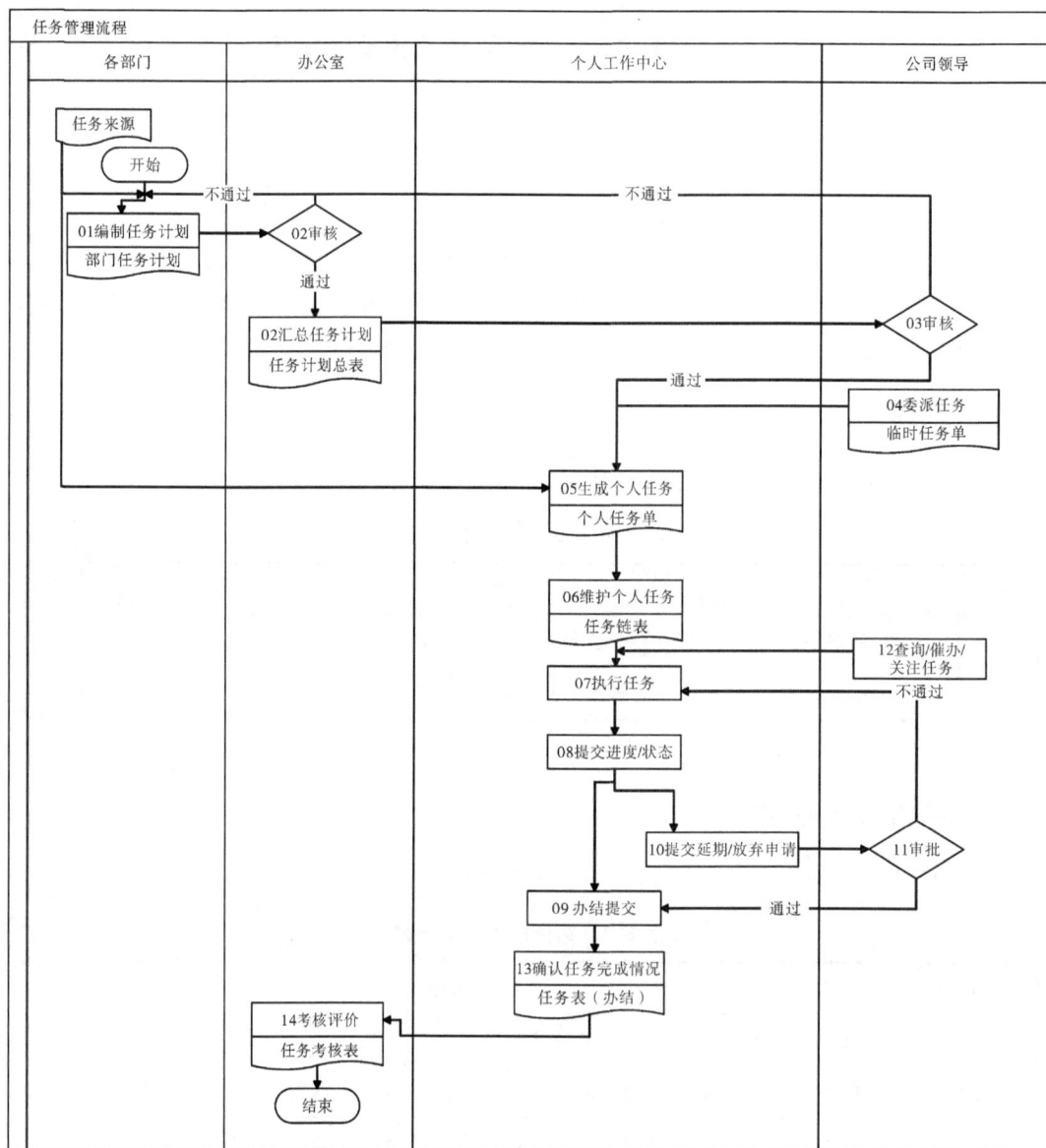

图 5.6　任务管理流程图

5.5.5 活动描述

任务管理流程活动描述如表5.4所示。

表5.4 任务管理流程活动描述

编号	活动名称	岗位	关键动作	标准/要求	情况说明
01	编制任务计划	部门主管	收集、核实、分类任务来源	任务的类别主要包括以下几类： 1.其他流程指向本流程的任务（都会传递相应输入,内含任务的相关信息）； 2.红头文件指示、集团交办、公司领导交办的任务,公司会议所形成的任务； 3.部门的计划任务； 4.部门的临时任务	任务督办级别包括:一般任务、督办任务、紧急督办、挂牌督办； 任务的来源要求指定任务负责部门或任务负责人
			编制任务计划	按照任务来源和部门重点工作,编写任务计划: 1.确定任务内容（如:任务要素、任务类别、督办级别、预估工作量、对应考核标准等）； 2.指派任务完成人； 3.确定任务管理或考核要求（如:时限要求、完成状态要求、进度汇报要求等）； 4.部门确认后提交办公室	任务计划编号:计划任务编号和临时任务编号分别按照一定规则顺延
02	审核	办公室	审核	1.对各部门提交的任务按照一定的标准进行形式审核； 2.对一些必要任务增加任务管理或者考核要求,或明确相关考核标准	
			汇总	1.按照一定格式汇总各部门提交的任务； 2.确认后提交给相关领导审核	
03	审批	公司领导	审批	1.公司领导对任务进行审批； 2.审批通过后传递给执行任务的个人（个人工作中心）	
04	委派任务	公司领导	委派	1.公司领导可以根据需要直接发起一个任务； 2.将任务内容、管理/考核要求完善后,直接委派给某一个任务执行人	

编号	活动名称	岗位	关键动作	标准/要求	情况说明
05	生成个人任务	任务执行人	确认生效	1.经由领导审批的任务,推送至任务执行的个人则自动生成一条任务; 2.初次指定的任务执行人是第一负责人,需对任务进行确认; 3.任务确认后,开始生效,作为相关管理和考核指标的开始; 4.某任务源也可以直接形成某执行人的任务	
06	维护个人任务	任务执行人	任务指派	1.任务执行人确认任务后,查看任务内容; 2.如本人不能执行任务,则可以将任务委派给其执行人,任务委派的过程会形成任务链; 3.向其他人指派的动作可执行多次	
			任务维护	1.任务的最终执行人可以根据权限对任务的初始内容等进行维护; 2.如任务存在疑点或者不清楚,可以向任务指派人询问,并将交流信息更新至任务中	
07	执行任务	任务执行人	执行	根据任务要求执行任务内容	
08	提交任务状态	任务执行人	提交状态	1.任务最终执行人根据任务的进展及相关管理/考核要求更新任务状态; 2.任务进展状态提交要根据相关要求进行,并对任务链上的人公开; 3.坚决防止只工作、不更新的情况,使所有人对进展的信息一致	
09	办结提交	任务执行人	办结	根据任务内容完成了任务	
			提交申请	1.提交所有工作成果、资料,检查无误后提交办结申请; 2.提交办结的对象,原则上应是上一级任务的指派人,按任务链的指派层级向上提交	
10	提交延期/放弃申请	任务执行人	延期申请	说明任务办理的状况,提出延期申请	
			放弃申请	说明任务办理的状况,提出放弃申请	

编号	活动名称	岗位	关键动作	标准/要求	情况说明
11	延期/放弃审批	公司领导	延期审批	根据出现的状况，对延期申请进行审批	
			放弃申请	根据出现的状况，对放弃申请进行审批	
12	查询/催办/关注任务	公司领导	任务查询/催办指导	1.有关领导或任务链上的相关人，对任务进展和状态进行查询； 2.根据查询结果进行关注、催办、留言、指示和交流等动作； 3.有关领导或任务链上的相关人，应及时了解各任务办理情况，发现问题及时处理	1.可按任务链视角（办事视角）进行查询； 2.可按管理视角（管人视角）进行查询； 3.了解人员、能力、工作状态、态度
13	确认任务完成情况	任务发起人	确认	任务指派人对任务执行完成情况进行确认	
14	考核评价	办公室	考核	办公室相关人员对任务的完成的形式内容进行审核	
			评价	1.由办公室组织，按照一定的评价规则对任务进行评价； 2.将评价结果按相关要求进行公开	

5.5.6 输入/输出

费用报销流程输入/输出文档如表5.5所示。

表5.5 费用报销流程输入/输出文档

序号	文档名称	文档编号
1	任务来源	NYH02-01-01
2	部门任务计划	NYH02-01-02
3	任务计划总表	NYH02-01-03
4	临时任务单	NYH02-01-04
5	个人任务单	NYH02-01-05
6	任务链表	NYH02-01-06
7	任务表（办结）	NYH02-01-07
8	任务考核表	NYH02-01-08

5.5.7 退出准则

办公室对办结的任务表进行考查评价后,流程结束。

5.5.8 相关制度与资料

相关制度与资料如表5.6所示。

表 5.6　相关资料

序号	名称	版本
1	公司任务理办法	公司制〔2017〕10 号
2	公司任务考核管理办法	公司制〔2018〕13 号

5.6 本章小结

业务流程梳理是企业实现精细化管理的前提,是企业进行信息化建设的基础,也是两化融合中四要素循环的重要组成部分。因此,如何对业务流程梳理建模就成为业务专业人员和信息化建设分析人员的首要任务。本章首先对业务流程建模的目的、意义、基础技术等进行了总结,接着以笔者实践经验总结为出发点,讲述了"五要素一结果"建模法框架,并简述了业务流程手册的编制规范,然后进一步对如何进行业务流程细化进行阐述。同时对"五要素一结果"建模法的实施步骤进行了总结,最后以一个通用性的任务管理流程展示了本章所提出的框架的建模实施效果。

第6章
业务流程优化：管理效能阶梯上升

企业一直处于发展之中，唯一不变的就是"变化"，因此需要保持业务流程和企业的战略目标、执行目标和落地支撑等各层面的要求相匹配，否则会出现不一致的情况。同时，业务流程优化也是信息化建设方案的前提，或者是信息化建设方案中的重要组成内容，这是因为业务流程优化以及在此基础之上的组织机构变革，是提升效率和消除"两张皮"的主要手段。

6.1 业务流程手册的重要价值

业务流程管理是企业管理精细化的重要内容，也是管理信息化的技术基础。企业或组织需要按照顶层设计的原则，构建企业或组织总体流程架构，通过对业务流程进行梳理、优化、固化，促进业务流程精细化管理能力提升，且在统一架构指引下，实现业务流程的系统化、规范化、具体化。业务流程手册的重要价值在于：

（1）使企业或组织各项业务活动规范化，可以快速实现管理复制。通过对企业或组织主要业务流程的梳理和优化，分别从业务处理的依据、权责、路径、方式、要求、控制点等方面对主要业务的处理过程和环节进行规范，最大限度地排除主要业务处理过程中的个人主观因素和"因人而异"现象，实现主要业务处理全过程的规范化、系统化，从而快速实现管理复制。

（2）使企业或组织工作效率提高，有效降低管理成本。通过对企业或组织主要业务流程的梳理和优化，改善并规范主要业务的基本流程，删减那些不必要的路径和环节，限定关键节点的业务活动时间，最大限度地提升工作效率，同时降低管理费用。

（3）合理配置企业或组织的职责权利，强化管理调控。通过对企业或组织主要业务流程的梳理和优化，进一步合理配置职责权利，消除"有权无责"或"有责无权"状况，实现职责与权利的科学配置，同时强化业务处理过程的管理调控，有效规避管理风险。

（4）确保信息化建设前先实现管理现代化，为管理自动化奠定技术基础。通过对企业或组织主要业务流程的数据进行梳理，使业务数据血缘关系脉络清晰，从而实现数据的体系化、指标化、可视化，推动职能管理模式向数据驱动业务管理模式转变，为管理的信息化、自动化奠定管理和技术基础。

6.2 业务流程优化的基本原则

企业或组织发展过程中始终不变的是"变化",因此,当企业或组织所处环境、管理要求等发生变化时,业务流程适应"变化"而进行调整是必然的。流程管理科学的发展规律,揭示出流程管理遵循"螺旋上升"的循环路径,因此在建立、完善、调整业务流程的过程中,需要开展流程梳理和优化活动,并应遵循以下基本原则。

6.2.1 总体结构和框架合理原则

流程体系结构和框架合理是流程管理的基本要求,也是流程梳理和优化的基本目标。流程体系一方面要能够覆盖一个公司的主要管理和业务,另一方面必须准确体现该公司管理职能和业务职责的科学配置。

6.2.2 流程规范和统一原则

流程是活动展开和推进的关键路径和模式,是行为连续性和规律性的集中体现,是行为重复性和一致性的纲领。因此,流程的规范化要求尤为重要。流程的规范化一方面要求各流程的构成要素要规范,必须依照"5W1H"(5 要素和 1 结果)的整体框架并结合企业或组织具体情况确定流程要件;另一方面要求流程的主要环节要符合管理的基本原理,按照管理的计划、组织、协调、指导、监督、控制等基本职能以及 PDCA 循环的基本原理编排流程等。

6.2.3 刚柔并举原则

流程是纲,是关键活动的关键环节的逻辑准则。因此,在流程梳理和优化过程中,一定要贯彻"纲举目张"的基本思想,抓关键、抓重点,不要面面俱到,更不能只抓芝麻而漏了西瓜。另外,流程要带有一定的"刚性"(或称严肃性),这就更加要求流程一定要简洁、明晰。因此,在流程梳理和优化过程中,要重点把一些关键活动的关键环节及其逻辑关系明确规定并相对固化,而将具体做法"柔性化",给操作者留有充足的自主决策和独立创新的空间,体现管理"刚柔并举"的基本理念。

6.3 业务流程优化的逻辑阶段

流程梳理与优化是一个流程梳理、流程诊断、流程优化、流程固化的螺旋式上升的推进过程。

6.3.1 流程梳理

流程梳理是流程优化的基础和前提。流程梳理是以工作分析为基础,以明晰业务处理的先后顺次、逻辑关系、基本内容和基本要求为目的,对以往的业务处理方式和方法进行充分显性化的过程。通过流程梳理,可以凝练日积月累的管理经验、汇集方方面面的管理智慧、理清业务处理过程的各种关系并可以将这些经验、智慧和关系运用到流程管理活动之中。

流程梳理活动中,需要对各主要业务现行处理方式、基本依据、基本内容和基本要求进行深入解读,同时核对公司规章、制度和相关规定、文件等资料,以流程驱动业务的思维,进行流程的"设计",避免为画流程而画流程。

6.3.2　流程诊断

流程诊断是对初始流程(或现有流程)进行分析和评估,以确认初始流程(或现有流程)存在的主要问题和缺陷并确定优化策略和方法的流程管理活动。流程诊断的主要任务在于揭示初始流程(或现有流程)所存在的不科学、不完善、不顺畅、不明晰等问题和缺陷,为流程优化指明方向和重点。

流程诊断活动中,揭示初始流程(或现有流程)当中存在的主要问题和缺陷,对问题和缺陷进行归纳和总结,是后续流程优化的基础,因此对其必须开展充分的交流和讨论。

6.3.3　流程优化

流程优化是指对初始流程(或现有流程)进行评价、改进、发展、完善,以期取得最佳效果的流程管理活动。流程优化的基本要求在于既做正确的事又正确地做事。流程优化的基本目标在于提高工作效率、减少管理成本、规避管理风险、增强核心竞争力。

在流程优化活动中,针对初始流程(或现有流程)存在的主要问题和缺陷,应分别采用提升、增补、规范、完善、整合和清除等相应的流程优化方法,对初始流程(或现有流程)进行优化。其中,流程提升是指从管理的目标出发,站在职能管理或业务管理的立场对原先的一些"业务流程"进行"管理提升",强化这些业务的统筹计划、执行、检查和总结等"管理职能";流程增补是在充分认识和描述公司主要业务的基础上,对初始流程(或现有流程)中缺位的一些主要业务进行必要的增补,以保证业务体系的完整性和流程管理的覆盖面;流程完善是指按照管理的一般原理和基本规则,完善流程的基本环节使其符合管理规范;流程整合是按照同一性原则将某些业务重新分类,或者按照管理职能和职责的常规划分将同类职能业务归并,保证流程体系规范、业务类别清晰,从而提升管理的规范化程度;流程清除是为避免某些"日常事物"进入流程手册而对一些"纯事务型"的流程进行清除,以确保流程手册在管理规范中的"纲领性"地位。

6.3.4　流程确认与固化

流程固化是在流程优化的基础上经过充分沟通和交流形成共识,以《业务流程管理手册》的形式印装并以公司正规文件下达贯彻的流程管理活动。

在确认与固化活动中,将优化后的流程提交主管领导和主管部门讨论审查,在达成共识的基础上确认固化,最终将流程纳入《业务流程管理手册》。

6.4 业务流程优化的三种策略

企业的业务流程建设是一个长期的过程,只有起点没有终点。在企业管理的初期,更多地依赖于个人直觉,管理者的个人直觉决定了事情工作的方式和走向。随着企业或组织的发展,公司会逐渐形成制度,对过往的个人经验和组织过程资产进行文件化的规范和约束,但此时的流程停留在纸面上,实际执行过程仍是"人治"的阶段。在制度或职责文件的基础上进行业务流程构建,可以通过抽象思维、系统思考等方式实现业务活动的结构化建模,进而促进员工工作的规范化和协作,此时的工作流程已经具有了很强的指导意义,但是由于业务流程建模方法的本身缺陷和实际执行梳理中的问题,导致业务流程无论是在实际执行过程中,还是在流程执行结束之时,都存在很大的改进空间。业务流程的优化与提升是最高管理者关注的焦点,也是内审和管理评审的重要输入。在进行业务流程优化时,一般从以下三个角度入手,也可以称之为业务流程优化的三种策略。

6.4.1 基于绩效的业务流程优化

绩效管理大约可以分为三个层级,即控制导向、发展导向和经营导向。控制导向的关注点在于个体身上,通过简单的绩效排序以及个人主观感受,对相关的人员进行评价,由此决定人员晋升、薪酬结构等,因此适用于小公司,与人治相结合;发展导向是以目标管理为基础,通过对计划和实际执行结果的对比,来完成对个人的目标考核,如 360°评估等;经营导向的关注核心是组织目标,要求有清晰的工作流程和岗位职责,需要对每一个流程甚至每一个动作的产出都进行明确,但存在着组织战略和绩效目标脱节、部门绩效和个人绩效目标脱节的情况。

图 6.1 展示了由于绩效内容变化导致业务流程优化或改进的过程。在图 6.1 的左侧,展示的是某企业或组织一个人工成本的预算流程(由于版面展示大小的原因,这里对流程进行了简化处理),在优化前的流程中,包括人力资源部-预算专员和人力资源部-主任两个角色,包括填制成本预算表、审核、汇总成本预算表和生成成本预算表四个动作,同时按照本书第 5 章中描述的方法,在业务流程手册中,按照九部分的要求,对该流程进行了描述。在年底的经营计划会议之后,公司对绩效要求目标进行了适当的调整,为了减少人力成本的费用开支,要求预算的准确度有所提升,同时将预算的准确度纳入下年度主管副总的考核指标中来,由此产生的变化,就需要对业务流程进行对应的修改。如图 6.1 中的虚线部分所示,首先增加了总经办-主管副总的角色,且增加了由主管副总组织参加的"组织预算评审会"动作,同时要在源头提升预算的精准性,需要人力资源部-预算员这个角色做出很大的改变和能力提升,因此需要在填制成本预算表的相对应活动描述中增加对预算编制科学化的标准和要求。

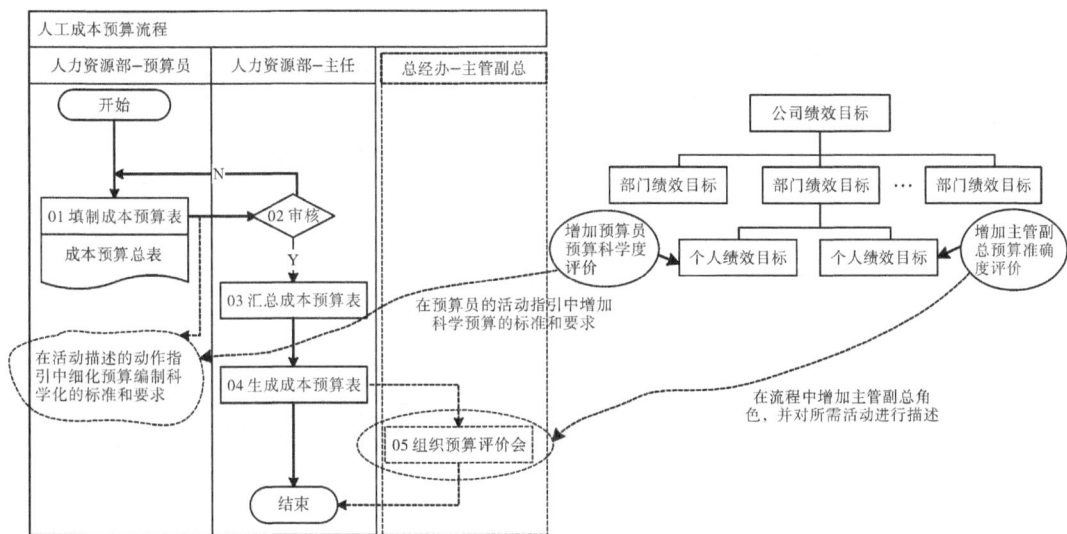

图 6.1 基于绩效调整的业务流程优化示例

6.4.2 基于过程的业务流程优化

无论是基于 BPMN 的通用化业务流程建模方法，还是第 5 章中提到的"五要素—结果"建模方法，其核心思想都是根据某个业务线的业务目标来分解所需的业务活动，按照一定的要素梳理逻辑进行建模，如对每一个业务活动的执行角色，执行活动所必须的原因，执行活动的时间标准、执行规范，活动的执行输出物等进行说明，按照业务过程进行一般按照活动划分的策略实施组织。活动划分是根据业务活动和对那些活动的响应将一个业务目标分成子活动（目标）的过程。

但是在不同的阶段，针对业务流程可以进行不同粒度的抽象。伴随着企业的不断发展，业务流程的优化也需随着业务和企业的发展而进行。图 6.2 是对图 6.1 中的业务流程图进行基于过程优化后的结果，首先在人力资源部-预算员角色的泳道图内，为了提升预算员的预算科学程度，增加了工资总额预算表、保险费用预算表、劳动保护费预算表、福利费预算表、派遣工资总额预算表、派遣社会保险预算表、派遣劳动保护费预算表、派遣福利费预算表等不同预算子表，相当于在原有的总表预算程度上进行了下一个级别的细化。同时，为了提升人力成本减少的公司目标，增加了总经办-办公会的角色，针对年度的人力成本预算表，需要在总经办-主管副总组织进行预算评审会后，经过总经办-办公会的审核，审核通过之后，还需要人力资源部-预算员下发人力成本预算的结果。

表 6.1 所示的是某一个业务流程内的 5 个活动的活动描述，可以看到，在表 6.1 中，只是对业务流程的活动要求进行简要的罗列。例如编制采购计划活动，主要准则为，采购计划每月两次（月初和月中各一次），场站提出需求计划，采购部编制相关的方案。表 6.2 是和表 6.1 相对应的业务流程活动描述示例，在表 6.2 中，将每一个活动的描述又进行继续细化，分解为活动名称、岗位、关键动作、标准/要求、情况说明 5 个组成部分，并将每一个活动继续细化到关键

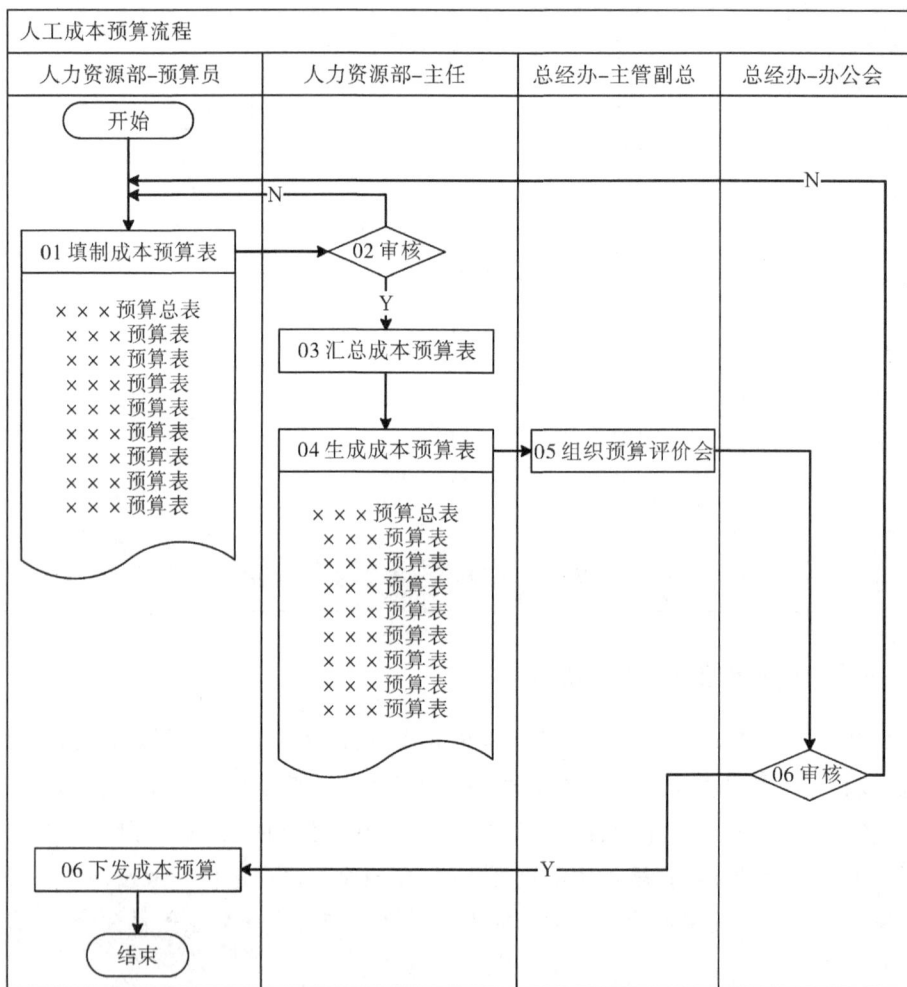

图 6.2　基于对图 6.1 中的流程优化的结果

动作的层级。例如，和表 6.1 中对应的编制采购计划，又细分到了汇总各工作站、各部门采购需求，编制基层公司采购需求计划，上报公司采购管理部，编制部门采购需求计划，报公司采购管理部 5 个关键动作，并对每一个关键动作给出了标准和要求。例如，编制部门采购需求计划这个关键动作的标准为：每月上报两次采购需求计划——月初（每月×号前）、月中（每月××号前）；按照对应表单填写《公司本部工程和服务需求计划申请单》《工程与服务非招标采购文件》《公司本部物资需求计划申请表》《物资非招标采购文件》《公开招标采购申请表》《供应商推荐表》，集团公司采购范围的《集团公司采购标书模板》等。

表 6.1 优化前业务流程的活动描述示例

编号	活动名称	活动描述
01	编制采购计划	1.工作站提出需求计划；由基层企业制定汇总、平衡利库，编制采购计划并上报。采购计划每月两次：月初、月中； 2.紧急采购可以随时发起； 3.采购计划包含采购文件（技术要求等）、采购计划、采购方案； 4.提出的采购方案为：电商平台单一来源、线下（单一来源、询价），需要填写《采购方式申请表》说明理由、对象等
02	准备上会资料	采购部采购员按照"合并采购、分签合同"方式汇总基层单位采购计划、平衡利库，整理采购计划、采购方案、采购文件
03	会议审核	1.采购领导小组会议通过或否决采购计划； 2.×××万以下，由采购领导小组决定，可以委托基层单位自行采购或由采购部组织采购，按照确定的采购方案执行（如单一来源）； 3.×××万以上报党委会决议； 4.采购领导小组会议纪要反映以上内容
04	会议审核	1.×××万以上由党委会审议； 2."×××"及以上（一级采购范围的），报集团采购事业部； 3."×××"以下（二级采购范围内的）由采购部组织采购，确定采购方案（如单一来源、询价采购等）； 4.党委会会议纪要确定采购方案等
05	集中招标管理流程	执行"集中招标管理流程"

表 6.2　优化后业务流程的活动描述示例

编号	活动名称	岗位	关键动作	标准/要求	情况说明
01	编制采购计划	基层企业和需求单位采购员	汇总各工作站、各部门采购需求	1.按基层企业要求； 2.对于物资类采购,需进行平衡利库	
			编制基层公司采购需求计划	1.每月上报两次采购需求计划:月初(每月×号前)、月中(每月××号前); 2.紧急采购随时上报,年底考核时,紧急采购和临时采购金额占采购总额小于×%; 3.按照对应表单填写:《基层单位工程和服务需求计划申请单》《工程与服务非招标采购文件》《基层单位物资需求计划申请表》《物资非招标采购文件》《公开招标采购申请表》《紧急采购申请表》《供应商推荐表》,集团公司采购范围的《集团公司采购标书模板》	供应商不足三家的,依采购方式填报《竞争性谈判采购申请表》《单一来源采购申请表》《线下询价采购申请表》
			上报公司采购管理部	经本单位审批通过	
		职能部门采购负责人	编制部门采购需求计划	1.每月上报两次采购需求计划:月初(每月×号前)、月中(每月××号前) 2.按照对应表单填写:《公司本部工程和服务需求计划申请单》《工程与服务非招标采购文件》《公司本部物资需求计划申请表》《物资非招标采购文件》《公开招标采购申请表》《供应商推荐表》,集团公司采购范围的《集团公司采购标书模板》	供应商不足三家的,依采购方式填报《竞争性谈判采购申请表》《单一来源采购申请表》《线下询价采购申请表》
			报公司采购管理部	经本部门领导审批通过	

续表

编号	活动名称	岗位	关键动作	标准/要求	情况说明
02	技术审核	相关职能部门的专责、主任、分管领导	审核相关采购内容、技术要求、费用列支的合理性	2个工作日完成审核,按照《公司采购文件审查表》(集团公司采购范围的《集团采购文件审查表》)格式完成审核	
02	编制采购计划	采购管理部采购员、主任	汇总采购需求计划	按照"合并采购、分签合同"原则	对于物资采购需要进行二次平衡利库
			编制采购计划	1.采购需求计划审批通过后,3日完成; 2.按照对应表单填写:《工程与服务采购执行计划》《工程与服务非招标采购文件》《物资采购执行计划》《物资非招标采购文件》《公开招标采购申请表》《供应商推荐表》,集团公司采购范围的《集团公司采购标书模板》	供应商不足三家的,依采购方式填报《竞争性谈判采购申请表》《单一来源采购申请表》《线下询价采购申请表》
			整理上会材料	采购计划审核通过后,×个工作日完成;按照《采购领导小组会议汇报汇总表》《采购领导小组汇报内容(物资类)》《采购领导小组汇报内容(工程服务类)》《采购领导小组会议申请格式》整理材料	
03	会议审核	采购领导小组	审议采购计划、采购方案	采购领导小组会议定期召开(每月第二周和第四周);通过或否决采购计划、采购方案	
		采购管理部主任、专责	撰写、报审会议纪要	会议后×个工作日,按照《采购领导小组会议纪要》规定格式完成	××万以下,委托专业公司、基层单位采购或采购管理部进行采购
				会议后×个工作日完成,按照《公司党委会签报》《党委会采购专题汇报内容》规定格式完成	××万以上,报公司党委会审议

编号	活动名称	岗位	关键动作	标准/要求	情况说明
04	会议审核	党委会（总经理办公会）成员、汇报人	审议采购计划、采购方案	1.每月定期召开； 2.审议通过或否决采购计划、采购方案	
		采购管理部主任、专责	撰写、报审党委会关于采购专题的会议纪要	会议后×个工作日，按照《党委会采购专题会议纪要主要内容》规定格式完成	××万以上×××万以下（二级采购范围内）由采购管理部委托专业公司或自行组织采购
			撰写材料，报送集团采购事业部，由专业公司组织采购	1.会议后×个工作日完成； 2.按照《采购领导小组会议纪要》《党委会采购专题会议纪要主要内容》《集团采购文件审查表》《集团公司采购标书》规定格式完成	×××万及以上（一级采购范围）
05	集中招标管理流程		执行"集中招标管理流程"	见"集中招标管理流程"	一级采购范围

6.4.3 基于战略的业务流程优化

由本书第 2 章两化融合的框架中可以看到，两化融合的主要框架由战略循环、要素循环和管理循环三个部分组成。其中，战略循环说明了企业或者组织往哪走的问题，也就是企业或者组织的目标问题。同时，在 2.6 节中更是明晰了企业战略—核心竞争力—价值链—业务流程—信息系统的路径。可见，要保障企业的战略落地，形成战略—核心竞争力—新型能力的循环，需要建立一个切实可行的战略执行保障体系。其中，业务流程是战略执行落地的核心枢纽，在整个战略执行体系中起承上启下的作用。业务流程是两化融合体系实施以及企业战略落实的主要切入点，只有将企业战略和业务流程进行统一管理，才能确保企业战略完成，关键问题是通过何种方式实现战略和业务流程的一致性。

首先，在战略层面，企业要将自己的战略远景转化为战略目标，对战略目标进行合理的分析，形成战略重点以及战略举措；经过战略层面的分析形成企业核心竞争优势的分解，在核心竞争力的基础上，分析近期内企业需要构建的新型能力。某企业或组织的战略循环如图 6.3 所示。

其次，在战略循环梳理的基础上，寻找和业务流程相结合的切入点。为了使战略循环中的新型能力落地实施，必须按照业务流程梳理和优化的基本原则，确定业务流程的"五要素一结果"。例如图 6.3 中，要实现费用精细化管控能力，需要对相关的业务流程进行梳理和改革，对费用精细化所需的业务流程、关键活动（what）、活动执行角色（who）、活动改进的原因（why）、活动实行时限（when）、如何进行活动改进（how）以及活动的输出结果（result）等进行清晰明了的展示，从而消除壁垒，提高企业的整体运行效率和效益。

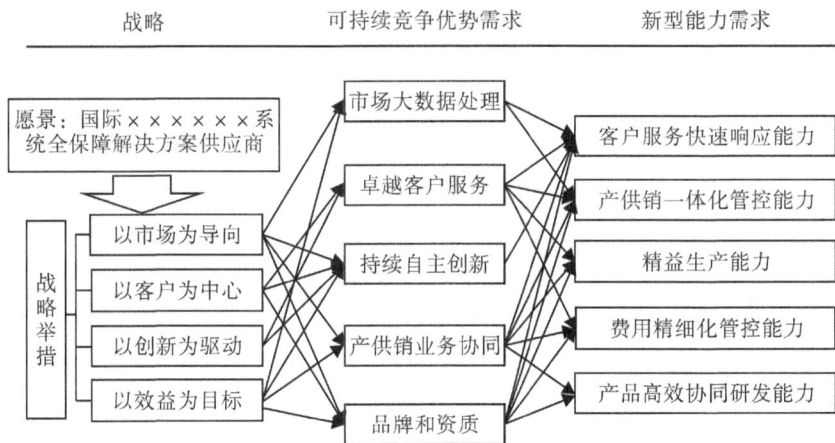

图 6.3　某企业或组织的战略循环示意图

最后，相关方案的落地和执行。业务流程的优化结果必须严格执行，动态管理，并辅以自动化的工具提升效率，这需要公司领导在业务流程管理层面投入精力，且需全员参与，严格执行业务流程规范，并结合实际工作发现不足，持续优化。同时，在业务流程的绩效输出和企业战略的目标之间建立相对应的连接关系，通过绩效数据驱动的方式及时发现偏差，及时改进。对于作为实现战略落地的业务流程平台，同样需要不断调整和优化重组，以适应公司的战略发展。

6.5　业务流程优化的具体方法

企业或者组织在建立了基本的业务流程之后，为了适应企业战略或业务的发展，需要对流程进行不断改进，以期取得最佳的效果。对现有的业务流程进行梳理、完善和改进的过程称为业务流程优化。这里的业务流程优化是广义上的优化，即针对流程整体、部分或某一环节上的改进，只要可以达到提升工作质量、提高工作效率、降低劳动成本的效果，所进行的相关改动都可以称为业务流程优化。在前几节介绍的优化原则、逻辑阶段和策略等基础上，本节将介绍业务流程优化的基本方法。

6.5.1　业务流程优化的基本方法

企业进行业务流程优化的过程一般会随着企业的管理评审进行，也可以通过专门的业务流程优化项目进行，如通过项目实施业务流程优化，一般包括总体规划、项目启动、诊断分析、优化设计、配套方案、实施优化、评测改进等多个步骤。本节关注的业务流程优化的基本方法，主要包括标杆瞄准法、DMAIC 模型、ESIA 分析法、ECRS 分析法、SDCA 循环等，如图 6.4 所示。

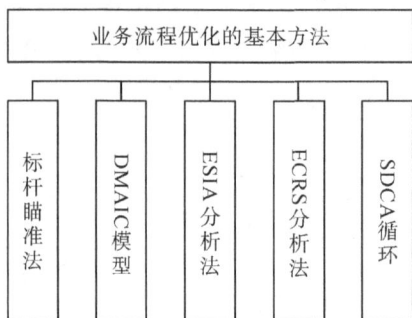

图 6.4　业务流程优化的基本方法

（1）标杆瞄准法。标杆瞄准法是指企业将自己的产品或服务等，与相对应的卓有成效的企业相对比，进而改进企业绩效表现的不间断精益求精的方法。标杆一般分为内部标杆和外部标杆两类，标杆瞄准法的核心动作是确定标杆对象，通过对标杆对象的分析，采取相对应的变革行动。

（2）DMAIC 模型。DMAIC 模型是通用电器总结的 6sigma 操作方法，主要包括 define、measure、analyze、improve、control 五个步骤。界定（define）是指识别客户需求，确定影响满意度关键因素的过程；测量（measure）是指通过工具等获取真实、可靠、准确数据的过程；分析（analyze）是指用多种统计分析方法找出存在问题的过程，主要方法包括直方图、排列图、鱼骨图、散点图、控制图等；改进（improve）是指确定存在问题根本原因的过程，此过程是 DMAIC 模型的关键步骤；控制（control）是指将改进的主要变量的偏差控制在许可范围之内。

（3）ESIA 分析法。企业或组织应该努力通过业务流程优化实现战略循环的相应目标，优化的主要原则就是减少流程中的非增值活动，调整流程中的核心增值活动。ESIA 分析法主要包括清除（eliminate）、简化（simply）、整合（integrate）、自动化（automate）四个核心动作。

（4）ECRS 分析法。ECRS 分析法是指取消（eliminate）、合并（combine）、调整顺序（rearrange）、简化（simplify）四个动作的简称。对于业务流程中的某一项活动，应该先考虑有无取消的可能，如无必要便可以改善流程效果；合并动作是指合并多个方向的突变动作，形成单一方向的连续性动作；调整顺序是指调整工作负荷，使其相对均衡；简化是指减少某一个活动的复杂程度，使用简单动作组合提升效率的过程。

（5）SDCA 循环。SDCA 循环是标准化维持方法，即"标准（standard）、执行（do）、检查（check）、总结（action）"模式，其核心目的是稳定现有工作流程，包括改进业务流程并更新，使其平衡运行，检查过程确保精准性，最后对流程做出合理分析和调整满足企业的战略规划或竞争力与新型能力的目标要求。

6.5.2　数据驱动的业务流程优化实践

从"五要素一结果"建模法可以看到，业务流程中包含着数据流的流动。流程活动的输入/输出以模板的形式对业务流程内的数据内容进行传递，同时在实际执行时，某一活动的产出，同样会以数据的方式沉淀下来，因此，数据既是业务流程的过程组成部分，也是业务流程产生的结果。通过数据驱动的业务流程优化实践,本质上也就是结果或者目标驱动的业务流程优化,有的资料将这种方法称为业务流程优化2.0。

业务流程优化大都是指企业或组织已经完成了初步的业务流程建模,并在此基础上进行优化。根据优化内容,业务流程优化主要分为业务流程体系整合、业务流程内部改进、流程内活动细化和流程自动化点选择与转换四个部分。

(1)业务流程体系整合。业务流程体系优化整合是优化内容变化的主要形式之一,是指对现有的业务流程或者新增的业务线与现有流程一起,进行梳理形成更有价值和意义的流程体系的过程。例如,企业为突出科技信息相关工作对企业的促进作用,决定对公司原有的科技管理和信息管理流程进行全面梳理,升级为公司科技资源规划体系,包括科技管理、信息管理、科技项目管理流程、专利管理流程、科技投入率管理等新的流程。又比如,某公司原有的工程管理体系包括设计管理、开工管理、安全文明管理、质量管理、进度管理、造价管理、投产管理7个主要流程,为了提升公司工程管理的效能在此基础上增加了工程检查、工程统计、工程变更业务流程,同时为了和工程前期的采购实现信息贯通,将工程管理各业务流程的输出结果反馈到了前期规划的投资计划流程。

(2)业务流程内部改进。业务流程内部的改进,是指在某一个业务流程的内部进行优化和提升的过程,主要包括变更岗位角色、变更活动、变更活动连接关系等内容。例如,某企业为了提升安全环保检测的效果,确保安全环保的制度落到实处,在原有业务流程基础上将各个基层单位、各协管部门、各主管领导角色加入流程图中,删除了原有的基层信息填报员角色。变更活动是最为常见的一种优化,如更改活动名称、增加审批活动、删除某一不必要的活动等。变更活动连接关系是指业务活动间的逻辑连接顺序的改变,如某规划审批的流程中,在总经办-主管副总审批前,需进行专家会商诊断,但经过流程优化后,要求主管副总参与诊断过程,流程转变为专家会商诊断后,再经过相关领导审批。

(3)流程内活动细化。业务流程的活动细化主要是对活动描述中的范本要求、指标要求、时限要求、其他要求等进行详细描述的过程,是规划活动操作和精细化管理的重要体现点。例如,为某一业务活动增加活动的范本模板等,具体案例可参考第5章的5.4.3小节的活动描述细化效果或本章表6.2中的示例。

(4)流程自动化点选择与转换。此部分更多与后续的信息化建设一起执行,将业务活动中的重复的、烦躁的、危险的等可以通过计算机等自动化程序执行的过程加以区分,以方便后续信息化和自动化的建设。通过将人工实现的环节转换为计算机自动化实现,可以提高效率,具体示例见本章6.6节的描述。

6.6 从业务流程到信息化解决方案

在如今的信息化时代,业务流程优化一般是和信息化建设一起进行的,即使没有业务流程优化独立项目的建设,在信息化建设项目过程中,也一定会存在业务流程梳理和优化的阶段。下面以"神南矿业有限公司物资共享平台建设"项目的例子,来展示从业务流程优化到信息化建设方案的过程。

6.6.1 项目背景与目标

为盘活各单位库存物资,降低库存储备,根据神南公司《设备及物资统一管理实施办法》(神南司发〔2015〕162号文件)和《落实盘活资产降低库存措施的通知》(神南司发〔2015〕235号文件)的要求,同时根据各单位物资管理系统使用情况,由机电物资管理中心负责把使用某信息技术有限公司软件系统的红柳林矿业公司、柠条塔矿业公司、张家峁矿业公司、神南产业发展公司"三矿一司"物资库存信息统一整合,建立"三矿一司"物资统管平台,实现"三矿一司"库存信息的实时共享、物资计划动态管理、综合信息查询统计。

在"三矿一司"网络互通的前提下,根据"三矿一司"各物资管理系统情况开发接口,服务器端构建基于 SOAP 规范的 Web Service,利用"三矿一司"接口自动获取各单位系统信息。平台主要完成三项工作,即掌握各单位实时库存信息、管理各单位计划上报、查询各单位库龄信息以及计划执行统计。

1.库存信息管理

在平台中可按物资编码精确查询、展示该物资总库存及在"三矿一司"的库存分布情况;可实现按物资名称和规格模糊查询、展示匹配物资总库存及在"三矿一司"的库存分布情况。

2.物资计划管理

各单位在平台中录入各自的统管物资采购计划,经过各单位内部审批后上报机电物资管理中心。机电物资管理中心结合实时库存信息对计划进行利库操作,形成科学的采购计划。该计划经审批后生效,并可在平台中保存相应数据,提供历史数据查询。

3.查询与统计

查询与统计模块能够完成库存信息与计划的明细查询,并能够完成历史采购计划及利库情况的统计工作。根据实际的管理要求按类别、金额、库龄等条件设置数据报表,平台根据实际业务数据自动计算生成报表结果。查询统计结果除日常表格形式外,也可实现简单的图形化数据展示,如饼状图、柱状图等。

6.6.2 业务流程梳理

1.业务需求调研

1)张家峁矿业公司

目前使用的物资系统是由某信息技术公司承建的物资管理系统;物资分类、物资编码已经按照陕煤集团分类编码规则标准进行编制;物资系统的设计支持实时库存查询;当前物资库存管理业务达不到实时查询库存信息的要求,采用先领用月底集中下账的业务模式操作。

2)柠条塔矿业公司

目前使用的物资系统是由某信息技术公司承建的物资管理系统;部分物资的物资分类、物资编码已经按照陕煤集团分类编码规则标准进行编制,尚有部分物资分类、物资编码未按照陕煤集团分类编码规则标准进行编制;系统的库存信息支持实时库存查询。

3）红柳林矿业公司

目前使用的物资系统是由某信息技术公司承建的物资管理系统；物资分类、物资编码未按照陕煤集团分类编码规划标准进行编制；当前的物资系统的库存信息支持实时库存查询。

根据红柳林矿业公司的信息化建设规划，未来一段时间内，可能停用当前的物资管理系统，启用新的物资管理系统；通过调研了解到，新建设的物资系统的库存信息支持实时库存信息查询。

4）神南产业发展公司

目前使用的物资系统是由某信息技术公司承建的物资管理系统；物资分类、物资编码已经按照陕煤集团分类编码规则标准进行编制；系统的库存信息支持实时库存查询。

2. 业务流程梳理

在对业务现状进行调研的前提下，需要按照"五要素一结果"建模法对业务进行逻辑抽象和系统思考，如图6.5和图6.6所示（限于篇幅原因，图中省略了很多细节）。由图6.5和图6.6可以看到，通过图形化的描述，可以更清晰地展示项目目标实现所需要的过程、活动以及组织结构的变化等要求和内容。

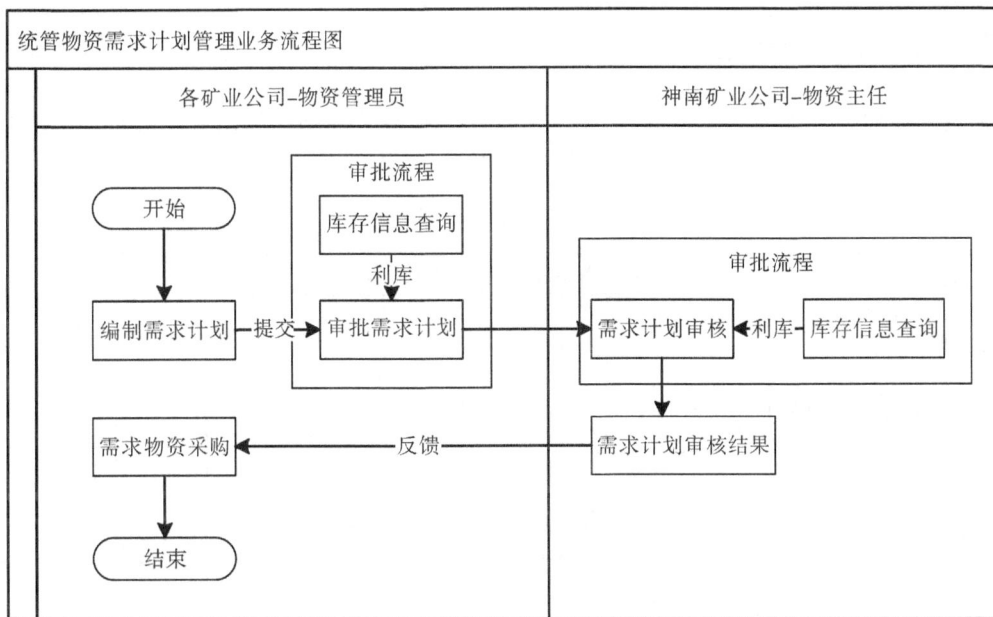

图 6.5　统管物资需求计划管理业务流程图

物资调剂审批流程图

神南矿业-机电物资管理员	各矿业公司（调出单位）-物资员	各矿业公司（调入单位）-物资员

开始 → 编制物资调剂单 → 审批流程 审批调剂单 → 审批流程 审批调剂单 → 审批流程 审批调剂单

打印调剂审批单　　打印调剂审批单　　打印调剂审批单

结束 ← 线下进行物资出入库的调拨调剂业务

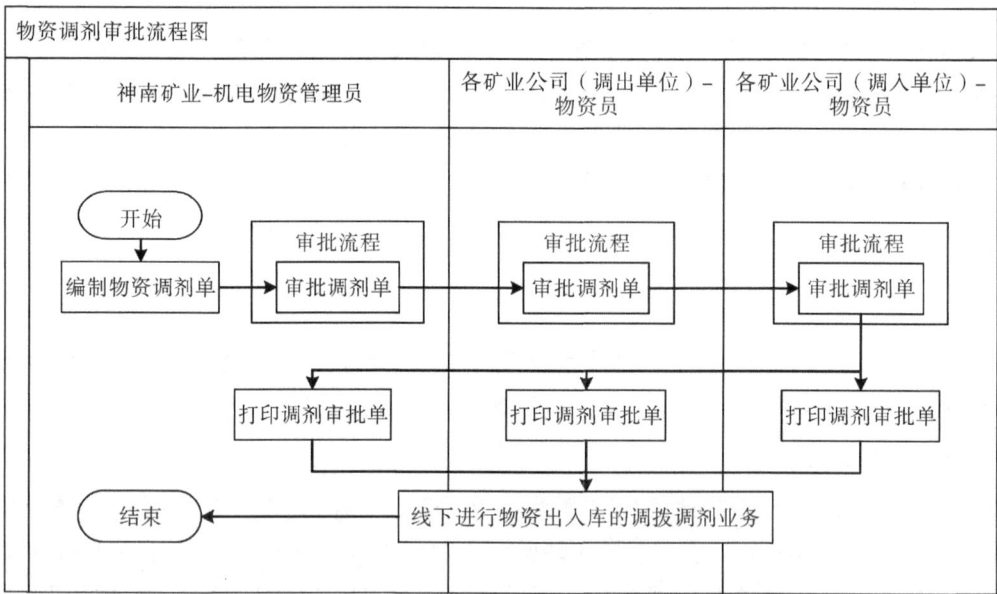

图 6.6　物资调剂审批流程图

6.6.3　系统架构与功能

根据上述业务流程梳理结果，在业务流程图 6.5 和图 6.6 的基础上，进行进一步的分析，可以获得图 6.7 所示的系统架构部署和功能结构图。具体的功能描述如下：

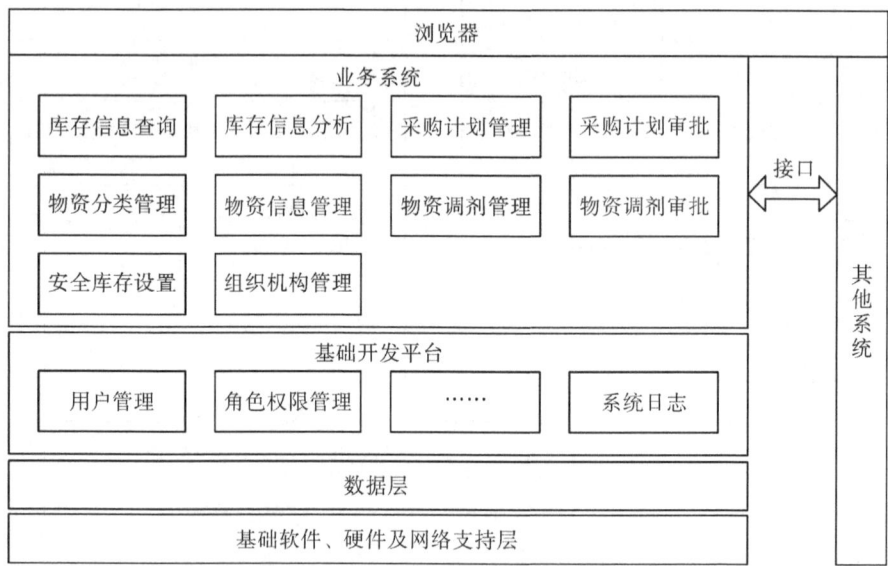

浏览器

业务系统

库存信息查询	库存信息分析	采购计划管理	采购计划审批
物资分类管理	物资信息管理	物资调剂管理	物资调剂审批
安全库存设置	组织机构管理		

接口 ↔

其他系统

基础开发平台

用户管理	角色权限管理	……	系统日志

数据层

基础软件、硬件及网络支持层

图 6.7　系统架构部署及功能结构图

（1）组织机构管理。通过树形结构管理维护公司信息及公司所属的部门信息,如神南矿业公司、张家峁矿业公司、物资管理部;主要功能包括新增、删除、修改、查询等。

（2）物资分类管理。通过树形结构管理维护物资分类信息,如物资的大类、大类所属的中类以及中类所属的小类,通过六位代码对物资类别进行区分;主要功能包括增加、删除、修改、查询等。

（3）物资信息管理。按物资类型管理所有物资信息,比如物资编码、物资名称、所属类型、规格型号、计量单位、长描述等基本信息;主要功能包括新增、修改、删除、查询等。

（4）实时库存获取。通过数据接口与神南产业发展公司、张家峁矿业公司、柠条塔矿业公司、红柳林矿业公司的物资管理系统对接,获取各个公司物资管理系统的实时库存数据,主要功能包括神南产业数据接口、张家峁数据接口、柠条塔数据接口、红柳林数据接口。

（5）采购计划管理。对各个公司的物资采购计划进行管理维护,包括计划采购单位、计划采购物资、计划采购数量等信息;主要功能包括新增、删除、修改、查询、查看信息、提交、导入、导出等。

（6）采购计划审批。通过审批流程的自定义设置,设置采购计划审批流;根据审批流程定义的采购计划审批流,对提交的物资采购计划进行逐级审批,在审批过程中,审批人对采购计划的物资数量可进行修正。

（7）物资调剂管理。机电物资管理中心根据采购计划和利库信息,编制物资调剂单,经过机电物资管理中心、调出单位、调入单位审批,形成物资调剂审批单;主要功能包括新增、删除、修改、查询、查看信息、提交、导入、导出、打印等。

（8）物资调剂审批。通过审批流程的自定义设置,设置物资调剂审批流;根据审批流程定义的物资调剂审批流,对提交的物资调剂单进行逐级审批,在审批过程中,审批人对物资调剂单的物资数量可进行修正。

（9）安全库存设置。为了保证企业安全生产的正常进行,对有些物资需要进行储备备用,该物资必须储备的数量称为该物资的"安全库存";对物资的安全库存进行管理维护,主要功能包括增加、删除、修改、查询等。

（10）库存信息查询。通过物资类别、库龄、金额、合同编号、供应商等不同的查询维度,对通过数据接口获取各公司的库存信息进行查询,形成不同的统计汇总、明细报表。

（11）实时库存对比分析。通过不同的统计维度,对库存信息进行统计分析;通过柱状图、饼状图、曲线图对物资库存信息进行对比展示,使得用户能够更直观地查看。

（12）系统用户信息管理。对系统用户进行管理维护,比如用户名、密码等信息;主要功能包括新增、修改、删除、启用、禁用等。

（13）角色权限管理。对使用系统的用户进行角色划分,通过对角色的功能权限控制,达到对用户的功能权限的控制;主要功能包括新增、删除、修改、组织机构授权、功能授权等。

6.6.4　业务流程与信息化的相互促进

业务流程优化和信息化建设具有相互促进的作用。首先,信息化或自动化是业务流程优化的主要手段和内容,随着社会总体劳动力资源趋于枯竭,以及信息化管理手段在企业内部扮演的作用越来越重要,信息化与自动化已经成为很多企业进行流程优化的首选。其次,信息化建设以及自动化处理的作业互动,可以有效地提高业务流程的有效性和效率,使业务流程优化的结果落到实处。

(1)可以使人从机械的劳动中抽离出来。将具有逻辑性和重复性的动作从人一端转移到计算机端,可以实现工作质量的大幅提升,提升人员的智力活动成效。例如在本项目中,可以将"三矿一司"间的沟通模式从过往的手工文件操作模式解放出来,对于一些简单的汇总、利库等功能都可以通过计算机实现。

(2)可以减少员工对枯燥作业的厌倦。枯燥的作业会使人产生厌倦的情绪,不利于保持良好的精神状态,把单调乏味的工作进行自动化处理,可以提升员工的工作效率。例如在本项目中,可以将三个不同子公司间的库存数据进行实时共享,防止每到月末进行利库时,物资管理人员进行机械的核对工作。

(3)业务流程梳理可以提升数据分析的应用效果。通过信息化手段可以实现数据的自动采集,消除了信息的不一致性,同时通过信息化手段可以实现数据分析结果对流程应用的效果反馈。例如在本项目中,数据信息之间的交互是通过网络实时传递的,可以实现相关报表的定制来服务领导。此外,信息系统的应用程度和效果还可以对业务流程的优化和改进,提供问题诊断的真实数据源,进一步确定数据偏差的原因。

6.7　本章小结

业务流程优化只有起点没有终点,是一个动态的平衡过程。根据两化融合管理体系的规范框架,业务流程优化和组织结构优化也是信息化建设的前提,是实施两化融合四要素中的重要组成部分。本章通过对业务流程价值手册的重要价值和业务流程优化的基本原则、逻辑阶段进行总结,得出了业务流程优化的基本策略和具体方法,并通过一个具体的项目案例阐述了业务流程优化和信息化方案之间的关系,展示了从业务流程优化到信息化方案的渐进过程,以及其相互促进的作用。

第7章
业务数据血缘图的绘制：
工具与方法

　　系统的业务人员需要从数据的视角审视业务流程系统，因为数据既是业务流程中的组成部分，也是业务流程的产生结果。用图形化的方法来刻画业务系统中的数据处理过程和数据流关系是分析人员常用的方法。传统的业务流程图只是对流程之间的输入和输出进行宽泛性概述。本书第5章"五要素—结果"建模法中，已经对全部活动过程的输入/输出进行了系统化的阐述，本章在此基础上采用数据血缘理念来对业务活动的数据进行表示和分析其详细过程。同传统的对数据进行解释性描述相比，本章所提出的业务数据血缘图分析方法，主要有4个优点：一是不需要过多的技术基础和实现能力，所有的业务人员都可以轻松掌握和使用；二是可以从最终成果的视角更容易地理解所有业务流程间的相互关系；三是可以通过业务数据血缘图加深对业务的理解，并将知识有效传递给其他人员；四是通过数据血缘分析所得出的结果，可以更加清楚地判断已经定义好的业务流程是否具备必要的数据和过程，从而对业务流程进行持续优化。

7.1　业务数据血缘图及基础规范

7.1.1　业务数据血缘图的概念

　　企业内的业务人员和管理者，尤其是高层级的管理者，想要更好地了解业务过程信息，就需要对数据在整个组织中的流动、处理和传递有一个整体的概念和大致的印象。尽管文字化的数据描述可以对业务流程中的数据进行叙述，但是可视化的图形信息可以以一种更有效的方式帮助业务人员明确并共享这些信息。这里先介绍一下数据血缘和血缘分析这两组基础概念。

　　数据血缘（data lineage），是数据生命周期的一种，包括数据的起源以及到当前位置的完整路径描述，帮助用户分析信息的使用过程并且追溯每一个节点上有特定用途的信息。

　　血缘分析（lineage analysis），也即血统分析，是通过对数据处理过程的全面追踪，从而找到以某个数据对象为起点的所有相关元数据对象以及这些元数据对象之间的关系。它是对数据对象内在关系的一种映射，同时，还结合了时间顺序、递次关系，也能够反映出一定的相关性和因果关系。

　　本章所展示的业务数据血缘图（business data lineage diagram，BDLD），采用图形化的结构化分析技术,使业务流程的分析人员能够对整个组织中所有活动的数据处理过程进行图形化的描述,且通过简要的符号标识,业务分析人员就能够对"五要素—结果"建模的业务流程进行数据处理过程的图形化表述与分析,并提供相关的文档资料供后续升级。

7.1.2 业务数据血缘图的制图规范

业务数据血缘图用4个基本的符号来对业务流程中的数据处理和流动进行标识,如表7.1所示。这4个基本的标识符是:圆角矩形、箭头、方角矩形和虚线方框的组合以及末端开口的矩形,通过这4个基础的符号,就可以对整个业务流程的活动的相关数据进行图形化的分析和描述。

表 7.1 业务数据血缘图中的 4 个基本符号

序号	符号	含义解释	示例
1		数据实体	任务
2		数据流	── 任务信息 ➤
3		业务流程	编号：01-01 任务监管流程
4		数据存储	任务信息表

圆角矩形标识符用来描述对业务流程图中输入/输出进行细粒度拆解后的实体(实体是客观世界中存在的可以相互区别的事物,如一个任务、一个部门、一个报表、一台机器等),它可以作为某个活动的输入(外部向活动发送数据)或者某个活动的输出(活动向外发送数据)。数据实体是从数据层面对数据源或者数据目标的刻画,每一个数据实体都有一个合适的和对应事物吻合的名称,一般以名词来进行命名。为了避免数据线之间的交叉和图形的简洁,相同的数据实体可以使用多次。

箭头线表示数据实体之间的时间和递次关系,这种关系有可能是数据实体状态之间的转换(比如,不同部门相同任务计划的汇总与审批),数据从一个地方转移到另一个地方(比如,检修项目的立项审批批复会传递到项目实施的立项表中),或者是数据之间存在着一种时间、递次或者依赖关系(比如,项目实施前的立项计划会对项目的施工方案产生影响)。箭头指向的数据实体关系影响目标数据实体,为了对同时发生的多个数据流进行表示,可以用两条或者两条以上的平行箭头来表示。因为箭头表示的是数据实体之间的时间和递次关系,因此也用名词进行命名。

方角矩形和虚线方框的组合用于表示某个流程的抽象,流程内或者流程间的数据流意味着数据实体间的关系相互影响或者改变。数据实体间的关系分为内部关系和外部关系,在进行业务数据血缘图绘制时,需要对内部数据之间(流程内)的关系和外部数据(流程间)之间的影响进行加以区分,因为在实际业务操作中,流程间的数据传递往往是某个业务阶段的重要划分或者业务间的重要数据流转,流程内的数据是各个业务活动间的联系的媒介。按照第5章流程建模的方法,每一个流程都有一个唯一的编号,因此流程间的初次关联代表了数据血缘图的最上一个层次,后续章节会对此继续进行讨论。可见,通过对活动间或者流程间的数据流进行检查,可以发现业务流程图中的漏洞或问题。

在业务数据血缘图中,使用末端开口的矩形来代表数据存储。在绘制时,先画一个小矩形,并用颜色填充处理,然后在矩形的一侧画两条平行线即可,同时平行线间的宽度要合适,因为平行线之间需要放置标识文字。在本书的业务数据血缘图中,无须指定数据的存储格式或者类型,因此数据存储标识符仅表示允许数据的检查、添加和检索存储数据库。数据存储可以是线下的存储方式,如一个文件传真,也可以是线上的计算机系统所能识别的格式化、非格式化数据库或者电子文件。数据存储一般用名词加以命名,因为数据存储一般表示人、地点或者事物。在业务数据血缘图中,每个流程所有相关的数据都会进行列示,并进行逻辑关联,因此可以在具体实现时,对每一个数据存储赋予一个唯一的引用号,以便进行索引。

7.2 业务数据血缘图的绘制

业务数据血缘图的绘制目的是去除业务流程中的动作,从结果的角度审视业务数据之间的时间、递次和逻辑关系,因此需要将系统的业务数据全部展现出来,这样才能对业务数据有一个整体性的了解。表7.2对绘制业务数据血缘图的基本动作和步骤进行了总结。

表 7.2 BDLD 绘制的基本步骤

动作顺序	作用
1. 确定流程关系	确定业务流程的列表,确定业务流程间的关联关系;根据流程间的关联关系,创建流程间的上下文图
2. 开发表单范本关系图	针对每一个业务流程内活动的输入和输出,展示表单范本间的数据递次关系
3. 拆分数据实体	对表单范本进行拆分形成数据实体,并保持实体的一般化抽象
4. 创建业务数据血缘图	对抽象化的实体,绘制血缘关系图,展示数据实体间的时间、逻辑和递次关系
5. 检查错误并修正	检查血缘图中是否有错误,确保每一个实体及数据流转标签等有意义
6. 开发物理数据血缘图	在逻辑图的基础上,确定数据实体的核心数据内容,显示数据存储,区别数据的人工采集和自动采集,为后续的数据库设计提供基础
7. 分割业务数据血缘图	用分离或者分组来划分业务数据血缘图,为后续信息化工具支撑提供便利

要开始BDLD的绘制,首先要在系统业务流程图的基础上,根据流程间的关联关系,绘制业务流程上下文图(这有助于确定业务的边界),接着根据业务活动的输入和输出表单进行实

体化的拆分和抽象,在准备好业务数据实体后,就可以绘制业务数据血缘图了。在绘制业务数据血缘图时,需要遵从以下几项最基本的原则:

(1)BDLD 是在业务流程图之上的细化分析,任何 BDLD 都必须要有一个流程,不能有独立于业务流程的数据实体,也不能有连接到自己的对象。

(2)每一个业务流程都存在至少一个数据实体,并对流程内的数据实体交互和流程间的数据实体交互(采用虚拟实体的方式)进行区分表示。

(3)一个数据存储应该至少连接到一个数据实体,多个数据实体可以共享一个数据存储。

(4)流程间的数据通信必须通过虚拟实体完成,流程间的实体不能直接相连,虽然它们之间是直接独立通信的。

7.2.1 业务流程上下文图

通过表 7.2 所示的步骤绘制业务数据血缘关系图。数据血缘关系图会逐渐向细化的程度发展,这就需要在整体层面用一张图帮助业务人员构建系统的数据移动的概念,但是上下文图的一般性质限制了它的用途。本书中的业务流程上下文图针对整体业务的全貌,包括所有的业务流程及其间的整体关系。这里所构建的业务流程上下文图是一个最上层次的图,仅仅是限定系统边界和范围,构思业务数据血缘图的最基本的样子。

业务流程上下文图是业务数据血缘图中的最高层级,是一个图形化的整体形象展示,后续的所有数据实体及关系绘制都要在业务流程上下文图的基础上展开。业务流程上下文图不包含任何的数据存储等内容,创建也非常简单(如图 7.1 所示),主要让相关的阅读人员理解存在多少个业务流程以及流程间主要的数据流转就可以了。

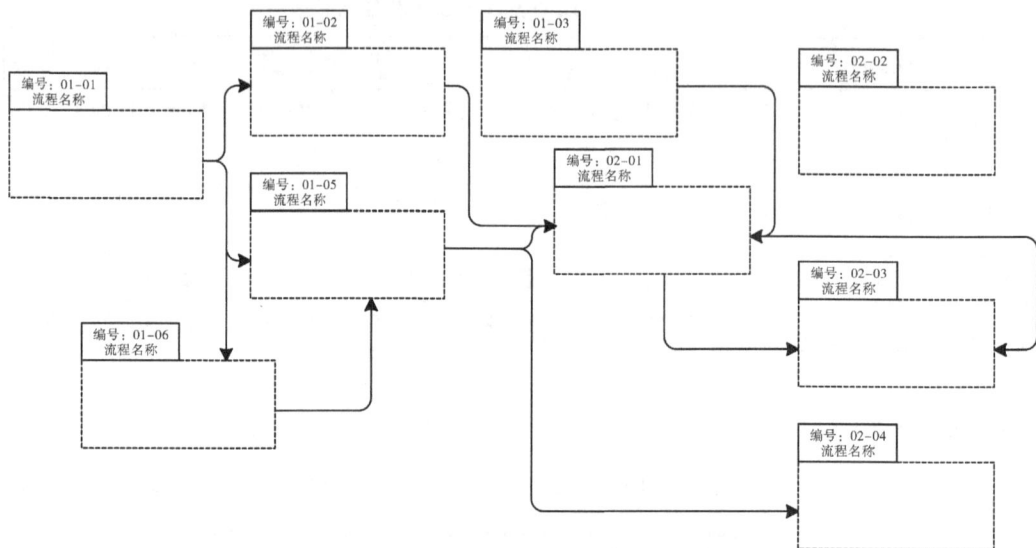

图 7.1 业务流程上下文图示例

7.2.2 开发表单范本关系图

通过对业务流程上下文图进行分解或细化，可以得到更多的细节。在每一个业务流程图建模结果的基础上，主要通过业务流程图、活动描述、输入、输出等环节的结果(详见第5章"五要素—结果"建模法的5.2节)，展示出业务流程内部及流程间的数据表单范本的简要交互逻辑，这也就是在业务流程上下文图的基础上，对每一个流程内的数据内容进行了一次细化。在细化时，一般以业务线为单位，一条业务线一张图(如果流程较为复杂，可以采用一个流程一张图的方式进行绘制)，同时，在细化的图形内，可以补充相关的数据细节。

在对每一个业务流程图内的输入/输出进行细化时，不宜包含太多的内容，如果过细将会导致图形难以理解而混乱。在业务流程上下文图中，已经对每一个业务流程图进行了编号说明，这时可以按顺序进行，同时尽可能将流程间的数据联系放置在表单范本层级(如果在此阶段不能明确流程间的关联在某一个具体的表单范本上，则先保持图中的流程间关联关系不变)。在业务流程上下文图基础上细化的表单范本关系示意图如图7.2所示(在图中用文件标识符代表输入、输出文件，因为这个标识符只是中间状态，因此在表7.1的基本符号列示中并没有给出)，可以看到，在表单范本关系图中对业务流程上下文图进行了补充，有了更多的细节性描述。

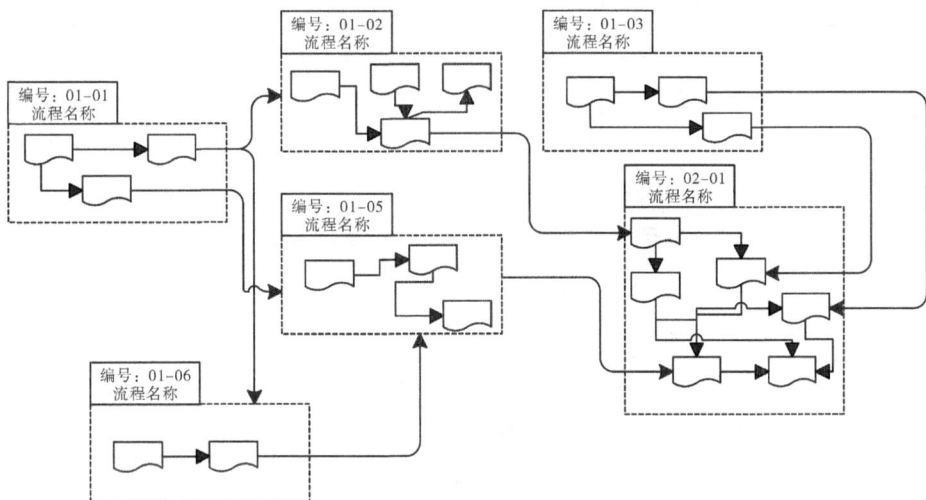

图7.2 在业务流程上下文图基础上生成表单范本关系图示例

图7.1所示业务流程上下文图是二维扩展的，因此在实际进行表单范本关系图的细化时，可以从任意一个流程开始，然后再根据流程间的关联关系，进行任意方向的扩展。如果在某一个流程处，不能确定所包括的表单范本和外部的流程间的关系，则选择另外一个流程开始进行。开发表单范本关系图主要的工作内容和过程如下：

(1)从任意一个流程入手来开始绘制表单范本关系图。根据业务流程图的活动描述，确定进入流程的数据会怎样流转与作用。

(2)查看流程是否和另外一个流程存在数据的关联关系，即一个流程的输出是否会作为另一个流程的输入来处理。如果存在这样的关系,则找到是流程内的哪一个表单范本作了中间的媒介,并且输出到了哪一个流程的表单范本,在图上通过连线将这两个表单范本关联起来。

(3)检查表单范本所形成的基本数据流转图,并思考这些表单范本除业务活动的逻辑关系所带来的时间和递次关系之外,是否还有其他的关联或者影响关系。在最为理想的状况下,可以对正在分析的所有业务表单范本的关系进行全景化展示。

(4)在分析过程中,对一些模糊的问题,如不能确定流程间的关联的表单范本,不清楚关联之间的关系到底是逻辑关系、时间顺序还是其他的影响分析等,此时可以对这些模糊不清的问题进行整理和记录,这样就形成了一个可能存在的问题列表,以待后面在进行相互业务交流时予以明确。

7.2.3 创建业务数据血缘图

1.拆分数据实体

为了在图7.2所示的表单范本关系图基础上继续细化,获得更详细的业务数据实体血缘关系图,需要对表单范本进行拆解,分解为更细粒度的数据实体(或者数据集实体)。这里所描述的数据实体和信息化建设阶段系统分析或者设计中的数据实体概念有点区别,这里的数据实体只是表述在业务流程活动进行中,所关联的、现实存在的并且可以相互区分的数据项,在业务流程实际执行中,一般表现为某个报告、报表等内容。对于数据实体的拆分粒度,没有统一的标准,分析人员一般根据业务的实际需要进行,但是一定要比表单范本的粒度更细,也即一个表单范本会拆解成一个或者多个数据实体,这样就可以使业务数据血缘图的描述能力更加详细。

表7.3是某个项目立项流程所涉及的表单范本,该流程的主要工作是通过基层单位进行编制、上报年度项目投资计划,公司总部对计划进行审批,并下达项目计划批复,然后实施的过程。拆分数据实体的动作是根据业务表单范本,拆分出现实中存在的可区别的事物的过程,结果如表7.4所示。

表 7.3 某业务流程内活动涉及的表单范本

序号	报表范本名称
1	年度项目计划表(Excel 表样)
2	项目投资计划申请表(Excel 表样)
3	会议审查纪要(Word 范本)
4	年度项目计划通知(Word 范本)
5	年度×××万元以上项目明细(Excel 表样)
6	年度项目资金计划(Excel 表样)
7	年度项目资金计划通知(Word 范本)
8	年度项目调整计划(Excel 表样)
9	年度项目资金调整计划批复(PDF 范本)
10	项目完成情况报告(Word 范本)

表 7.4　项目立项流程表单范本数据实体拆分结果

实体编号	对应表单范本	数据集实体
T1	年度项目计划表（Excel 表样）	年度××万元以下项目计划
T2	年度项目计划表（Excel 表样）	年度××万元及以上项目计划
T3	年度项目计划表（Excel 表样）	年度××万元项目计划申请
T4	年度项目计划表（Excel 表样）	年度××万元及以上项目计划申请
T5	项目投资计划申请表（Excel 表样）	年度××万元以下项目投资计划
T6	项目投资计划申请表（Excel 表样）	年度××万元及以上项目投资计划
T7	项目投资计划申请表（Excel 表样）	年度重大项目投资计划
T8	项目投资计划申请表（Excel 表样）	年度项目投资计划汇总
T9	年度项目计划通知（Word 范本）	项目费用调整请示
T10	会议审查纪要（Word 范本）	会议纪要
T11	年度项目计划通知（Word 范本）	项目计划和投资的通知
T12	年度×××万元以上项目明细（Excel 表样）	年度×××万元以上项目明细表
T13	年度项目资金计划（Excel 表样）	财务全年项目资金计划
T14	年度项目资金计划通知（Word 范本）	年度项目资金计划通知
T15	年度项目调整计划（Excel 表样）	年度项目调整计划
T16	年度项目资金调整计划批复（PDF 范本）	年度项目调整计划批复
T17	项目完成情况报告（Word 范本）	年度项目投资情况完成报告

2.绘制数据实体血缘图

基于图 7.2 所示的表单范本关系图以及表 7.4 中所展示的数据实体拆分结果，可以绘制业务数据实体血缘图。创建或者开发 BDLD 的主要原则是：依据表单范本拆分的数据实体间的逻辑关系要符合表单范本间的逻辑关系（按照"五要素一结果"建模法产生的数据实体可以不和其他的任何数据实体间产生联系，即可能存在孤立的数据实体的情况）。

数据实体血缘关系图是表单范本关系图的细化，如表 7.3 中的表单范本年度项目计划表（Excel 表样），拆分成了年度××万元以下项目计划、年度××万元及以上项目计划、年度××万元项目计划申请、年度××万元及以上项目计划申请 4 个数据实体，这是一个对数据进行规范和细化的过程。

同时可以看到，在图 7.3 中存在一个虚线的圆圈图，这个表示的是某个流程的输出（本书中称之为虚拟实体）。某个流程内的多个数据集实体会汇聚到这个虚拟实体中（如图 7.3 中的虚拟实体"项目计划"），再由虚拟实体转移到其他流程的某一个实体上，来表明流程间的数据实体交互的递次或时间顺序关系。

编号：01-01
项目计划流程

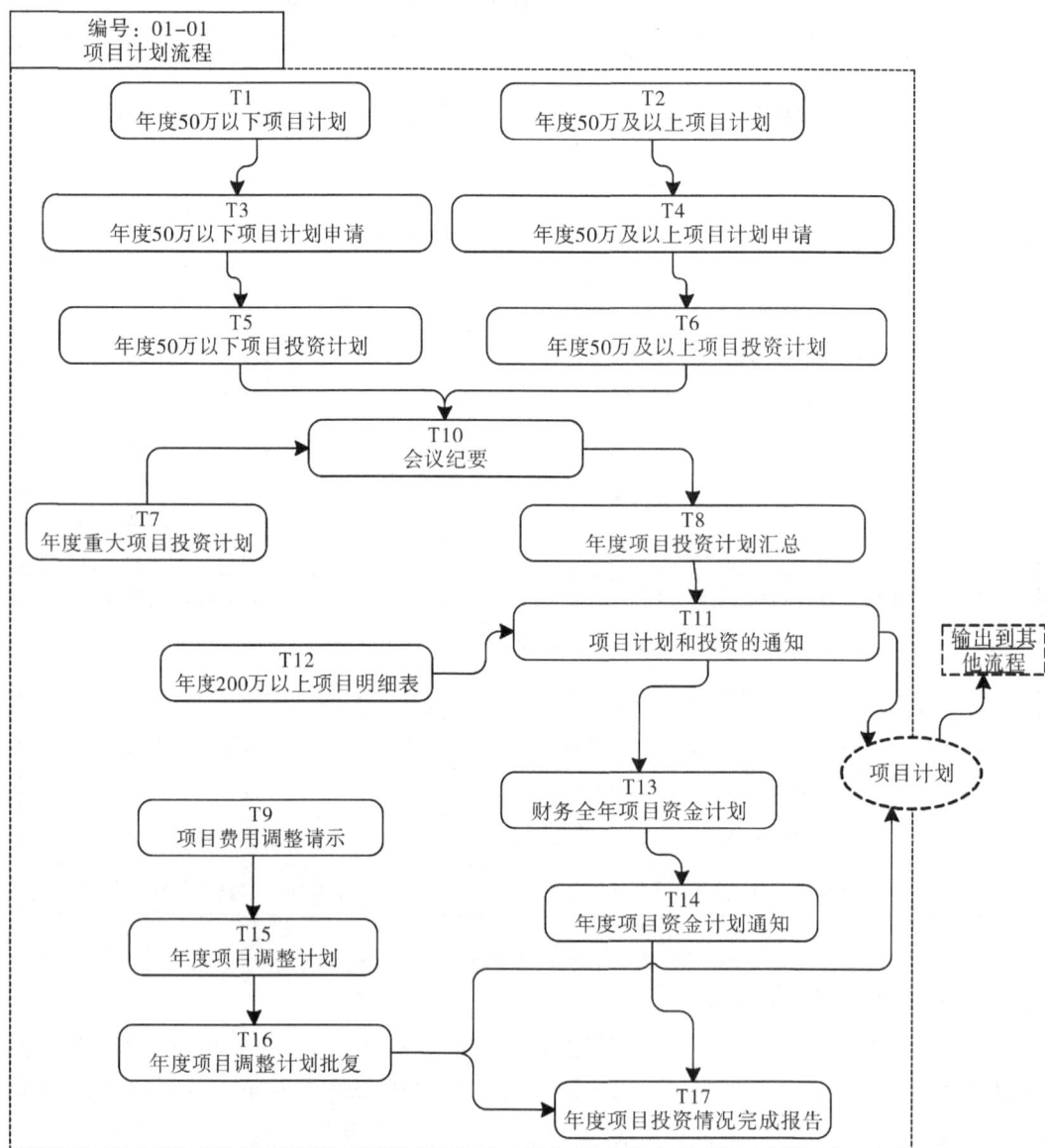

图 7.3　业务数据实体血缘关系图示例

7.2.4　业务数据血缘图的校验与更正

在绘制业务数据血缘图的时候，经常会产生很多错误，需要对绘制的结果进行校验并更正。这里将绘制业务数据血缘图时常见的错误列示如下：

（1）数据实体脱离某一个业务流程而存在。按照前述的基础规范，BDLD是在业务流程基础上进行的数据血缘分析，因此每一个数据实体必然产生于某一个业务流程。但是在绘制的过程中，常见的现象是，随着数据实体的拆分和绘制，发现需要来自其他流程的数据实体支撑，但是在原业务流程中，并没有绘制对应的表单和实体，为了便捷，分析人员往往在流程外绘制一个数据实体并进行关联。这是错误的绘制方法,正确的方法是更改数据流程图,确保数据实体的依赖来源存在且正确。

(2)数据实体的拆分粒度不一致。将表单范本拆分成数据实体,是数据实体血缘关系图绘制的重要步骤,也是 BDLD 的效果成功的关键。常见的问题是,对于不同流程的表单范本,在拆分时粒度不一致,例如,有的分析过程只是简单地将表单范本作为数据实体,有的直接将表单范本按照数据库设计的理念进行了 BCNF 范式的构建。这些都是错误的做法,正确的方法是从业务的视角出发,按照业务相互区分的原则,对表单范本进行细化拆解,并确保所有的业务流程的拆解思路和粒度相一致。

(3)忘记包含数据实体间的一个数据流。这有很多的原因,常见的有两类,一类是由于在抽象表单范本间的逻辑关系时没有进行完整的抽象,一类是在由表单范本拆解为数据实体之后,没有对细粒度数据实体间的关系进行表述。正确的方法是在进行业务数据实体血缘图的绘制时,不断审视业务数据实体间的关系,并不断更新。

(4)数据流的箭头指示方向错误。例如,在绘制数据实体间的时间、递次、逻辑或者顺序关系时,往往由于理解的原因或者操作的失误,将数据流向箭头画反了方向,这可能在后续的分析过程中导致错误或者未知的错误。

(5)流程间的数据实体联系在了一起。按照图 7.3 所示的示例,流程间的输入/输出,统一通过虚拟实体来完成,这有助于后续数据库设计和分析过程,但有时在分析的过程中,分析员为了简便,直接对流程间的两个数据实体进行了关联,这不符合本书所提的整体技术规范和原则。

(6)没有正确地标记数据实体和数据流等。在绘制过程中及绘制完成时,需要仔细检查 BDLD,确保每一个流程、数据实体、数据流、数据存储等数据名称都进行了正确的命名和标记,命名和标记一般使用名词或者"动词—形容词—名词"的格式进行。

(7)图形展示的是一个简单的线性标记。在绘制结束时,仔细地检查 BDLD 中是否存在着大量的线性图,即多个数据实体之间简单地通过一个线性流进行了顺序关联。在业务数据实体层级,一般不会出现线性数据流,除非是非常详细的流程图(如飞机检修操控作业流程等)。线性流的出现通常是忽略了数据实体间的某些关联关系。在业务数据实体血缘图查验时,如发现了线性图(或者阶段线性)的现象,要仔细对 BDLD 进行核验和分析,确保其涵盖了全部的数据实体间的关系。

7.3 业务数据血缘图与系统分析

和数据库设计的 E-R 图相类似,业务数据实体血缘图也分为逻辑血缘图和物理血缘图两种。逻辑血缘图重点考虑的是业务数据实体之间的运转方式,描述的是所有业务活动涉及的数据,以及数据之间的流转。物理血缘图更侧重于系统实现的层面,为后面的数据库设计和软件实现打下基础。逻辑血缘图展示的是业务数据层面的关系,而物理血缘图展示的是系统实现层面的关系。

按照两化融合的基础理论,在信息化建设之前需要进行业务流程梳理和优化,通过业务流程梳理的结果,进行有效分析,然后进行数据血缘关系分析,接着进一步的细化就可以达到系统开发的目的,这个细化最佳实践方法的过程而产生的结果就是物理数据血缘关系图。

创建业务数据实体间的逻辑血缘图,有助于更加清楚地了解当前的业务系统是如何进行运转的,也更容易和相关业务人员进行沟通,因为业务人员每天都在面对的就是这些结果性的表单范本或者数据实体。逻辑血缘图的建模结果可以为信息化建设阶段的系统分析和设计创建逻辑模型提供很好的起点和基础,本书坚持在业务流程建模的基础上进行业务数据逻辑血缘图分析,是因为经过有效的转移和传递,后续的软件系统分析和开发人员可以直接使用这些成果,更快地开始下一阶段的工作。若是系统的升级,可以取消旧系统中不需要的数据流转,也可以加入新的数据转换关系,如数据状态的增加、数据利用的升级等,这样该方法也就可以保证旧流程或系统的基本特征保留在新的系统中。此外,在构建新的软件系统时,本章所提出的业务数据实体血缘关系逻辑模型可以作为新建系统的基础,为新系统的构建和设计提供过渡的基础,也可作为软件分析等技术人员和业务人员沟通的靶点,在开发了新的系统逻辑模型之后,就可以进行后续的软件开发工作。

7.3.1 逻辑血缘关系图

图 7.3 展示的就是本章中所提出的业务数据逻辑血缘关系图的示例,使用这样的数据逻辑血缘关系图有很多的好处,具体如下:

(1)为软件系统分析人员和业务人员交流提供了界面;

(2)使用逻辑血缘图,可以使业务人员对业务的运转有很好的整体性了解;

(3)有助于各个环节的人员更好地了解业务;

(4)有助于业务流程梳理人员,透过数据的视角反查业务流程的适宜性;

(5)逻辑血缘关系图较为灵活,更容易维护和检索;

(6)构建逻辑血缘关系图的过程,可以消除冗余,为更好地构建信息系统数据架构打下基础。

尤其是和业务人员进行交流时,包括不同业务间的人员进行交流时,逻辑血缘关系图更加容易使用,因为这个图形是从业务视角出发的,是以业务活动中的数据结果为中心的。不同的人员通过逻辑血缘关系图都可以熟悉业务,并获得很多的信息。

另外,使用业务数据逻辑血缘关系图会使构建的系统更加稳定,因为它是在业务流程梳理和优化的基础上进行的,同时又是基于业务活动的结果视角出发的,并不像一些其他方法是基于技术视角或者特定的实现方法。同时,业务数据逻辑血缘关系图表示的是系统的业务特征,而不管后续采用何种物理手段来存储或者执行业务。例如,图 7.3 中所示的立项申请和立项资金计划申请的过程,不管是采用电子化的系统还是手工填报或者是纸质版的单据传递,这些活动都将会发生。

7.3.2 物理血缘关系图

在完成业务数据逻辑血缘关系图之后,就可以在此基础上开发业务数据物理血缘关系图,物理血缘关系图更倾向于如何构建系统,如何在后续的数据库设计视角分析问题。和业务数

据逻辑血缘关系图的优势相类似,业务数据物理血缘关系图也有很多的好处,包括但不限于以下部分:

(1)说明哪些是需要手工操作的,哪些是电子化操作的;

(2)其比业务数据逻辑血缘关系图更加详细,能更加详细地描述数据交互过程;

(3)数据的状态转换是和业务活动顺序高度相关的,必须按照特定的顺序完成过程;

(4)对临时存储的数据、永久存储的数据分别进行存储;

(5)有时会增加一些能正确地完成过程控制的条件约束或限制。

业务数据物理血缘关系图通常比业务数据逻辑血缘关系图更加复杂,也更难于被业务人员所理解。在物理血缘关系图中,会包括诸如人工手动操作过程、增删改查数据记录的过程、数据输入和验证、确保正确数据的输入确认过程、重新安排数据记录顺序确保业务活动顺序一致、产生唯一的系统输出、中间数据存储、数据库设计或者存储的实际实体名称存储、表示任务完成或者错误条件的控制等内容。

业务数据物理血缘关系图更加详细,更多的原因是源自增加数据的存储和优化等内容,和存储文件相关的必须包括的业务活动,并且转换为对数据操作的四个基本动作:增加、删除、修改、查询。尤其需要注意的是,有些业务活动会包括多个步骤,如键入电话号码数据时的验证、进行权限数据输入后的验证等,这些也可以放在业务数据物理血缘关系图中进行详细说明。

业务数据物理血缘关系图的中间数据存储,往往在后期计算机实现时是一个事务性的文件或者一个临时数据库表,用来存储业务活动操作导致的数据状态转换的中间数据。因为大多数需要访问给定数据集的过程,不可能在同一时刻执行,因此必须用事务性的过程来保证过程之间数据传递的正确性。例如,一个典型的电商过程为:在网上选择要购买的商品,进入购物车,点击网上电子支付,物理邮寄货物,收到货物验收后结束。可见,虽然在业务流程中,存在着多个不同的活动(选择商品、购物车确认、电子支付、邮寄货物、货物确认),但是整个过程的连接是一个事务性存储的数据库,该数据库对订单状态的信息不断更新。

业务数据物理血缘关系图中还有可能包含时间信息,相比较于业务数据逻辑血缘关系图的逻辑和递次关系而言,业务数据物理血缘关系图的时间顺序会比逻辑血缘关系图更加线性化。对每个业务活动的输入和输出进行仔细分析,就可以创建业务数据物理血缘关系图。对于来自流程外部的数据实体,一般是启动业务活动的初始数据集,而流程输出到其他流程的数据实体称为响应数据集,因为其一般是以某个活动的结果为输出的。通过对所有业务数据实体逻辑血缘关系图进行分析,可以确定一些基本的数据元素(在后期的数据库设计阶段,这个部分称为数据库字段),这些基本元素应该存储在一些基本书件或者数据库中。如图7.4所示,项目年度计划信息是该流程的主要信息,所有的活动都会围绕着这个数据存储进行。

传统的针对数据逻辑流图构建物理数据流图的主要方法是为每一个事件或者重要的业务活动创建一个简单的流图,将事件或活动作为触发器进行启动,对数据进行输入和输出处理,也有的方法将每一个事件或活动概括为一个用例,并参照UML的用例图方法(详见第3章常用UML的介绍)定义活动、出发及数据的输入和输出。使用事件或活动构建的原因是,业务人员熟悉业务领域中发生的事件或活动,知道事件或者活动是如何驱动其他活动的,这些内容在第5章中介绍的"五要素一结果"建模法九部分的活动细化中已经进行了详细说明,这里从

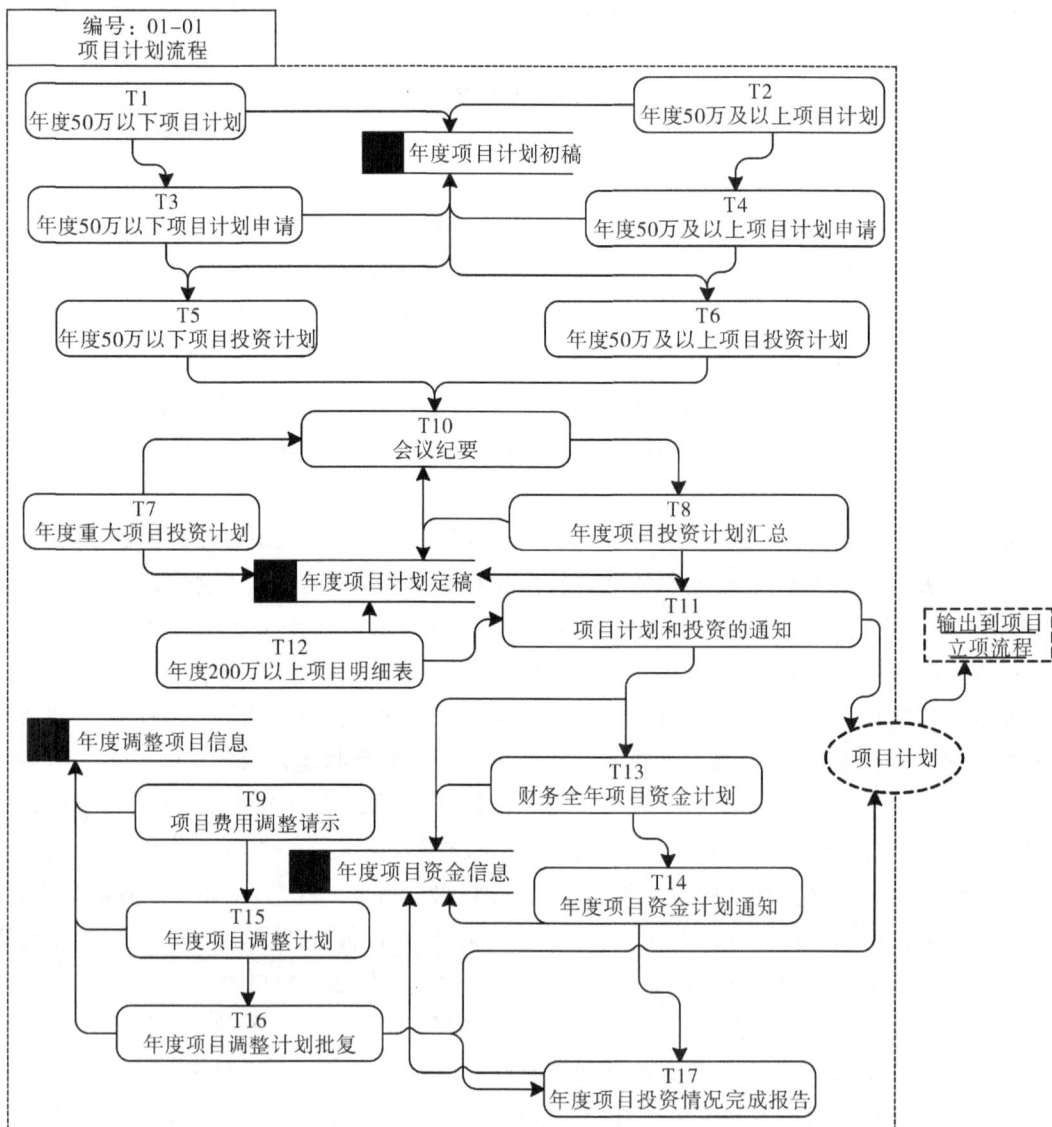

图 7.4　业务数据实体物理血缘关系图示例

流程和活动结果的角度,在整体上对数据存储的细节进行分析,通过对每个活动的数据存储分析,可以轻松地构建数据字典,并提出相关的修改意见。

7.3.3　业务数据血缘图的分割

对业务数据血缘图进行检查并分离成计算机应用程序的功能模块或者人工不同环节的过程,称为业务数据血缘图的分割。首先在数据层面进行状态的逻辑划分,以确定其是通过人工处理还是通过计算机电子化或者自动化处理,同时为了简便起见,一般将针对同一数据同一状态处理的过程封装为同一个功能模块,这样进行操作的主要原因包括但不限于以下几个方面:

(1)不同的职能工作组。业务流程中虽然按照业务线将不同岗位的用户在同一个流程图上进行了列示,但是不同角色的人处理同一数据还是要进行有效分割。

(2)针对数据的更新操作时间。如果两个或者多个活动在不同的时间对数据进行相关检查和操作,则需要将其分割为两个不同的部分,同时时间问题也可能和页面的类型或者加载响应时间有关。例如,移动端的界面比电脑端的界面要简洁一些,因此需要将电脑端的界面约简成几个部分,或者一个页面的数据加载过多会导致程序缓慢,需要控制加载数据的量。

(3)相类似或者相同的数据操作可以合并为一个功能模块。如果有两个或者以上的活动执行类似的任务,则可以把它们合并成一个功能模块组。

(4)数据一致性的校验需求。为了保证前后数据的一致性,可以把若干个数据处理合并成一个功能程序。例如,对立项后的项目执行状态统计时,项目基层单位可以按照以周为单位产生"快照",并共享给所有人,确保大家对项目状态在周为时间的粒度上是保持一致的。

(5)安全或者效率的考量。为了有效处理相关数据,可以将两个或多个数据处理合并为一个功能模块,同时出于安全考虑,为了保证数据的"可用性、保密性、完整性",可以将数据处理分割成多个组成部分,尤其是需要将用户密码认证的交互环节,从其他页面中分离出来。

7.4 业务数据血缘图实例

本节以一个公司的科技项目管理全过程来说明本章前面所探讨的每一个要素,旨在说明如何开发业务数据血缘图。

7.4.1 业务流程建模

某集团公司原有的科技信息管理内容包括科技项目计划管理、科学技术项目管理、科技投入统计管理、信息化项目计划或调整计划管理、非集中信息化项目建设纵向管理、非集中信息化项目建设横向管理等。

为了实现公司"十三五"战略规划中的科技产出比提升的目标,公司决定对全集团的科技信息类项目管理流程进行梳理。本书通过第6章基于过程的流程优化方法,将公司原来的管理内容分割为科技项目管理和信息化项目管理两类,并通过"五要素一结果"建模法对相关流程进行了描述。限于篇幅原因,本节只展示九要素中和数据血缘关系图绘制相关的流程综述、业务流程图、输入/输出三部分内容。

1.科技资金投入管理

1)流程综述

公司的科技资金投入管理主要是对公司计划进行的科技项目(含科技项目和信息化项目两类)的资金投入情况进行统计和进度管理,主要通过分解任务、审核、下达年度目标、分解年度目标、实施、审核、月度达标、考核、整改、年底统计分析、审核、审批、归案报送等动作,完成科技资金投入管理流程。

2)流程图

科技资金投入管理流程图如图7.5所示。

科技资金投入管理流程图

项目单位	基层企业	科技管理部	公司领导

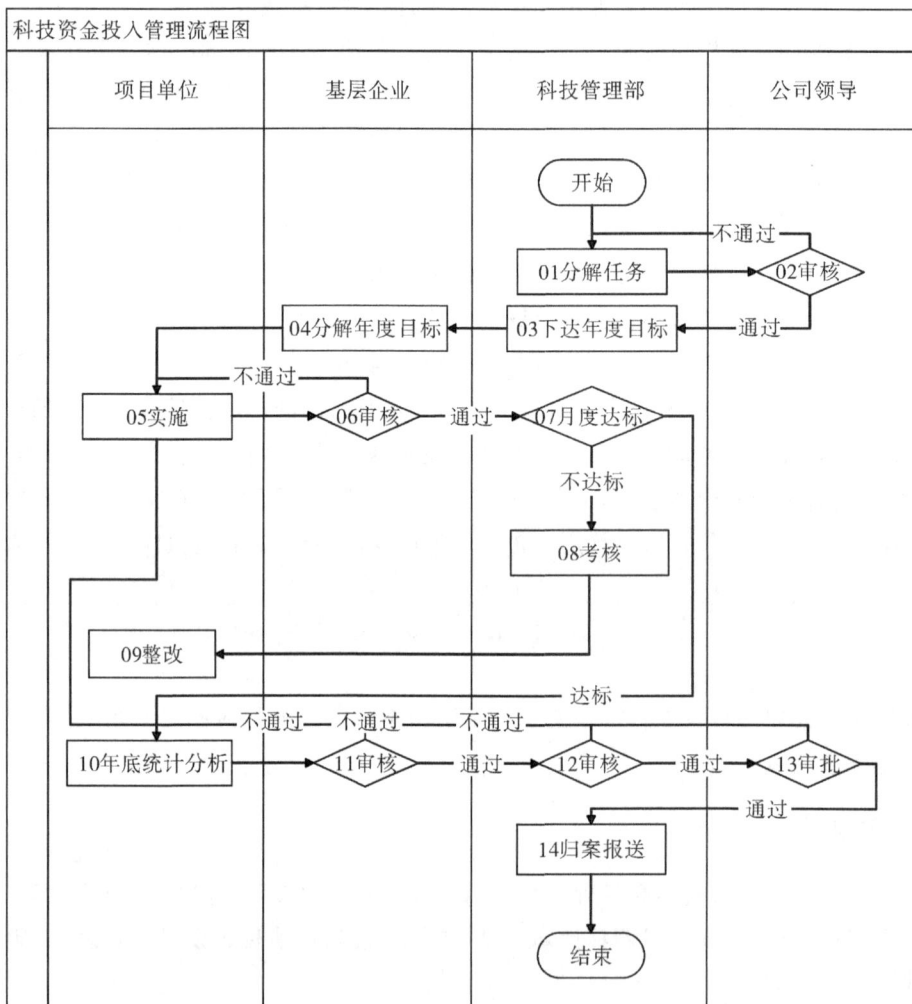

图 7.5　科技资金投入管理流程图

3）输入/输出

科技资金投入管理输入/输出表单如表 7.5 所示。

表 7.5　科技资金投入管理输入/输出表单

序号	报表名称	编号
1	科技投入计划表	GS - 01 - 01
2	科技投入统计明细表	GS - 01 - 02
3	科技投入汇总表-样表	GS - 01 - 03
4	项目中有科技内容的投入明细表	GS - 01 - 04
5	科技活动投入统计明细表	GS - 01 - 05
6	科技项目投入费用投入明细表	GS - 01 - 06

续表

序号	报表名称	编号
7	科技投入率月度考核单	GS - 01 - 07
8	整改指导意见	GS - 01 - 08
9	科技投入统计表	GS - 01 - 09

2. 科技项目计划管理

1）流程综述

公司的科技项目计划管理主要是对公司的科技型项目进行管理的流程，主要通过编制年度科技项目计划、汇总、审批、编制年度科技项目资金计划及可研报告、审批、修编年度科技项目资金及可研报告、批复科技项目计划、下达科技项目计划、填报项目完成情况等动作，完成科技项目计划管理流程。

2）流程图

科技项目计划管理流程如图 7.6 所示。

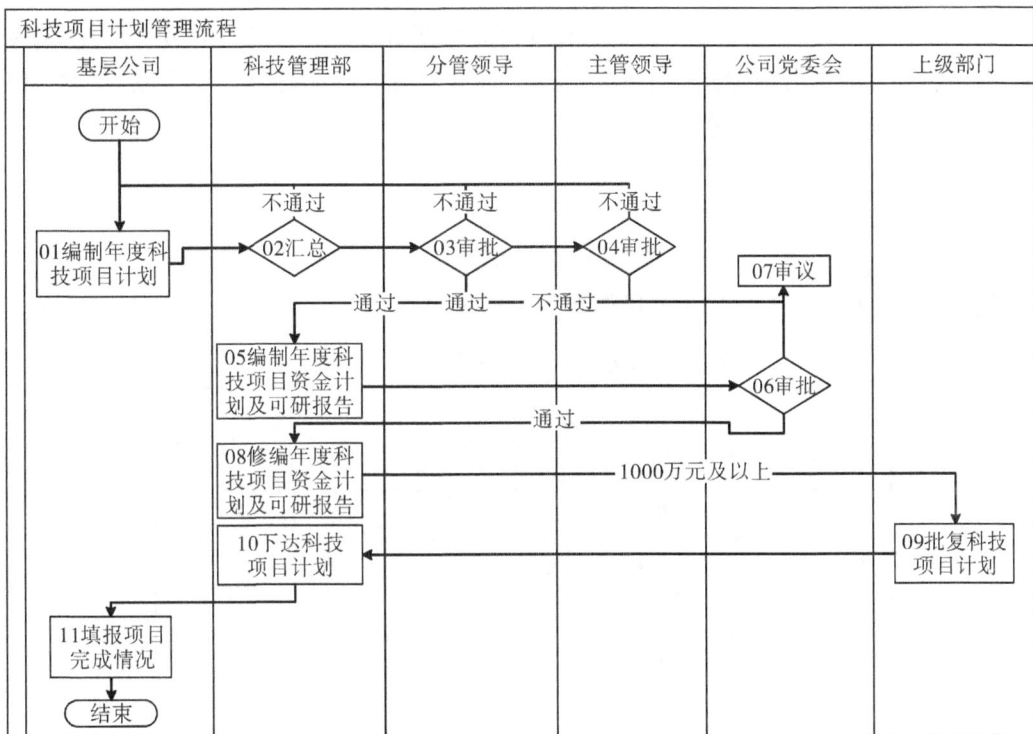

图 7.6　科技项目计划管理流程图

3）输入/输出

科技项目计划管理输入/输出表单如表 7.6 所示。

表 7.6　科技项目计划管理输入/输出表单

序号	报表名称	编号
1	年度科技项目计划表	GS－01－01－01
2	有关科技项目审议的会议纪要	GS－01－01－02
3	上级部门下达的批复	GS－01－01－03
4	科技项目进度表	GS－01－01－04
5	科技项目执行情况报告	GS－01－01－05
6	项目变更申请	GS－01－01－06
7	项目延期申请	GS－01－01－07
8	项目中止申请	GS－01－01－08
9	项目阶段性研究成果总结报告	GS－01－01－09

3.科技项目立项管理

1)流程综述

公司的科技项目立项管理主要是对科技项目立项及审批的过程进行有效管理,主要通过编制可研报告,立项申请,审查,公司决议,批复立项申请,编制、审查、签订任务书,备案归档等动作,完成科技项目立项管理流程。

2)流程图

科技项目立项管理流程如图7.7所示。

3)输入/输出

科技项目立项管理输入/输出表单如表7.7所示。

表 7.7　科技项目立项管理输入/输出表单

序号	报表名称	编号
1	年度科技项目计划表	GS－01－02－01
2	可研报告	GS－01－02－02
3	立项申请	GS－01－02－03
4	可研审查纪要	GS－01－02－04
5	承诺书	GS－01－02－05
6	公司批复文件	GS－01－02－06
7	上级部门批复文件	GS－01－02－07
8	任务书	GS－01－02－08

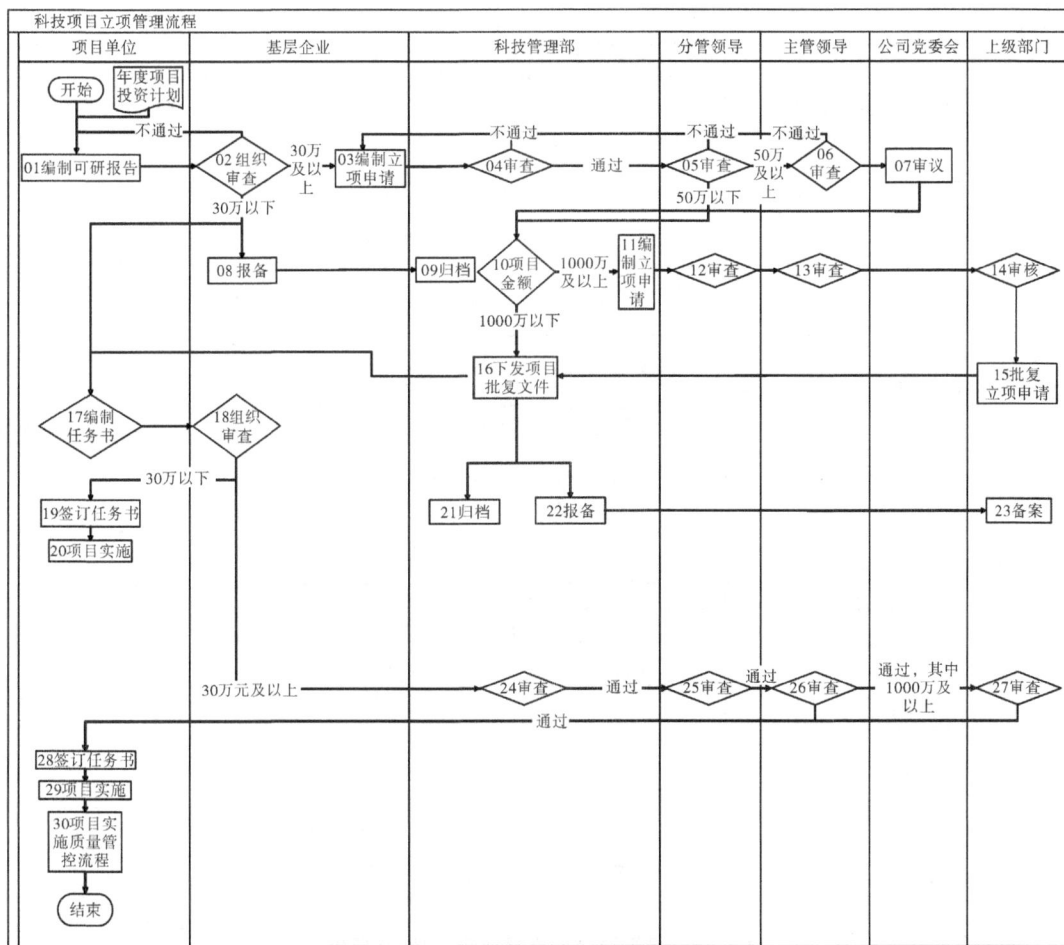

图 7.7 科技项目立项管理流程图

4.科技项目实施管理

1）流程综述

公司的科技项目实施管理主要是对公司已经立项的科技项目实施过程和质量进行管理的过程，主要通过编制实施方案、审核方案、项目实施、实施过程中执行情况检查，上报执行情况月度报表、报告，申请验收、项目结题、项目后评价、资料归档等动作，完成科技项目实施管理流程。

2）流程图

科技项目实施管理流程如图 7.8 所示。

3）输入/输出

科技项目实施管理输入/输出表单如表 7.8 所示。

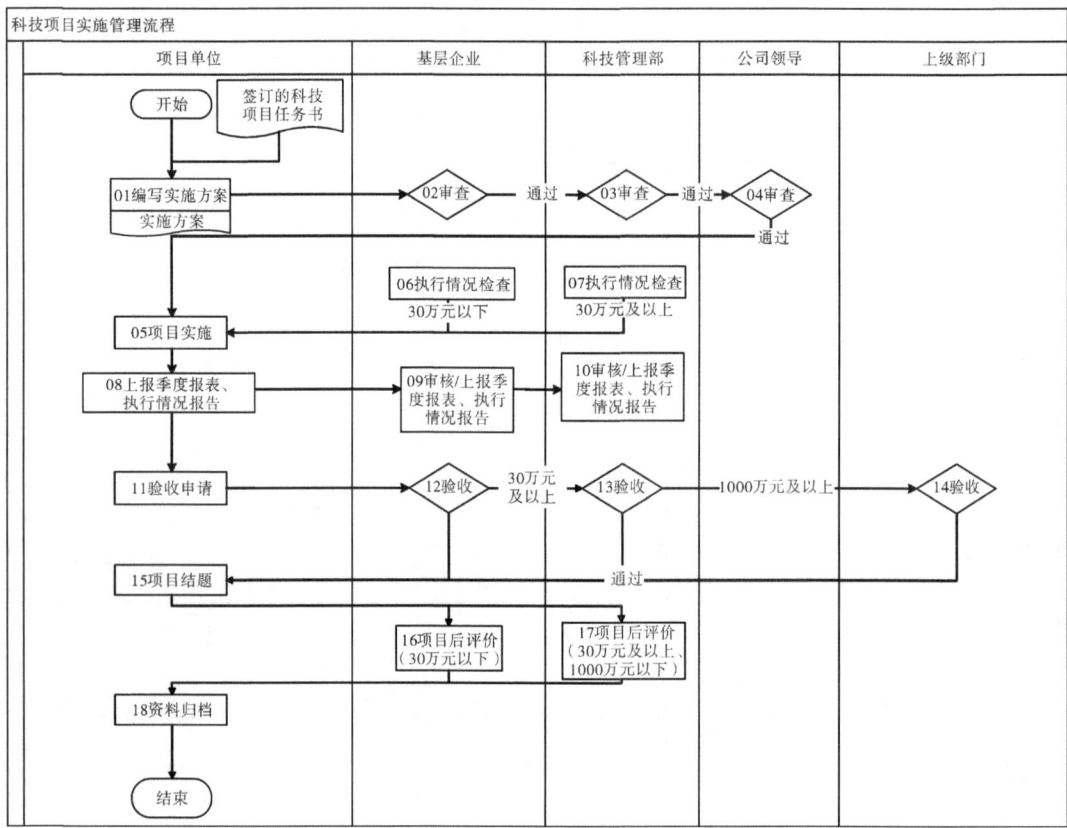

图 7.8 科技项目实施管理流程图

表 7.8 科技项目实施管理输入/输出表单

序号	报表名称	编号
1	任务书	GS－01－03－01
2	实施方案	GS－01－03－02
3	科技项目执行进度季度报表	GS－01－03－03
4	科技项目执行情况报告	GS－01－03－04
5	科技项目结题报告	GS－01－03－05
6	科技项目后评价报告	GS－01－03－06
7	科技项目计划完成情况统计表格	GS－01－03－07

5. 信息化项目计划管理

1) 流程综述

公司的信息化项目计划管理流程主要是对公司的信息化类项目进行管理,主要通过编制和上报年度信息化项目计划或调整计划、审批、审议、汇总、编制、批复和下达年度信息化项目计划或调整计划、填报信息化项目计划或调整计划完成情况等动作,完成信息化项目计划管理流程。

2）流程图

信息化项目计划管理流程如图 7.9 所示。

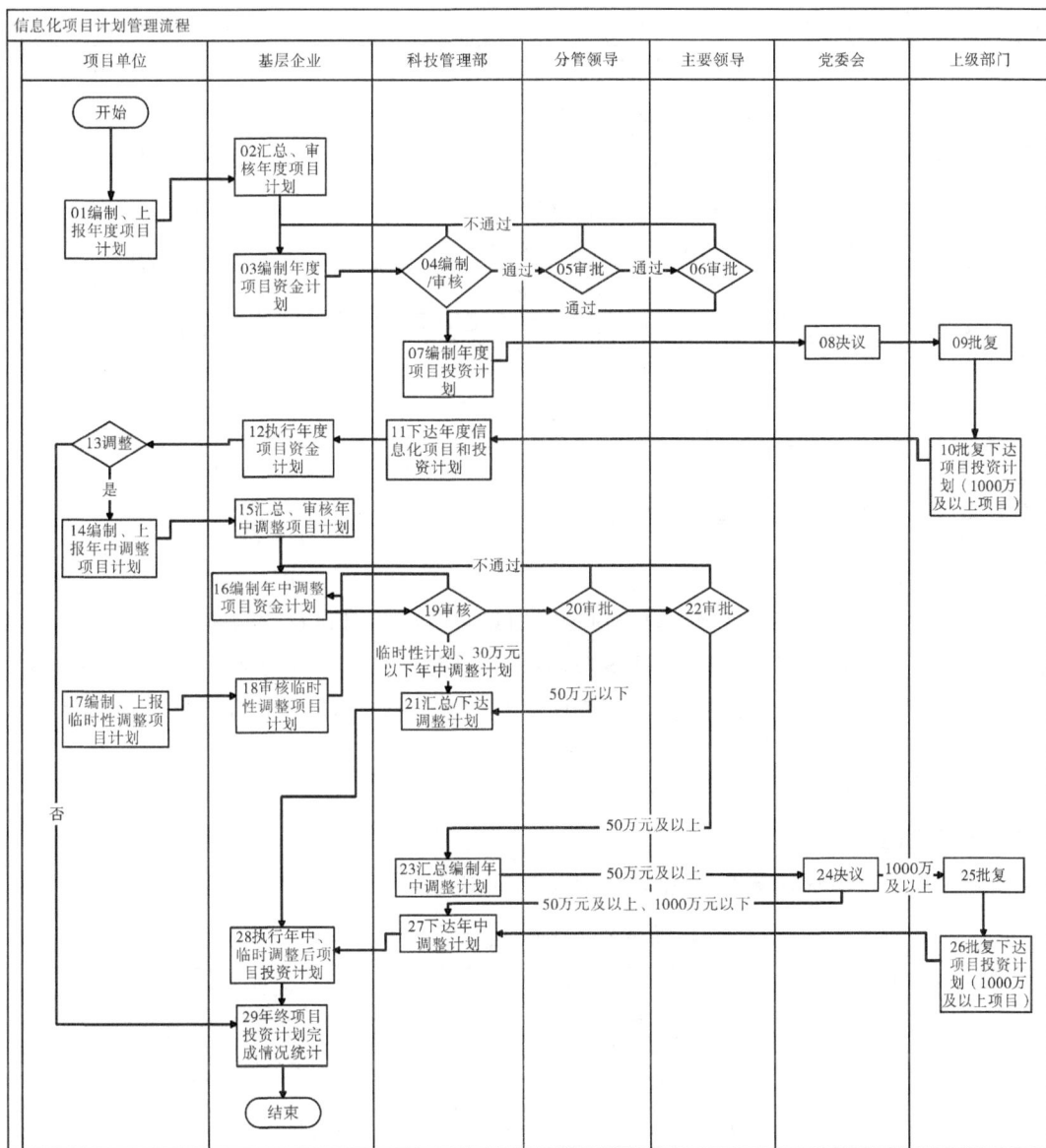

图 7.9 信息化项目计划管理流程图

3）输入/输出

信息化项目计划管理输入/输出表单如表 7.9 所示。

表 7.9　信息化项目计划管理输入/输出表单

序号	报表名称	编号
1	年信息化预算项目计划表	GS－02－01－01
2	信息化资本性预算项目审议会议纪要	GS－02－01－02
3	下达年度信息化项目资金计划的批复	GS－02－01－03
4	年信息化资本性预算项目计划表	GS－02－01－04
5	年中信息化资本性预算项目计划调整计划表	GS－02－01－05
6	临时性调整信息化项目投资计划申请表	GS－02－01－06
7	年中调整信息化项目及投资计划申请表	GS－02－01－07
8	年中调整信息化项目及投资计划公司会议纪要	GS－02－01－08
9	下达或批复的年中信息化项目及投资计划表	GS－02－01－09
10	信息化项目计划完成情况统计表格	GS－02－01－10

6. 信息化项目立项管理

1）流程综述

公司的信息化项目立项管理主要是对公司信息化类的项目进行立项审批管理，主要通过编制项目建议书、会审、审批、编制可研报告、会审、编制立项申请、公司领导审核、公司会议决议、上级部门审批、上级部门批复等动作，完成信息化项目实施与质量管理流程。

2）流程图

信息化项目立项管理流程如图 7.10 所示。

3）输入/输出

信息化项目立项管理输入/输出表单如表 7.10 所示。

表 7.10　信息化项目立项管理输入/输出表单

序号	报表名称	编号
1	年信息化预算项目计划表	GS－02－02－01
2	业务需求表	GS－02－02－02
3	项目建议书	GS－02－02－03
4	可研报告	GS－02－02－04
5	立项申请	GS－02－02－05
6	附评审后的可研报告	GS－02－02－06
7	可研审查纪要	GS－02－02－07
8	承诺书	GS－02－02－08
9	公司党委会议纪要	GS－02－02－09
10	上级部门批复文件	GS－02－02－10
11	公司批复文件	GS－02－02－11

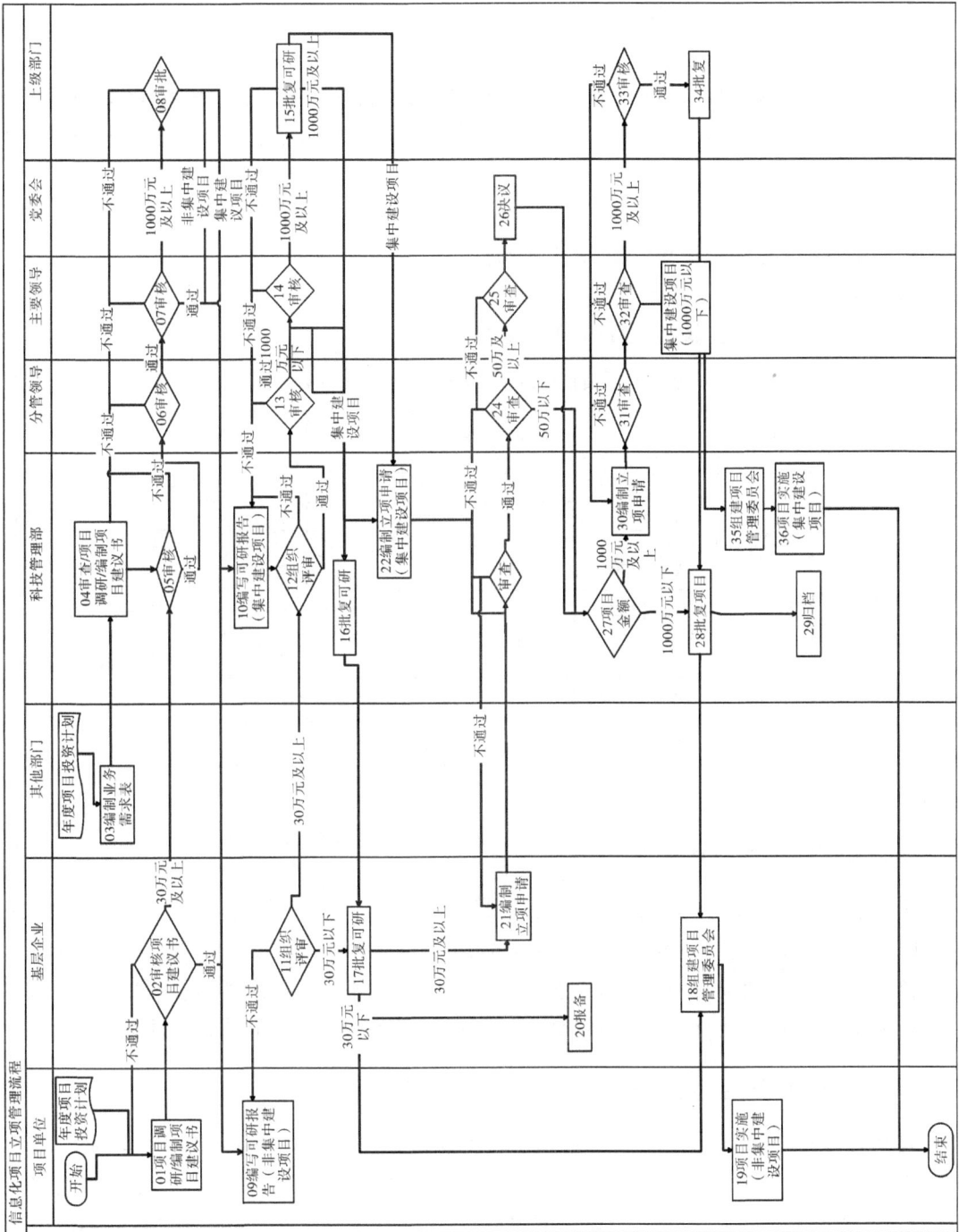

图 7.10　信息化项目立项管理流程图

7. 信息化项目实施管理

1）流程综述

公司的信息化项目实施管理主要是对已经立项的信息化类项目进行管理，主要通过编制实施方案、会审、审批、公司领导审核、集团公司审批等动作，完成信息化项目实施与质量管理流程。

2）流程图

信息化项目实施管理流程如图 7.11 所示。

3）输入/输出

信息化项目实施管理输入/输出表单如表 7.11 所示。

表 7.11　信息化项目实施管理输入/输出表单

序号	报表名称	编号
1	年信息化资本性预算项目计划表	GS－02－03－01
2	公司批复文件	GS－02－03－02
3	实施方案	GS－02－03－03
4	月度报表	GS－02－03－04
5	初步验收报告	GS－02－03－05
6	竣工验收报告	GS－02－03－06
7	项目建设各阶段形成的过程文档清单	GS－02－03－07

7.4.2　创建流程上下文图

业务流程上下文图是业务数据血缘关系图的最高层级，是一个针对整体业务的全貌，包括所有的业务流程及其间的整体关系。在本节的示例中，流程上下文图展示的是某公司的科技管理流程的业务，如图 7.12 所示，可以看到，该公司的科技管理主要分为科技型项目和信息化类项目两种，每一种的项目都要经过计划、立项和实施管理三个主要环节的工作。

7.4.3　绘制表单范本关系图

表单范本关系图展示的是业务流程内部及流程间的数据表单范本的简要交互逻辑，是在业务流程上下文图的基础上，对每一个流程内的数据内容进行了一次细化。根据业务流程的建模结果，以及每一个活动的输入/输出表单（如表 7.5 至表 7.11 所示），可以得到如图 7.13 所示的表单范本关系图。

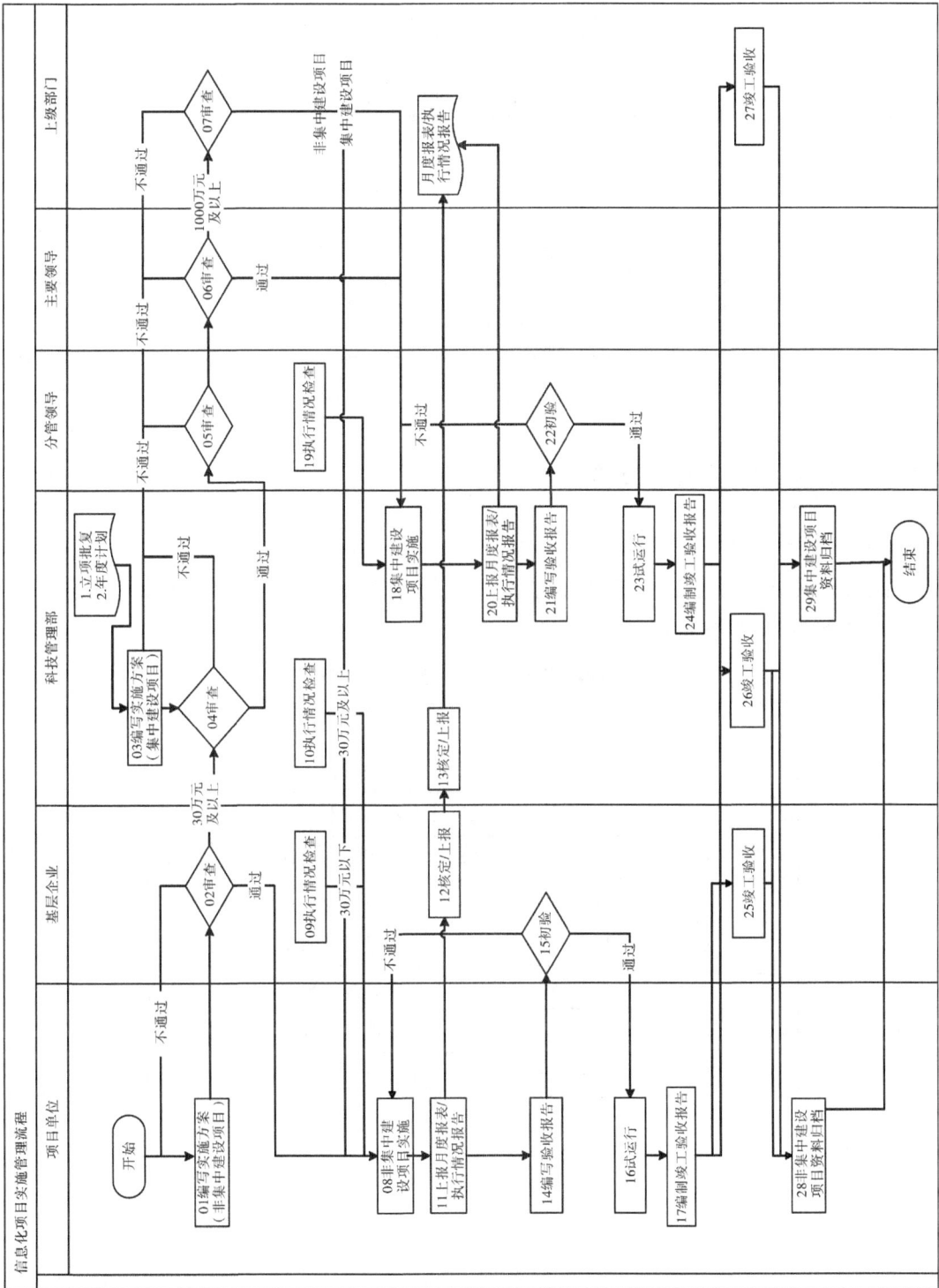

图 7.11 信息化项目实施管理流程图

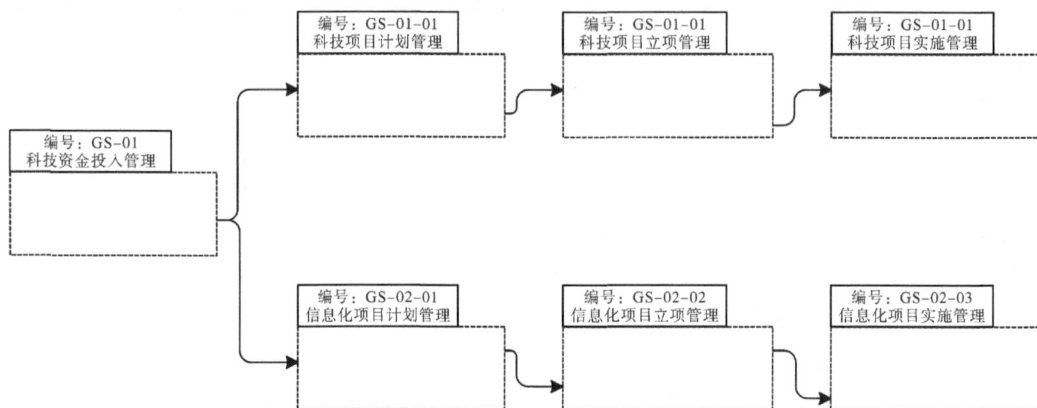

图 7.12　某公司科技管理流程上下文图

7.4.4　开发业务数据血缘图

1. 数据实体拆分

科技资金投入管理的 14 个活动,共涉及 9 个输入/输出表单范本,这 9 个表单范本可以拆分为 8 个数据实体,如表 7.12 所示。

表 7.12　科技资金投入管理数据实体拆分结果

实体编号	表单编号	数据实体
T1	GS-01-01	科技计划
T2	GS-01-02	科技汇总
T3	GS-01-03	项目投入明细
T4	GS-01-04	科技活动明细
T5	GS-01-05	科技投入明细
T6	GS-01-06	月度考核单
T7	GS-01-07	整改指导意见
T8	GS-01-08	科技投入统计

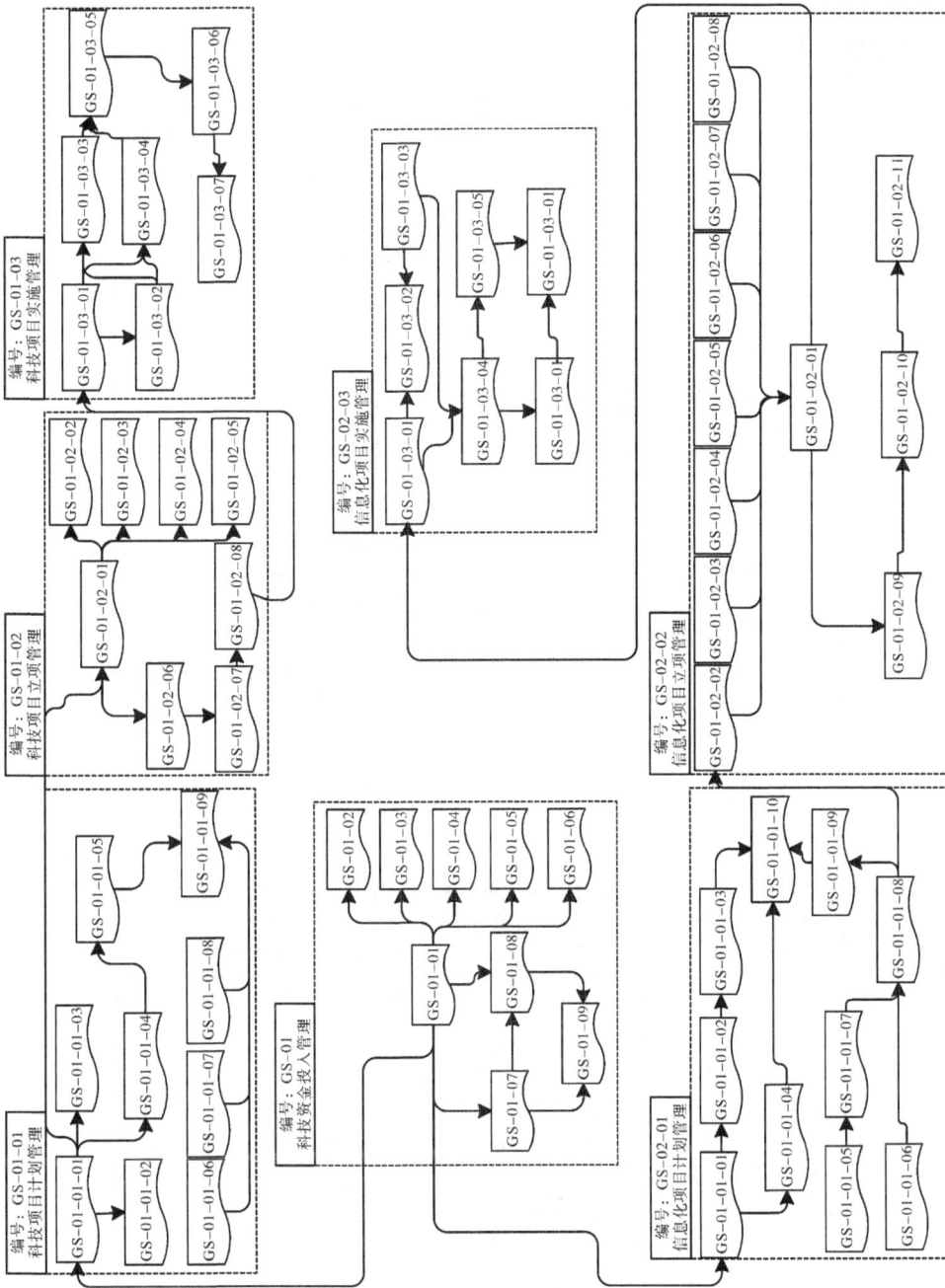

图 7.13 某公司科技管理流程表单范本关系图

科技项目计划管理的 16 个活动,共涉及 9 个输入/输出表单范本,这 9 个表单范本可以拆分为 11 个数据实体,如表 7.13 所示。

表 7.13　科技项目计划管理数据实体拆分结果

序号	编号	数据实体
T1	GS - 01 - 01 - 01	年度计划
T2	GS - 01 - 01 - 02	会议纪要
T3	GS - 01 - 01 - 03	计划批复
T4	GS - 01 - 01 - 03	计划通知
T5	GS - 01 - 01 - 04	项目进度
T6	GS - 01 - 01 - 05	执行情况报告
T7	GS - 01 - 01 - 06	变更申请
T8	GS - 01 - 01 - 07	延期申请
T9	GS - 01 - 01 - 08	中止申请
T10	GS - 01 - 01 - 06	变更评议书
T11	GS - 01 - 01 - 09	总结报告

科技项目立项管理的 30 个活动,共涉及 8 个输入/输出表单范本,这 8 个表单范本可以拆分为 8 个数据实体,如表 7.14 所示。

表 7.14　科技项目立项管理数据实体拆分结果

序号	编号	数据实体
T1	GS - 01 - 02 - 01	年度计划
T2	GS - 01 - 02 - 02	可研报告
T3	GS - 01 - 02 - 03	立项申请
T4	GS - 01 - 02 - 04	可研审查纪要
T5	GS - 01 - 02 - 05	承诺书
T6	GS - 01 - 02 - 06	公司批复
T7	GS - 01 - 02 - 07	上级批复
T8	GS - 01 - 02 - 08	任务书

科技项目实施管理的 18 个活动,共涉及 7 个输入/输出表单范本,这 7 个表单范本可以拆分为 7 个数据实体,如表 7.15 所示。

表 7.15　科技项目实施管理数据实体拆分结果

序号	编号	数据实体
T1	GS－01－03－01	任务书
T2	GS－01－03－02	实施方案
T3	GS－01－03－03	季度报表
T4	GS－01－03－04	执行情况报告
T5	GS－01－03－05	结题报告
T6	GS－01－03－06	后评价报告
T7	GS－01－03－07	完成情况统计

信息化项目计划管理的 29 个活动，共涉及 10 个输入/输出表单范本，这 10 个表单范本可以拆分为 11 个数据实体，如表 7.16 所示。

表 7.16　信息化项目计划管理数据实体拆分结果

序号	编号	数据实体
T1	GS－02－01－01	预算计划
T2	GS－02－01－02	会议纪要
T3	GS－02－01－03	资金批复
T4	GS－02－01－04	计划批复
T5	GS－02－01－05	调整计划
T6	GS－02－01－06	临时调整计划
T7	GS－02－01－07	调整计划申请
T8	GS－02－01－08	调整会议纪要
T9	GS－02－01－09	调整计划批复
T10	GS－02－01－09	调整资金批复
T11	GS－02－01－10	完成情况统计

信息化项目立项管理的 36 个活动，共涉及 11 个输入/输出表单范本，这 11 个表单范本可以拆分为 11 个数据实体，如表 7.17 所示。

表 7.17　信息化项目立项管理数据实体拆分结果

序号	编号	数据实体
T1	GS‑02‑02‑01	预算计划
T2	GS‑02‑02‑02	业务需求
T3	GS‑02‑02‑03	项目建议书
T4	GS‑02‑02‑04	可研报告
T5	GS‑02‑02‑05	立项申请
T6	GS‑02‑02‑06	附评审后的可研报告
T7	GS‑02‑02‑07	可研审查纪要
T8	GS‑02‑02‑08	承诺书
T9	GS‑02‑02‑09	会议纪要
T10	GS‑02‑02‑10	公司批复
T11	GS‑02‑02‑11	上级批复

信息化项目实施管理的 29 个活动,共涉及 7 个输入/输出表单范本,这 7 个表单范本可以拆分为 7 个数据实体,如表 7.18 所示。

表 7.18　信息化项目实施管理数据实体拆分结果

序号	编号	数据实体
T1	GS‑02‑03‑01	预算计划
T2	GS‑02‑03‑02	公司批复
T3	GS‑02‑03‑03	实施方案
T4	GS‑02‑03‑04	月度报表
T5	GS‑02‑03‑05	初步验收报告
T6	GS‑02‑03‑06	竣工验收报告
T7	GS‑02‑03‑07	过程文档

2. 数据实体血缘图

对前述拆分出来的 63 个实体,按照图 7.3 所示的示例方法进行数据实体血缘图的绘制,即可获取该公司科技管理的业务数据实体血缘关系图,如图 7.14 所示(为了展示方便,在图中省略了各个实体的名称)。

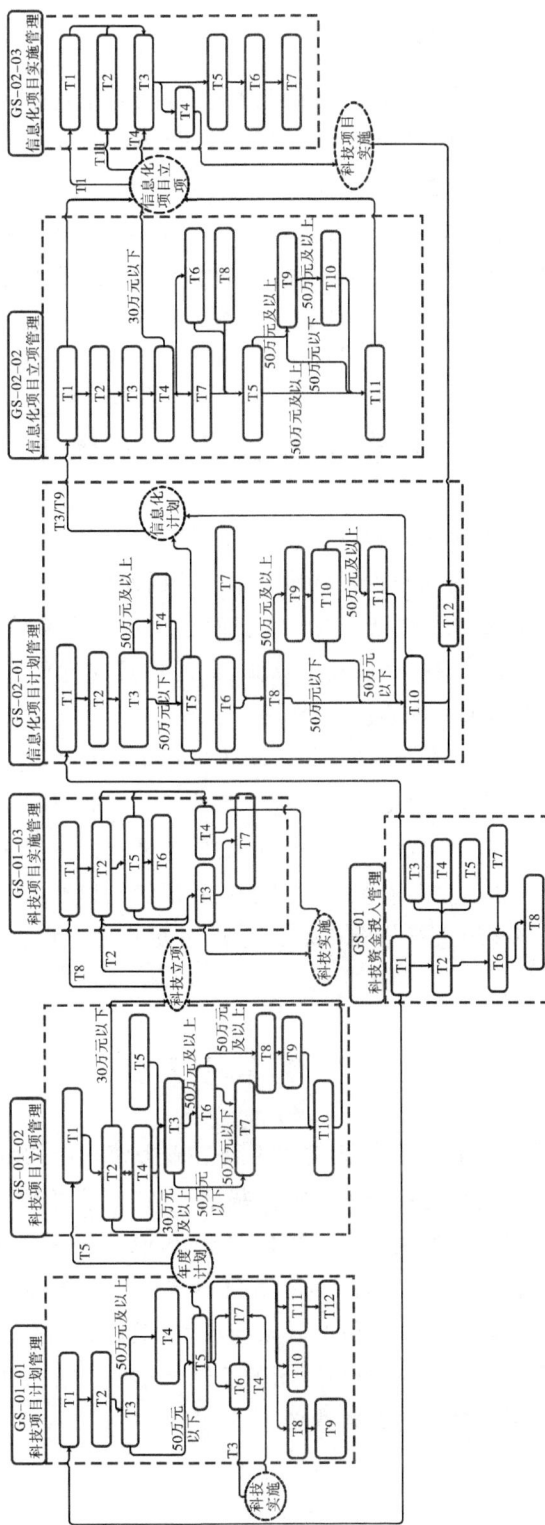

图 7.14 某公司科技管理数据实体血缘关系图

7.4.5　物理血缘关系图及分割

业务实体的物理血缘关系图是信息化项目建设的前奏，是数据库设计的主要工作。图7.15是针对科技资金投入、科技项目计划、科技项目立项、科技项目实施四个流程的物理血缘关系图设计以及进行功能逻辑分割后的结果（因信息化项目计划、信息化项目立项、信息化项目实施科技项目类似，这里限于篇幅原因并未列出）。可以看到，在分割后的功能下，科技类的项目管理将会按照计划及明细模块、实施方案模块、项目执行及统计模块、项目调整模块以及项目总结与分析模块等功能进行，后续的信息化系统分析在此基础上进行，会大大节省工作量和提升软件系统建设的准确性。

7.5　业务数据血缘图的作用

本章所提出的业务数据血缘关系图，在整个业务流程分析和系统分析设计等过程中都会起到非常重要和便捷的作用。在业务流程调研的初期可以使用业务流程上下文图或者表单范本关系图，在这样的阶段，BDLD 可以帮助业务人员对整个系统的数据流动转移情况有一个大致的了解，能够让所有参与的人有一个直观的认知，同时通过视觉化的整体呈现，可以提升效率，说清楚文字描述中不能呈现的内容。

同样，业务数据血缘关系图对后续的系统分析人员也十分有用，系统分析人员通过业务流程梳理和整体的图形绘制工作，可以更加深入地了解业务。同时，通过本书所提供的工具和方法，业务分析人员可以更加容易和规范地对分析中的内容进行标签定义，且通过实例化的标签定义和分析，更能清晰地表达出企业或组织的当前业务现状。另外，业务数据血缘关系图也可以在更低粒度层级，如在字段级进行分析和编制档案，并更有助于强化企业或者组织的数据流动逻辑。

7.6　本章小结

为了更好地从数据视角理解业务流程，理解数据在业务流程中的流动和作用，从而反视业务流程的有效性并为后续的信息化系统分析提供基础，本章对业务数据血缘关系图进行了系统的介绍。首先给出了数据血缘的基本概念和基础规范，说明每一个业务数据血缘图可以通过四个基础符号画出来，接着分七个步骤详细介绍了业务数据血缘图的绘制过程，并给出了业务数据血缘图与信息化建设阶段系统分析的联系与区别，最后以一个公司科技信息管理的七个业务流程为例，详细地展示了业务数据血缘图的绘制及作用与效果，同时说明了业务数据血缘图的作用以及对信息化系统分析的重要意义。

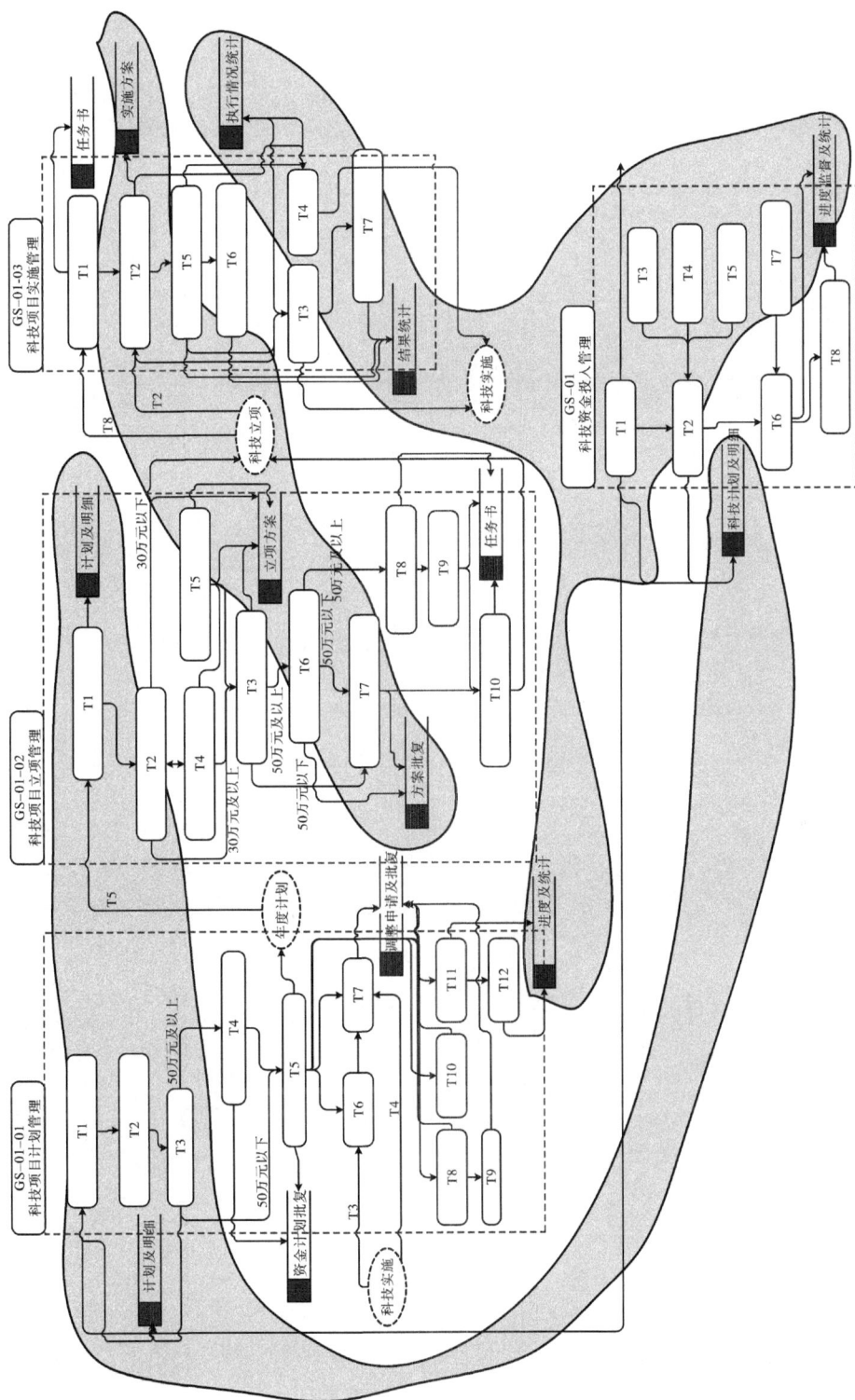

图 7.15　某公司科技管理数据实体物理血缘关系图及分割结果

第三篇

企业核心业务流程重塑
项目管理与实践

第8章
业务流程梳理项目：
计划与实施

启动项目，对项目的可行性进行研究，适当对项目进度进行规划，根据预估成本进行预算和规划，组建项目团队，对项目团队成员进行管理，控制项目风险，这些都是进行业务流程梳理项目的项目经理和项目人员所必须掌握的重要技能，都是项目管理的基础，也是本章介绍的主要内容。

8.1 业务流程梳理项目失败的原因

当一个业务流程梳理项目被提出时，是因为企业或者组织出现了问题，或者企业需要通过组织变革进行整体改进。信息革命的逐渐进行，意味着企业正在借助信息化和数字化的力量发展业务，但在这之前需要对企业的组织机构和业务流程进行优化处理，这样的组织变革，不仅在工业环境条件下会发生，也会在经营管理的环节进行。进行业务流程梳理项目，需要相关的咨询服务人员与组织内人员紧密合作，以对当前企业或者组织所关切的问题进行准确分析和定义。

对于任何一个业务流程梳理项目来说，所有的项目管理活动都是必需的，但是有很多的业务流程梳理项目仍然走向了失败。本书前面的几个章节介绍了业务流程的基本理念和业务流程建模的基本逻辑和方法，但是如果没有成功的项目管理，这些方法和理论都将变得毫无意义。从一个好的项目管理的角度来说，如果一个业务流程梳理项目能够达到以下四个目标，就可以认为是一个成功的业务流程梳理项目：①企业或组织接受了项目梳理所形成的业务流程手册；②业务流程梳理项目在预设的时限范围内及时完成；③业务流程梳理项目在成本预算范围内经济地完成；④将业务流程手册应用于企业实践时，对企业的影响可接受。

并不是所有的业务流程梳理项目都满足以上四个标准，这意味着并非所有的项目都是成功的。"成功的项目千篇一律，不成功的项目各有不同"，因此很难对失败的项目原因进行充分的归纳和总结，这里罗列一些常见的问题和结果，进而展示对项目经理的高要求和项目管理的重要性。

(1)没有获取高层管理人员的相关承诺和有效支持，或者随着项目的进行，主要高层管理人员的承诺发生了本质的改变，或者高层管理人员没有深入参与项目。

（2）企业或组织缺乏对业务流程梳理方法论的理解、认可和承诺，有时是因为方法论的整理不合理，仅仅是一些经验的堆砌，没有严格按照本书中相关章节的系统建模方法指导项目进行。

（3）方法论合理但是项目实施时没有按照科学的方法论执行，项目实施团队经常"自认为聪明"而走捷径。例如，项目的进度执行慢，不顾规律追赶进度；项目的预算紧张，为了节省项目成本故意省略了部分步骤；项目团队成员没有经过方法论层面的培训，走一步看一步。

（4）预期目标缺乏一致性管理。在项目开始时没有对项目的预期目标进行充分沟通，随着项目的进行，项目执行双方之间的预期差异越来越大。

（5）项目的范围不断扩张和蔓延。随着项目的进行，客户对业务流程梳理的范围和期望不断扩大，这样的变化会直接反映在项目的进度和成本两个要素上。

（6）技术人员对业务流程的预算和进度过度承诺。在业务流程梳理项目真正开始之前，很难对项目的费用或进度进行准确估计。

（7）项目经理或项目团队对结果预期处于极端化状态。项目的承担人员，尤其是相关技术人员往往偏向于极度乐观或者极度悲观，当项目进度发生延迟时，成员意识不到相关的关联性，对问题的解决往往多呈现短期行为。

（8）没有意识到项目活动效率的非线性。当项目和预期的成本、进度发生偏离时，项目的领导往往试图通过分配更多的人到项目团队中来解决问题，10个人工作2天和20个人工作1天不具备同等的工作效率，人员的增加往往导致更多的沟通成本，使得项目的进度更加落后。

（9）项目团队成员的管理能力不足。项目的管理者往往缺乏对项目的正确认识，对项目的管理责任不清楚，项目团队没有沟通项目的状态，客户也不知道真实的项目状态，每次提到项目都会说"项目马上快完成了"。

（10）没有合理的策划和跟踪控制。对于项目的进度、范围、成本等没有进行有效合理的规划，在执行的过程中更是缺乏合理的控制。

（11）没有进行适当调整以适应业务的变化。在项目的执行期间，如果发生了企业的管理层变化、组织结构调整等，应该重新评估项目目标和项目的重要性。

（12）项目执行的必需资源不足。这可能源于乐观的估计，或者事情的优先级排序，导致项目的原有资源分配给了其他的项目，或者硬性地凑人数，导致分配给项目的人员不具备所需的技能和经验。

还有一个重要原因就是大多数的项目经理没有经过专业的项目经理培训和教育，技术上优秀的人一般不会自动地成为优秀项目经理，需要经过"PMP[①] 项目管理培训"等专业的技能培训。

---

① 项目管理专业人士资格认证（project management professional，PMP）。

8.2　项目管理知识体系

项目一般被定义为创造独特的产品、服务和成果而进行的临时性工作。临时性说明项目具有明确的起点和终点，但临时性不意味着时间短暂，持续时间的长短是一个相对的概念。独特的产品、服务和成果是项目的目标，业务流程梳理项目的目标一般是针对某个企业或组织的，通常会涉及多个业务或单元。虽然项目有终点，但是业务流程交付的成果，如业务流程手册等会对企业或组织产生持续的影响，会对企业或组织的整体提升起到驱动作用。业务流程项目是企业或组织进行自我驱动，进而创造价值和效益的主要方式，而良好的项目管理和组织是项目达成既定目标的基础，本节将对项目管理的基础框架、知识、技能、工具及技术等进行简要介绍。

8.2.1　项目管理基础框架

项目管理已经有数百年的历史，在长期的管理过程中，针对工作中的项目管理实践、原则、过程、工具和技术等形成了一些普遍认可的项目管理良好实践（如图8.1所示）。普遍认可是指这些知识和做法的价值和有效性已经获得了认可，良好实践是指这些知识和做法可以提高项目成功的可能性。项目经理可以通过这些关键技能和知识，在预设的成本、范围、时间要素下，达成项目的既定目标。

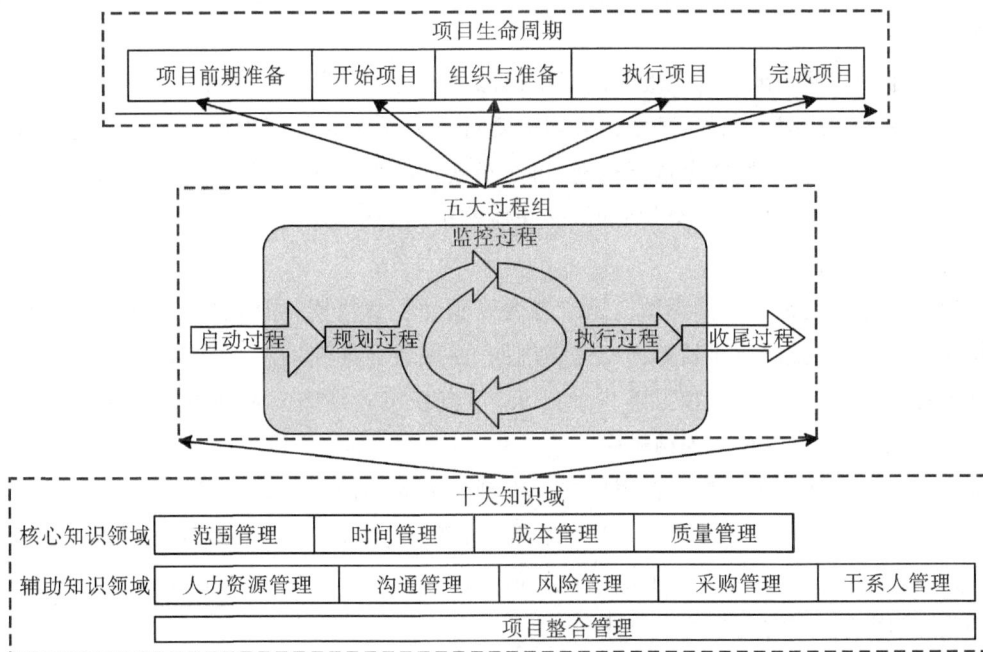

图 8.1　项目管理基础知识体系

在图8.1所示的框架中，共包括项目生命周期、五大过程组、十大知识域三个组成部分。项目管理通过整合运用47个项目管理过程来实现，根据其逻辑关系，可以分为五大过程组，一般项目都准许五大过程组中的 47 个过程元素以各种方式重叠、交错和重复。

8.2.2　项目生命周期

项目的生命周期一般是指项目从开始启动到结束所经历的一系列阶段，一般分为项目前期准备(有的文献中将此部分不包括在项目生命周期内，但一般情况下，项目的前期准备对项目的影响很大，而且有时项目经理已经全面介入，因此这里将其作为一个阶段处理)、开始项目、组织与准备、执行项目、完成项目五个阶段。

项目的生命周期管理为项目管理提供了一个基本的框架，业务流程梳理和优化的项目也同样可以使用这个框架，这些阶段之间的关系可以顺序、迭代或者交叠的进行。项目生命周期可以是预测型、迭代型、增量型、适应型和混合型的模式。

预测型生命周期也可以称为瀑布型生命周期。预测型项目在早期就可以确定项目的三要素：成本、时间、范围。例如，针对同一个集团下某一业务板块已经进行了基本的业务流程梳理，在同一板块的不同省份子公司之间的流程梳理项目可以采用预测型生命周期方法进行管理。

迭代型生命周期一般在项目生命周期的早期就已经确定，但是项目的成本和时间要素需要随着项目的进行，以及项目工作团队对项目的逐渐深入和了解来进行修改。例如，某集团公司需要对总公司业务范围内的所有部门进行业务流程梳理和范围确定，但是随着工作的深入，整体计划和成本都需要反复的规划和核算。迭代方法一般是通过重复的循环活动来进行项目管理和执行的。

增量型生命周期一般在预定的时间周期范围内渐进地增加一系列的工作目标和内容，进而迭代出可交付的成果。例如，某集团公司需要对总公司业务范围内的所有部门进行业务流程梳理时，先对业务部门按次序进行梳理，再对辅助部门按次序进行梳理，每个部门的梳理结果都达到了业务流程手册的可交付程度，这样随着工作的进行即可形成一个公司全部业务部门完整的业务流程梳理结果。

适应型生命周期也可以称为敏捷型或者变更驱动生命周期，同时也属于迭代型和增量型生命周期，其需求在交付期间频繁的变化。例如，在进行业务流程梳理项目时，很难一次达到最终的梳理效果，需要频繁地挖掘客户的需求，对流程中的细节需要所有项目参与人持续参与，不断地把各方的变更点加入结果中。

混合型生命周期是预测型生命周期和适应型生命周期的组合。一般情况下，在项目开始时要充分了解项目需求和相关要素，以预测型生命周期为主，如在某一业务流程梳理项目开始时，通常会在了解目标的基础上，参照以往的项目案例确定相关计划，但是在项目发展中，仍要逐渐细化，采用适应型的生命周期模式。

项目团队在项目过程中要确定适合项目的生命周期模型，通过项目生命周期的灵活性，应对项目所包含的各种因素的不确定性。例如，在业务流程梳理项目中，确定项目启动阶段要实施的一个或者多个过程，调整项目执行阶段的必要属性(如在项目的调研初期，将流程图的角色要求降低到部门，先不必达到岗位角色的粒度)。

8.2.3 五大过程组

项目管理的过程组是指项目管理过程的逻辑分组,通过项目进展的逻辑分组过程,达成项目特定目标。过程组和项目阶段是两个单独的概念,每一个项目阶段都可以执行过程组中的全部或者部分过程(如在项目准备与组织阶段,可以执行启动、规划和执行三个过程组)。项目管理过程可以分为五个项目管理过程组,即启动、规划、执行、监控和收尾过程组,这五个过程组相互依赖,彼此之间有很强的相互作用。在具体的业务流程梳理项目实施过程中,往往需要反复实施各过程组及其过程。注意,各过程可能在同一过程组内或跨越不同过程组相互作用。

(1)启动过程组。其基础定义是明确一个新项目或项目的一个新阶段,授权开始该项目或阶段的一组过程。其主要作用是在明确项目目标的基础上,让项目相关的干系人对项目的目标达成一致,同时明确各干系人的参与任务和参与程度。

(2)规划过程组。其基础定义是明确项目范围,定义和优化目标,为实现目标制定行动方案的一组过程。其主要作用是为成功完成项目或阶段确定战略、战术及行动方案或路线,同时对规划过程组进行有效管理,可以更容易地得到干系人的认可和参与。

(3)执行过程组。其基础定义是完成项目管理计划中确定的工作,以满足项目规范要求的一组过程。其主要作用是按照项目管理计划来协调人员和资源,管理干系人期望,以及整合并实施项目活动。执行期间发生变更对任何项目而言都是常态,对业务流程梳理项目更是如此,可能需要更新规划和重定基准。

(4)监控过程组。其基础定义是跟踪、审查和调整项目进展与绩效,识别必要的计划变更并启动相应变更的一组过程。其主要作用是通过对项目执行绩效信息的有效收集,定期(或在特定事件发生时、在异常情况出现时)对项目绩效进行测量和分析,从而识别与项目管理计划的偏差。其工作涉及对照计划和绩效测量基准,监督项目活动,控制变更,推荐纠正措施,确保只有经批准的变更才能付诸执行等具体内容。

(5)收尾过程组。其基础定义是为完成项目管理过程组的所有活动,正式结束项目或阶段或合同责任的一组过程。其主要作用是表明为完成某一项目或项目阶段所需的所有过程组的所有过程均已完成,标志着项目或项目阶段正式结束。同时,收尾过程组也用于正式处理项目提前结束的情形。

8.2.4 十大知识域

1. 项目整合管理

项目整合管理包括为识别、定义、组合、统一和协调项目管理过程组的各种过程和活动而开展的过程和活动,包括选择资源分配方案、平衡相互竞争的目标和方案,以及项目管理各知识领域之间的依赖关系。其只能由项目经理完成,不能授权其他人。

其核心作用是在整体框架下做出合理的调整与应对,保证能够完成预期的目标,同时应对变化和风险。项目整合管理一般只在项目开始时发生一次,主要包括制定项目章程、制订项目管理计划、指导与管理项目执行、管理项目知识、监控项目工作、实施整体变更控制、结束或收尾项目七个部分,每个部分的输入、工具/技术、输出等相关要素概览如表8.1所示。

2. 项目范围管理

项目范围管理包括确保项目做且只做所需的全部工作,以成功完成项目的各个过程。项目范围管理主要在于定义和控制哪些工作应包括在项目内,哪些工作不应该包括在项目内。

其核心作用是确保项目组和项目干系人对作为项目结果的项目产品以及生产这些产品所用到的过程有一个共同的理解,主要包括规划范围管理、收集需求、定义范围、创建工作包、确认范围、控制范围六个组成部分,每个部分的输入、工具/技术、输出等相关要素概览如表8.2所示。

3. 项目进度管理

项目进度管理也可以称为项目时间管理,是为管理项目按时完成所需的各个过程。制订进度计划容易,但要使项目沿着既定轨道前进则要困难得多。进度问题是项目生命周期内造成项目冲突的主要原因之一。

其核心作用是通过时间的易衡量性来作为沟通和管理的基准,主要包括规划进度管理、定义活动、排列活动顺序、估算活动持续时间、制订进度计划、控制进度六个组成部分,每个部分的输入、工具/技术、输出等相关要素概览如表8.3所示。

4. 项目成本管理

项目成本管理是对达成项目目标而牺牲或放弃的资源进行有效管理的过程。其应考虑干系人对成本情况的要求,同时也应重点关注完成项目活动所需资源的成本,还应考虑项目决策对项目产品、服务或成果的使用成本、维护成本和支持成本的影响。

其核心作用是使项目的进展在预算范围内完成,主要包括规划成本、估算成本、制定预算、控制成本四个组成部分,每个部分的输入、工具/技术、输出等相关要素概览如表8.4所示。

5. 项目质量管理

项目质量管理需要兼顾项目管理与项目可交付成果两个方面。质量的测量方法和技术需专门针对项目所生产的可交付成果类型而定。无论什么项目,未达到质量要求,都会给项目干系人带来严重的负面后果。

其核心作用是通过有效的管理落实组织或项目具体质量政策,使之达到预期要求,主要包括规划质量管理、质量管理、控制质量三个组成部分,每个部分的输入、工具/技术、输出等相关要素概览如表8.5所示。

6. 项目人力资源管理

项目人力资源管理包括组织、管理与领导项目团队的各个过程。在项目管理中,"人"的因素极为重要,因为项目中所有的活动都是由人来完成的。如何充分发挥"人"的作用,对于项目的成败起着至关重要的作用。

其核心作用是确定项目完成所需的资源,确保以正确的时间、地点和方式使用资源,主要包括规划人力资源管理、组建项目团队、建设项目团队、管理项目团队四个组成部分，每个部分的输入、工具/技术、输出等相关要素概览如表8.6所示。

7.项目沟通管理

项目沟通管理包括为确保项目信息及时且恰当地规划、收集、生成、发布、存储、检索、管理、控制、监督和最终处置所需的各个过程。有效的沟通在项目干系人之间架起桥梁，把具有不同文化和组织背景、不同技能水平、不同观点和利益的各类干系人联系起来，从而影响项目的执行或结果。

其核心作用是确保用户参与、主管层的支持和需求的清晰表述三个主要因素沟通一致，确保项目目标的达成，主要包括规划沟通管理、管理沟通、控制沟通三个组成部分，每个部分的输入、工具/技术、输出等相关要素概览如表8.7所示。

8.项目风险管理

项目风险管理是尽可能地识别和管理项目实施过程中潜在的和未曾预料的问题，将风险事件的影响降到最低，或者管理当哪些事件出现时的反应，提供应急基金来应付实际出现的风险事件。

其核心作用在于提高项目中积极事件的概率和影响，降低项目中消极事件的概率和影响，主要包括规划风险管理、识别风险、实施定性风险分析、实施定量风险分析、规划风险应对、控制风险六个组成部分，每个部分的输入、工具/技术、输出等相关要素概览如表8.8所示。

9.项目采购管理

项目采购管理是对企业从外界获得产品或服务的过程进行管理。其核心作用是使企业关注自己的核心业务，对于项目中所需要的其他产品、服务或成果进行采购，以达成项目整体目标。其主要包括规划采购管理、实施采购、控制采购、结束采购四个组成部分，每个部分的输入、工具/技术、输出等相关要素概览如表8.9所示。

10.项目干系人管理

项目干系人管理是项目经理正确识别并合理管理干系人的能力，进而确保项目目标达成的过程。其核心作用是平衡相关干系人的目标，确保项目目标与干系人期望一致。其主要包括识别干系人、规划干系人管理、管理干系人参与、控制干系人参与四个组成部分，每个部分的输入、工具/技术、输出等相关要素概览如表8.10所示。

表 8.1 项目整合管理"输入、工具/技术、输出"要素概览

1. 制定项目章程			2. 制订项目管理计划			3. 指导与管理项目执行		
输入	工具/技术	输出	输入	工具/技术	输出	输入	工具/技术	输出
(1) 项目工作说明书; (2) 商业文件(如商业论证、市场需求、客户需要、技术进步、法律要求、生态影响、社会需要等); (3) 协议; (4) 事业环境因素; (5) 组织过程资产	(1) 专家判断; (2) 数据收集(如头脑风暴、焦点小组、访谈等); (3) 人际关系管理(如冲突管理、引导等); (4) 团队技能; (5) 会议	(1) 项目章程(包括:目的、目标成功测量标准、高层级需求、可交付成果、总体里程碑计划、财务预算、相关干系人名单、审批要求、退出标准等); (2) 假设日志	(1) 项目章程; (2) 所有其他过程输出; (3) 事业环境因素; (4) 组织过程资产	(1) 专家判断; (2) 数据收集(如头脑风暴、核对单、焦点小组、访谈等); (3) 人际关系(如冲突管理、引导等); (4) 团队技能; (5) 会议	项目管理计划(包含:范围管理计划、需求管理计划、进度管理计划、成本管理计划、质量管理计划、资源管理计划、沟通管理计划、风险管理计划、采购管理计划、相关方参与计划;基准,如范围基准、进度基准、成本基准、测量基准;绩效测量基准等;其他组件,如生命周期描述、开发方法等)	(1) 项目管理计划; (2) 项目文件(如变更日志、经验教训登记册、里程碑清单、项目沟通记录、项目进度计划、需求跟踪矩阵、风险登记册、风险报告等); (3) 批准的变更请求; (4) 事业环境因素; (5) 组织过程资产	(1) 专家判断; (2) 项目管理信息系统; (3) 会议	(1) 可交付成果; (2) 工作绩效数据; (3) 问题日志(如问题类型、提出时间、描述、优先级、谁负责解决、解决日期、解决状态、问题解决情况); (4) 变更请求(如变更请求、预防措施、缺陷补救、更新等); (5) 项目管理计划更新; (6) 项目文件更新(如活动清单、假设日志、经验教训登记册、风险登记册、需求文件、相关方登记册等); (7) 组织过程资产更新

续表

4. 管理项目知识			5. 监控项目工作			6. 实施整体变更控制		
输入	工具/技术	输出	输入	工具/技术	输出	输入	工具/技术	输出
（1）项目管理计划；（2）项目文件（如经验教训登记册、项目团队派工单、资源分解结构、相关方登记册）；（3）可交付成果；（4）事业环境因素；（5）组织过程资产	（1）专家判断；（2）知识管理；（3）信息管理；（4）人际关系与团队技能（如积极倾听、冲突管理、引导等）；（5）团队技能（如领导力、政治意识等）	（1）经验教训登记册；（2）项目管理计划更新；（3）组织过程资产更新	（1）项目管理计划；（2）项目文件（包括：假设日志、估算依据、成本预测、问题日志、经验教训登记册、里程碑清单、质量报告、风险登记册、风险报告、进度预测等）；（3）工作绩效信息；（4）协议；（5）组织过程资产；（6）事业环境因素	（1）专家判断；（2）数据分析（如备选方案分析、成本效益分析、挣值分析、根本原因分析、趋势分析、偏差分析等）；（3）决策；（4）会议	（1）工作绩效报告；（2）变更请求（如纠正措施、预防措施、缺陷补救）；（3）项目管理计划更新；（4）项目文件更新（成本预测、问题日志、经验教训登记册、进度预测）	（1）项目管理计划（如变更管理计划、配置管理计划、范围基准、进度基准、成本基准）；（2）项目文件（如估算依据、需求跟踪矩阵、风险报告）；（3）工作绩效报告；（4）变更请求；（5）组织过程资产；（6）事业环境因素	（1）专家判断；（2）变更控制工具（如识别配置项、配置项状态、进行配置项核实与审计、识别并记录变更、跟踪变更等）；（3）数据分析（如备选方案分析、成本绩效分析等）；（4）决策（如投票、独裁型决策、多标准决策分析）；（5）会议	（1）批准的变更请求；（2）项目管理计划更新；（3）项目文件更新

7. 结束或收尾项目

输入	工具/技术	输出
(1) 项目章程； (2) 项目管理计划； (3) 项目文件（包括：假设日志、经验教训登记册、里程碑清单、质量报告、问题日志、风险登记册、风险报告、进度预测等）； (4) 验收的可交付成果； (5) 商业文件（如商业论证、效益管理计划）； (6) 协议； (7) 采购文档； (8) 组织过程资产	(1) 专家判断； (2) 数据分析（如文件分析、回归分析、趋势分析、偏差分析等）； (3) 会议	(1) 项目文件更新； (2) 最终的交付产品、服务、成果； (3) 最终报告； (4) 组织过程资产更新（如项目文件、运营和支持文件、项目或阶段收尾文件、经验教训知识库）

表 8.2　项目范围管理"输入、工具/技术、输出"要素概览

1. 规划范围管理			2. 收集需求			3. 定义范围		
输入	工具/技术	输出	输入	工具/技术	输出	输入	工具/技术	输出
(1)项目管理计划(如质量管理计划、项目生命周期描述、开发方法等)；(2)事业环境因素；(3)组织过程资产	(1)专家判断；(2)数据分析；(3)会议	(1)范围管理计划(如范围说明书、如何审批和维护范围基准、如何验收已完成的交付成果、创建WBS等)；(2)需求管理计划(跟踪配置管理活动、需求优先级排序、测量指标等)	(1)项目管理计划(如需求管理计划、范围管理计划、相关方参与计划等)；(2)项目文件(如假设设日志、经验教训登记册、相关方登记册等)；(3)商业文件；(4)协议；(5)事业环境因素；(6)组织过程资产	(1)专家判断；(2)数据收集(如头脑风暴、访谈、焦点小组、问卷调查、标杆对照等)；(3)数据分析(如针对协议、商业计划、业务流程、业务规则、市场文献、问题日志、政策文献等的分析)；(4)决策(如投票、独裁型决策制定、多标准决策制定等)；(5)数据表现(如亲和图、思维导图等)；(6)人际关系和团队技能(如名义小组技术、引导、观察和交谈、设计或联合开发、质量功能展开、用户故事等)；(7)系统交互图；(8)原型法	(1)需求文件(如业务需求、相关方需求、解决方案需求、功能需求、非功能需求、过渡和就绪需求、质量需求等)；(2)需求跟踪矩阵	(1)项目章程；(2)项目管理计划；(3)项目文件(如假设设日志、风险登记册、需求文件等)；(4)事业环境因素；(5)组织过程资产	(1)专家判断；(2)数据分析；(3)决策；(4)人际关系和团队技能；(5)产品分析(如产品分解、需求分析、系统分析、系统工程、价值分析、价值工程等)	(1)项目范围说明书(如产品范围描述、可交付成果、验收标准、项目的除外责任等)；(2)项目文件更新(如假设日志、需求文件、需求跟踪矩阵、相关方登记册等)

续表

4.创建工作包			5.确认范围			6.控制范围		
输入	工具/技术	输出	输入	工具/技术	输出	输入	工具/技术	输出
（1）项目管理计划； （2）项目文件（如项目范围说明书、需求文件等）； （3）事业环境因素； （4）组织过程资产	（1）专家判断； （2）分解（具体步骤：识别及可交付成果及工作，确定WBS结构和编制方法，自上向下的细化分解，为WBS制定和分配标识码，核实可交付成果是否恰当度等）	（1）范围基准（如项目范围说明书、WBS、工作包、规划包、WBS词典等）； （2）项目文件更新（如假设日志、需求文件等）	（1）项目管理计划（如范围管理计划、需求管理计划、范围基准等）； （2）项目文件（如经验教训登记册、质量报告、需求文件、需求跟踪矩阵）； （3）核实的可交付成果； （4）工作绩效数据	（1）检查； （2）决策	（1）验收的可交付成果； （2）工作绩效信息； （3）变更请求； （4）项目文件更新（如经验教训登记册、需求文件、需求跟踪矩阵等）	（1）项目管理计划（如范围管理计划、需求管理计划、变更管理计划、配置管理计划、范围基准、绩效测量基准等）； （2）项目文件（如经验教训登记册、需求文件、需求跟踪矩阵等）； （3）工作绩效数据； （4）组织过程资产	（1）数据分析（如偏差分析、趋势分析等）； （2）专家判断	（1）工作绩效信息； （2）变更请求； （3）项目范围管理计划更新（如范围管理计划、进度基准、成本基准、绩效测量基准等）； （4）项目文件更新（如经验教训登记册、需求文件、需求跟踪矩阵等）

表8.3 项目进度管理"输入、工具/技术、输出"要素概览

1. 规划进度管理			2. 定义活动			3. 排列活动顺序		
输入	工具/技术	输出	输入	工具/技术	输出	输入	工具/技术	输出
(1) 项目章程； (2) 项目管理计划（如范围管理计划、开发方法等）； (3) 事业环境因素； (4) 组织过程资产	(1) 专家判断； (2) 数据分析； (3) 会议	(1) 进度管理计划（如项目进度模型定义、进度模型开发及进度计划的发布及迭代长度，准度，计量单位，组织程序连接，项目进度模型维护，控制临界值，绩效测量规则，报告格式）； (2) 项目文件	(1) 项目管理计划（如进度管理计划、范围基准等）； (2) 事业环境因素； (3) 组织过程资产	(1) 专家判断； (2) 分解（将WBS分解为更小的活动）； (3) 滚动规划（渐进明细）； (4) 会议	(1) 活动清单； (2) 活动属性； (3) 里程碑清单； (4) 变更请求； (5) 项目管理计划更新（如进度基准，成本基准等）	(1) 项目管理计划（如进度管理计划、范围等）； (2) 项目文件（如活动属性，活动清单，假设日志，里程碑清单等）； (3) 事业环境因素； (4) 组织过程资产	(1) 紧前关系绘图法（包含：完成到开始，完成到完成，开始到完成，开始到开始）； (2) 确定和整合依赖关系（强制性依赖关系，选择性依赖关系，外部依赖关系，内部依赖关系等）； (3) 提前量和滞后量； (4) 项目管理信息系统	(1) 项目进度网络图； (2) 项目文件更新（如活动清单，里程碑清单，活动属性，假设日志，里程碑清单等）

4. 估算活动持续时间			5. 制订进度计划			6. 控制进度		
输入	工具/技术	输出	输入	工具/技术	输出	输入	工具/技术	输出
(1)项目管理计划(如进度管理计划、范围基准等); (2)项目文件(如活动属性、活动清单、假设日志、里程碑清单、经验教训登记册、资源分解结构、资源需求、资源日历、风险登记册、派工单等); (3)事业环境因素; (4)组织过程资产	(1)专家判断; (2)类比估算; (3)参数估算; (4)三点估算(包含:最可能时间、最乐观时间、最悲观时间); (5)自上而下估算; (6)数据分析(如备选方案分析、储备分析); (7)决策; (8)会议	(1)持续时间估算; (2)估算依据; (3)项目文件更新(如活动属性、假设日志、经验教训登记册等)	(1)项目管理计划(如进度管理计划、范围基准等); (2)项目文件(如活动属性、活动清单、假设日志、里程碑清单、经验教训登记册、项目进度计划、资源日历、资源需求、风险登记册等); (3)协议; (4)事业环境因素; (5)组织过程资产	(1)进度网络分析; (2)关键路径法; (3)资源优化(如资源平衡、资源平滑等); (4)数据分析(如假设情景分析、模拟等); (5)提前量和滞后量; (6)进度压缩(如赶工、快速跟进等); (7)项目信息管理系统; (8)敏捷发布规划	(1)进度基准; (2)项目进度计划(如横道图、里程碑图、项目网络图等); (3)进度数据; (4)项目日历; (5)变更请求; (6)项目管理计划更新(如进度管理计划、成本基准等); (7)项目文件更新(如活动属性、假设日志、经验教训登记册、资源需求、风险登记册)	(1)项目管理计划(如进度管理计划、范围基准、进度基准、绩效测量基准等); (2)项目文件(如经验教训登记册、项目日历、项目进度计划、资源日历、进度数据等); (3)事业环境因素; (4)组织过程资产; (5)工作绩效数据	(1)数据分析(如挣值分析、迭代燃尽图、绩效审查、趋势分析、偏差分析、假设情景分析等); (2)关键路径法; (3)项目管理信息系统; (4)资源优化; (5)提前量和滞后量; (6)进度压缩	(1)工作绩效信息; (2)进度预测; (3)变更请求; (4)项目管理计划更新(如进度管理计划、进度基准、成本基准、绩效测量基准等); (5)项目文件更新(如假设日志、估算依据、经验教训登记册、项目进度计划、风险登记册、进度数据等)

表8.4　项目成本管理"输入、工具/技术、输出"要素概览

1. 规划成本		
输入	工具/技术	输出
（1）进度管理计划； （2）风险管理计划； （3）事业环境因素（组织文化或组织结构，市场条件，生产率差异等）； （4）组织过程资产	（1）专家判断； （2）数据分析； （3）会议	（1）成本管理计划（包含计量单位，精确度，准确度，组织程序链接，控制临界值，绩效测量规则，报告格式等； （2）其他细节（如战略资方案说明，汇率成本程序，记录成本程序）

2. 估算成本		
输入	工具/技术	输出
（1）项目管理计划（如成本管理计划，质量管理计划，范围基准）； （2）项目文件（如经验教训登记册，项目进度计划，资源需求，风险登记册）； （3）事业环境因素； （4）组织过程资产	（1）专家判断； （2）类比估算； （3）参数估算； （4）自上而下估算； （5）三点估算； （6）数据分析（如备选方案分析，储备分析，质量成本分析等）； （7）项目管理信息系统； （8）决策（如选举，投票等）	（1）成本估算； （2）估算依据； （3）项目文件更新（如假设设日志，经验教训登记册，风险登记册等）

3. 制定预算		
输入	工具/技术	输出
（1）项目管理计划（如成本管理计划，资源管理计划，范围基准等）； （2）项目文件（如估算依据，成本估算，项目进度计划，风险登记册等）； （3）商业文件（如商业论证，效益管理计划等）； （4）协议； （5）事业环境因素； （6）组织过程资产	（1）专家判断； （2）成本汇总； （3）数据分析（如储备分析等）； （4）历史信息审核； （5）资金限制平衡； （6）融资	（1）成本基准； （2）项目资金需求； （3）项目文件更新（如成本估算，项目进度计划，风险登记册等）

4. 控制成本		
输入	工具/技术	输出
（1）项目管理计划（如成本管理计划，资源管理计划，范围基准，绩效测量基准等）； （2）项目文件（如估算依据，成本估算，风险登记册等）； （3）项目资金需求； （4）工作绩效数据； （5）组织过程资产	（1）专家判断； （2）数据分析（如挣值分析，偏差分析，趋势分析，储备分析等）； （3）完工尚需绩效指数； （4）项目管理信息系统	（1）工作绩效信息； （2）成本预测； （3）变更请求； （4）项目管理计划更新（如成本基准，绩效测量基准等）； （5）项目文件更新（如假设设日志，估算依据，成本估算，风险登记册等）

表8.5 项目质量管理"输入、工具/技术、输出"要素概览

1. 规划质量管理

输入	工具/技术	输出
(1)项目章程； (2)项目管理计划（如需求管理计划、风险管理计划、相关方参与计划、范围基准等）； (3)干系人登记册； (4)风险登记册； (5)需求文件； (6)事业环境因素； (7)组织过程资产	(1)七种基本质量工具（因果图、控制图、流程图、直方图、帕累托图、趋势图和散点图）； (2)核查表； (3)帕累托图； (4)直方图； (5)控制图； (6)散点图； (7)成本效益分析； (8)质量成本； (9)实验设计； (10)统计抽样	(1)质量管理计划； (2)过程改进计划； (3)质量测量指标； (4)质量核对单； (5)项目文件（更新）：包括干系人登记册、责任分配矩阵、WBS 和 WBS 词典

2. 管理质量

输入	工具/技术	输出
(1)质量管理计划； (2)过程改进计划； (3)质量测量指标； (4)质量控制测量结果； (5)项目文件	(1)过程决策程序图； (2)关联图； (3)树形图； (4)优先矩阵； (5)活动网络图； (6)矩阵图； (7)质量审计； (8)过程分析	(1)变更请求； (2)项目管理计划（更新）：包括质量管理、范围管理、进度管理和成本管理等计划； (3)项目文件（更新）：包括质量审计报告、培训计划和过程文档； (4)组织过程资产（更新）：包括质量标准和质量管理系统

3. 控制质量

输入	工具/技术	输出
(1)项目管理计划； (2)质量测量指标； (3)质量核对单； (4)工作绩效数据； (5)批准的变更请求； (6)可交付成果； (7)项目文件； (8)组织过程资产	(1)检查； (2)审查已批准的变更请求	(1)质量控制测量结果； (2)确认的变更； (3)核实的可交付成果； (4)工作绩效信息； (5)变更请求； (6)项目管理计划（更新）：包括质量管理计划； (7)项目文件（更新）：包括质量标准； (8)组织过程资产（更新）

表 8.6　项目人力资源管理"输入、工具/技术、输出"要素概览

1. 规划人力资源管理

输入	工具/技术	输出
(1)项目管理计划; (2)活动资源需求; (3)事业环境因素; (4)组织过程资产	(1)会议; (2)人际交往; (3)组织理论; (4)专家判断	人力资源管理计划(包括角色和职责、项目组织图、人员配备管理计划等)

2. 组建项目团队

输入	工具/技术	输出
(1)人力资源管理计划(包括角色与职责、项目组织图、人员配备管理计划); (2)事业环境因素; (3)组织过程资产	(1)预分派; (2)谈判; (3)招募; (4)虚拟团队; (5)多标准决策分析	(1)项目人员分派; (2)资源日历; (3)项目管理计划(更新):包括人力资源管理计划

3. 建设项目团队

输入	工具/技术	输出
(1)人力资源管理计划; (2)项目人员分派; (3)资源日历	(1)团队建设活动; (2)人际关系技能; (3)培训; (4)基本规则; (5)集中办公; (6)认可与奖励; (7)人事测评工具; (8)会对编码; (9)测试驱动开发; (10)建立信任	(1)团队绩效评价; (2)事业环境因素(更新):包括人事管理制度,员工培训记录和技能评估

4. 管理项目团队

输入	工具/技术	输出
(1)人力资源管理计划; (2)项目人员分派; (3)团队绩效评价; (4)问题日志; (5)工作绩效报告; (6)组织过程资产	(1)冲突管理; (2)观察和交谈; (3)项目绩效评估; (4)人际关系技能	(1)变更请求; (2)预防措施; (3)项目管理计划(更新):包括人员管理计划; (4)项目文件(更新):包括问题日志、角色描述和项目人员分派; (5)事业环境因素(更新):包括对组织绩效评价的输入、个人技能更新; (6)组织过程资产(更新):包括历史信息和经验教训文档,相关模板和组织级的标准流程

表 8.7 项目沟通管理"输入、工具/技术、输出"要素概览

1. 规划沟通管理

输入	工具/技术	输出
(1)项目管理计划； (2)干系人登记册； (3)事业环境因素； (4)组织过程资产	(1)沟通需求分析； (2)识别和确定项目沟通需求的信息； (3)沟通技术； (4)沟通模型； (5)沟通方法； (6)会议	(1)沟通管理计划； (2)项目进度计划干系人； (3)登记册

2. 管理沟通

输入	工具/技术	输出
(1)沟通管理计划； (2)工作绩效报告； (3)事业环境因素：包括组织文化和结构，政府或行业标准及规定，项目管理信息系统； (4)组织过程资产：包括有关沟通管理的政策、程序、过程和指南，相关模板，历史信息和经验教训； (5)发布和迭代计划	(1)沟通技术； (2)沟通模型； (3)沟通方法； (4)信息管理系统； (5)报告绩效； (6)信息发射源； (7)周转率； (8)历史周转率； (9)在线协作工具	(1)项目沟通：包括绩效报告，可交付成果状态，进度进展情况和已发生的成本； (2)项目管理计划（更新）：包括项目管理基准及与沟通管理、干系人管理有关的信息； (3)项目文件（更新）：包括问题日志，项目进度计划，资金需求。 (4)组织过程资产（更新）； (5)专用沟通工具； (6)在线协作工具； (7)信息发射源更新

3. 控制沟通

输入	工具/技术	输出
(1)项目管理计划； (2)项目沟通； (3)问题日志； (4)工作绩效数据； (5)组织过程资产：包括报告模板，定义沟通的政策、标准和程序，可用的沟通媒介，允许的沟通技术，记录保存政策，安全要求； (6)已排定优先级先级的未完项； (7)周转率统计和预测	(1)会议； (2)信息管理系统； (3)专家判断； (4)考虑周到的沟通； (5)自动化系统	(1)工作绩效； (2)信息变更请求； (3)项目管理计划（更新）； (4)项目文件（更新）：包括预测、绩效报告，问题日志； (5)组织过程资产（更新）：包括报告式格和经验教训文档； (6)迭代和发布计划更新； (7)重新排序的未完项

表8.8　项目风险管理"输入、工具/技术、输出"要素概览

1. 规划风险管理

输入	工具/技术	输出
(1)项目管理计划； (2)项目章程； (3)干系人登记册：包含了项目干系人的详细信息及角色概述； (4)事业环境因素：包括组织的风险态度、临界值和承受力； (5)组织过程资产：包括通用的风险描述、概念和定义，风险类别，通用的风险态度和术语的格式、标准模板、角色和职责、决策所需的职权级别、经验教训	(1)专家判断； (2)分析技术； (3)会议	(1)风险管理计划； (2)风险类别； (3)风险概率和影响的定义； (4)概率和影响矩阵； (5)修订的干系人承受力； (6)报告格式； (7)跟踪

2. 识别风险

输入	工具/技术	输出
(1)采购文件； (2)风险管理计划； (3)成本管理计划； (4)进度管理计划； (5)质量管理计划； (6)人力资源管理计划； (7)范围基准； (8)活动成本估算； (9)活动持续时间估算； (10)干系人登记册； (11)项目文件：包括假设条件日志、工作绩效报告、挣值报告、网络图、基准以及对识别风险有价值的其他项目信息； (12)事业环境因素（包括商业数据库、学术研究资料、公开发布的核对表、标杆、行业研究资料、风险态度； (13)组织过程资产：包括项目档案（包括实际数据）、组织和项目的流程控制规定、风险描述的模板、经验教训； (14)风险分类法	(1)专家判断； (2)文档审查：对项目文档（包括各种计划、假设条件，以往的项目文档，协议和其他信息）进行结构化审查； (3)信息收集技术； (4)核对单分析； (5)假设分析； (6)图解技术； (7)SWOT分析； (8)回顾会	风险登记册：包括已识别风险清单、潜在应对措施清单

3. 实施定性风险分析			4. 实施定量风险分析		
输入	工具/技术	输出	输入	工具/技术	输出
(1) 风险管理计划:包括风险管理的角色和职责、风险管理的预算和进度活动,风险类别,概率和影响矩阵及修订的干系人风险承受力; (2) 范围基准; (3) 风险登记册; (4) 事业环境因素; (5) 组织过程资产:包括以往已完成的类似项目的信息; (6) 软件产品的重要性; (7) 风险对于成功完成软件产品的交付产生的影响和对于生产组织的整体影响	(1) 专家判断; (2) 风险概率和影响评估; (3) 概率和影响矩阵; (4) 风险分类; (5) 风险紧迫性评估; (6) 风险敞口矩阵	项目文件(更新):包括风险登记册、假设条件日志	(1) 风险管理计划; (2) 成本管理计划和进度管理计划; (3) 风险登记册; (4) 事业环境因素; (5) 组织过程资产	(1) 数据收集和展示技术,包括访谈、概率分布; (2) 定量风险分析和建模技术,如面向事件和面向项目的分析方法,包括敏感性分析(龙卷风图)、货币价值分析(决策树分析)、建模和模拟(蒙特卡洛技术)等	项目文件更新:如风险登记册更新包括项目的概率更新分析、实现成本和时间目标的概率、量化风险优先级清单、定量风险分析结果的趋势

续表

5. 规划风险应对			6. 控制风险		
输入	工具/技术	输出	输入	工具/技术	输出
(1) 风险管理计划：包括角色和职责，风险分析（以及经审查而删去风险）的时间安排，关于时间的管理计划，低、中、高风险的管理计划有助于识别特定应对措施的风险临界值； (2) 风险登记册：包含已识别的风险，潜在应对措施，风险责任人、项目征兆和预警信号，项目风险的相对评级或优先级清单，近期需要进一步分析和应对结果的风险清单，定性分析结果的趋势，以及低优先级风险的观察清单	(1) 风险分析工具； (2) 消极风险或威胁的应对策略； (3) 积极风险或机会的应对策略； (4) 应急应对策略	(1) 项目管理计划（更新）：包括进度管理计划，成本管理计划，质量管理计划，采购管理计划，人力资源管理计划，范围基准、进度基准，成本基准； (2) 项目文件（更新）：根据需要更新若干项目文件； (3) 假设条件日志； (4) 技术文件； (5) 变更请求	(1) 项目管理计划； (2) 风险登记册； (3) 工作绩效数据：包括可交付成果的状态，进度进展情况，已经发生的成本； (4) 工作绩效报告； (5) 测试报告	(1) 风险再评估； (2) 风险审计； (3) 偏差和趋势分析； (4) 技术绩效测量； (5) 储备分析； (6) 会议	(1) 工作绩效信息； (2) 变更请求； (3) 项目管理计划（更新）； (4) 项目文件（更新）； (5) 组织过程资产（更新）

表8.9 项目采购管理"输入、工具/技术、输出"要素概览

1. 规划采购管理

输入	工具/技术	输出
(1)项目管理计划:包括项目范围说明书、WBS、WBS词典; (2)需求文件:包括与采购规划有关的、关于项目需求含义的需求; (3)活动资源需求; (4)项目进度计划; (5)活动成本估算; (6)风险登记册; (7)干系人登记册; (8)事业环境因素:包括可从市场获得的产品、服务和成果,供应商情况,适用于产品、服务和成果的典型条款和条件,当地的独特要求; (9)组织过程资产——合同类型	(1)自制或外购分析; (2)预算制约因素可能影响自制或外购决策; (3)专家判断; (4)市场调研; (5)会议; (6)规划采购技术	(1)采购管理计划; (2)采购工作说明书; (3)采购文件; (4)供方选择标准; (5)自制或外购决策; (6)变更请求; (7)项目文件(更新):包括需求文件,需求跟踪矩阵,风险登记册

2. 实施采购

输入	工具/技术	输出
(1)采购管理计划; (2)采购文件; (3)供方选择标准; (4)卖方建议书; (5)项目文件; (6)自制或外购决策; (7)采购工作说明书; (8)组织过程资产	(1)投标人会议; (2)建议书评价技术; (3)独立估算; (4)专家判断; (5)广告; (6)分析技术采购谈判	(1)选定的卖方; (2)协议; (3)资源日历; (4)变更请求; (5)项目管理计划(更新):包括成本基准、范围基准、进度基准、沟通管理计划、采购管理计划; (6)项目文件(更新):包括需求文件,需求跟踪文件、风险登记册、干系人登记册

3. 控制采购

输入	工具/技术	输出
(1)项目管理计划; (2)采购文件; (3)协议; (4)批准的变更请求; (5)工作绩效报告; (6)工作绩效数据	(1)合同变更控制系统; (2)采购绩效审查; (3)检查和审计; (4)报告绩效; (5)支付系统; (6)索赔管理; (7)记录管理系统	(1)工作绩效信息; (2)变更请求; (3)项目管理计划(更新):包括采购管理计划、进度基准与成本基准; (4)组织过程资产(更新):包括基准和采购记录; (5)项目文件(更新):包括采购任务函件、支付计划和请求、卖方绩效评估文件

4. 结束采购

输入	工具/技术	输出
(1)项目管理计划; (2)采购文件	(1)采购审计; (2)采购谈判; (3)记录管理系统	(1)结束的采购:买方向卖方发出关于合同已完成的正式书面通知; (2)组织过程资产(更新):包括采购档案,可交付成果验收,经验教训文档

表 8.10 项目干系人管理"输入、工具/技术、输出"要素概览

1. 识别干系人			2. 规划干系人管理		
输入	工具/技术	输出	输入	工具/技术	输出
(1)项目章程：可提供与项目有关的、受项目结果或执行影响的内外部各方的信息； (2)采购文件； (3)事业环境因素：包括组织文化和结构、政府或行业标准（如法规和产品标准）、全球/区域或当地的趋势、实践或习惯； (4)组织过程资产：包括干系人登记册模板，以往项目的经验教训和干系人登记册	(1)干系人分析； (2)角色建模	干系人登记册	(1)项目管理计划； (2)干系人登记册； (3)事业环境因素； (4)组织过程资产； (5)干系人可用性	(1)会议； (2)专家判断； (3)分析技术	(1)干系人管理计划； (2)里程碑审查和迭代计划

3. 管理干系人参与			4. 控制干系人参与		
输入	工具/技术	输出	输入	工具/技术	输出
(1)干系人管理计划； (2)沟通管理计划； (3)变更日志； (4)组织过程资产：包括组织对沟通的要求、问题管理程序、变更控制程序，以往项目的历史信息； (5)审查、会议和计划	(1)周转率度量和昨日天气； (2)沟通方法； (3)人际关系技能； (4)管理技能； (5)信息发射源； (6)沟通工具	(1)问题日志； (2)变更请求； (3)项目管理计划（更新）； (4)项目文件（更新）； (5)组织过程资产（更新）	(1)项目管理计划； (2)问题日志； (3)工作绩效数据； (4)项目文件	(1)信息管理系统； (2)专家判断； (3)会议	(1)工作绩效信息； (2)变更请求； (3)项目管理计划（更新）：包括变更管理、沟通管理、成本管理、人力资源管理、采购管理、质量管理、需求管理、风险管理、进度管理、范围管理和干系人管理等计划； (4)项目文件（更新）：包括干系人登记册、问题日志； (5)组织过程资产（更新）：包括给干系人的通知、项目报告、项目演示资料、项目记录、干系人反馈意见、经验教训文档

8.3 项目启动与方案确定

业务流程梳理与优化项目可能是由很多不同的发起者由于不同的原因而启动的。一些项目在正式立项之前会经历各种各样的评估阶段,这些评估过程可能就需要项目后期实现团队的大力参与。项目提出者对业务流程进行梳理与优化,可能基于以下两个主要的原因:①项目提出者遇到了必须对业务流程进行梳理规范化或者优化改进的问题;②项目提出者认识到通过业务流程优化与升级可以给企业或者组织带来新的机会。任何一个组织在适应和应对自然进化变革的时候,都可能出现以上两种情形。

8.3.1 定义问题

企业或者组织的管理者一般不愿意设想自己内部存在的问题,更很难与外界分享或分析这些问题,然而,对于卓越的管理者而言,需要对企业可能出现的问题进行有效识别,或者在某一个阶段有针对性地解决一些问题,这是企业能够可持续发展的关键。

在现实管理和运作中,问题会通过不同的方式来展现。例如,问题可能是最终结果没有满足预设的工作目标而暴露,也有可能是执行过程中或者阶段性的输出中,存在着错误较多、工作进展拖沓、工作内容不完善、阶段结果不正确、工作完全无进展等。尤其是当绩效目标没有达成时,相关问题的综合症状或者连锁反应就会出现,比如,员工的离职率较高、频繁的人事调整、员工抱怨度较大等。所有这些问题无论是以独立的状态展现,还是以组合的形式出现,都可能是企业或组织的管理者启动业务流程梳理或优化项目,并寻求外部咨询团队提供帮助的充分理由。

有效地定义问题是解决问题的前提,问题的定义通常包括三个部分:①用一两段话描述的问题陈述;②陈述后的一系列问题或者独立的主要问题;③与问题相对应的目标或者目的。问题是当前的状况,目标是问题解决后的期望,这些目标可以非常具体或者使用常规的陈述。有的问题定义后面也会跟随着需求以及可能的解决方案和限制性的约束。问题的定义是在充分调研和交流的基础上提出来的,收集信息的过程中需要大量的事实总结或重要观点提炼。下面是某一个企业的问题定义示例。

某一家新三板上市的中小型企业,成立于 2002 年,是一家专注于能源行业信息化,提供信息系统集成服务的高性能技术企业。该企业从最初提供简单的硬件代采和集成服务,经过 10 年左右的发展,成了一家拥有专业软件研发团队和软件产品的信息服务提供商。但是随着软件业务的不断扩大,软件研发、测试、实施和管理中所暴露出来的问题越来越突出,主要的问题如下:

(1)软件研发过程不够规范,导致项目的后期运维成本很大,更无法通过运维获得有效的利润收益。

(2)研发和测试之间无法有效衔接,测试的工作效能很低,导致大量的软件缺陷发布到客户现场应用中。

(3)项目实施过程中实施人员过分妥协,无法和客户针对业务问题进行同一层次的探讨和沟通。

（4）缺乏统一的整体质量规范，各个项目组的成果过分依赖于项目经理或者负责人的个人能力。

（5）项目管理缺乏统一性，各项目组对相关的绩效数据统计口径和标准不统一，导致在跨项目组绩效衡量时，矛盾和冲突较大。

针对上述问题的解决目标如下：

（1）将研发过程进行规范化的约束，使得研发过程严格遵守软件行业的基础过程规范，保证后续其他人接受运维或升级项目的时间成本降低。

（2）将测试部从研发体系中剥离出来，并将测试部隶属于质量管理部门，在研发和测试之间建立模板化的沟通基准。

（3）组织内部讲师培训，整理适合于本公司和服务客户的实施方法论，使得对客户端的实施服务标准统一和能力提升。

（4）建设公司整体质量体系，确定公司软件产品统一质量标准（如需求变更率＜20％，成本控制率＜10％，一、二级逃逸缺陷率＜5％等）。

（5）针对项目管理进行工程化的管理，通过 CMMI[①] 或者敏捷体系，重塑公司项目管理机制，专项培养 5～10 名专职项目经理。

8.3.2　确定项目与方案

项目前期的问题定义和整理过程，是由不同的人提出来的，并不是所有的问题都需要解决或者需要在本阶段解决。在确定项目时，应明确项目可以解决某个问题或者能够带来整体的改进。企业或者组织的最高管理者应该仔细斟酌每个问题的提出动机，必须确保某些问题的提出不是为了某些个人政治声誉或者权力而提出来的，因为这样的问题导致的项目解决结果可能会被错误地理解和接受。

通过问题确定项目的过程中，应该对相关内容进行仔细审查，考虑每一个解决方法对整个组织的全局性影响。因为企业或者组织作为一个整体，各个子系统之间是相互依赖的，对某一个子系统的修改可能会影响其他到的子系统，因此不能孤立地评估和选择一个业务流程梳理和优化项目。此外，还应该整体考虑以下五个方面的问题：

（1）项目是否得到了相关管理团队的充分理解和支持。这点对业务流程梳理和优化项目十分重要，没有得到管理层的充分理解和行政权力的支持，绝对不可能完成项目的预期目标，这并不说明非管理层的参与不重要，而是说明管理层人员的支持和有效参与是必不可少的。

（2）项目执行的时间是否安排合理。这个需要项目团队的所有成员（包括公司或者企业的高级管理人员）能够为业务流程梳理或优化的项目做出时间的承诺，项目的具体执行人也要承诺在项目期间付出全部或承诺的参与时间。

（3）是否有助于企业或组织的战略目标的达成。业务流程梳理或优化的最终目标是为企业的战略目标提供支撑，因此，应按照两化融合的战略循环的出发点，判断业务流程的效能提升是否和组织整体目标相一致。

---

① 指能力成熟度模型集成（capability maturity model integration，CMMI）。

（4）所能动用的资源是否切合实际，这是所有项目都要考虑的点。在业务流程梳理和优化项目中，要重点关注企业或组织所能调用的专业技能资源，同时针对某些业务专业领域，必须能对所需要专业技能的人员进行有效辨别。

（5）进行项目的性价比比较，即与企业或者组织能进行的其他项目相比，本项目是否是最优的选择。通过这种比较，可以在所有干系人内达成一致，因为他们承诺了这个项目的执行时间，不会轻易投入其他项目上去，或者直接将与本项目在时间、资金、人力等要素上有冲突的项目停止。

8.3.3　判断可行性

经过上述两个步骤后，项目的数量、范围、目标等都已经明确了，但是仍需要进一步分析确定本项目是否可行。项目的可行性一般从三个方面进行评判：技术可行性、经济可行性、操作可行性。可行性分析主要用于相关决策人员收集数据，并通过数据的利用对是否继续该项目做出决策。

项目的可行性研究是在项目目标清晰化之后进行的，分析人员要综合分析组织或者相关参与人员是否有可能支撑该项目到结束，具体如下：

（1）技术可行性。分析人员或者决策者必须确定在当前状态下是否具备完成业务流程梳理或优化项目的基本能力，尤其是企业或者组织内是否存在熟悉业务流程理论框架和实施过程的人员，如果不存在这样的人员，就需要寻求外部咨询团队的支持。

（2）经济可行性。经济可行性是资源确定的核心部分，需要重点考虑的是项目团队能够投入的执行时间。因为业务流程梳理与优化更多是人力时间成本的投入，因此在项目开始之前，企业或者组织必须要看到时间投入能带来的价值，如果长期收益不能超过短期时间投入的成本，该项目就不具备经济可行性，就不应该继续深入的研究。

（3）操作可行性。这里假设技术和经济上都是可行的，但可行性分析人员仍然要确定拟申请的项目是否具有可操作性。可操作性依赖于项目可用的人力资源，同时还包括业务流程梳理和优化后所需要的人员能力和投入情况。

8.4　项目团队组织与管理

业务流程梳理或优化项目的团队人员管理十分重要。因为业务流程相关的项目都是智力型项目，需要上至最高管理者，下至基层执行人员的全员参与，同时需要相关的团队成员进行正确的沟通，因此项目经理或者项目负责人应该根据能力和适合性选择不同的人执行相关任务。项目的团队管理必须首先设定团队生产率，并通过组织和激励所有的项目参与人去完成项目设定的目标。

8.4.1　组建团队

组建项目团队是项目经理拿到项目任务后首先应该思考的关键事情。在业务流程梳理与优化项目开始前，假设项目经理可以根据其需要组建团队，那么他应该做出怎样的选择呢？

首先,项目经理应寻求具有共同团队工作价值观的人员,并组织他们在预算的范围内按时交付高质量的系统。项目经理普遍期望的团队成员特征包括:良好的工作道德、诚实、具有能力、随时准备担当领导者或管理者、强烈的动机、参与项目的积极性以及队友之间的充分信任等。

其次,项目经理应该和企业或组织中具备管理思维、抽象思维、系统思维、协作思维和实验能力的人进行有效沟通,因为业务流程梳理是现实业务的数字化抽象,需要参与人员具有全局思考观和基本的技能素养。

再次,项目经理需要理解企业运营的商业规则,同时项目团队中的另外一个人也应该理解企业所处行业的整体运营机制,也许这个人是企业所处行业的专家,在项目进行过程中,项目经理可以寻求这些专家的有力支持。

最后,项目经理应该寻找有过业务流程梳理经验和具有积极性的人。在项目进行的前期或者项目预估的环节,经验显得非常的重要,同时应寻求热情的、富有想象力的并且能够与不同类型的人交流的人,这些人员的基本素养和特征奠定了项目成功的基础。

另外,信任团队非常的重要;项目团队的所有成员之间需要负责人,并承诺努力完成项目中属于他的那部分工作;人们可以有不同的工作风格和习惯,但是从项目立项之时起,他们必须承诺朝着一个共同的目标而一起努力工作。

8.4.2 制定项目章程

在项目十大知识域的任何阶段,规划过程的一个重要作用是,需要在要完成什么以及在什么时候完成方面取得一致的意见。无论是企业或者组织外部的咨询成员,还是企业或者组织内部的团队成员,都需要在最终交付什么以及将在什么时候交付方面取得一致。这些内容需要在项目章程上有所体现,项目章程是一个阐述以下问题的文件:

(1)企业管理团队对于本业务流程梳理或优化项目的目标是什么? 项目团队要通过哪些措施来实现目标?

(2)本项目的范围边界是什么? 在项目的实际运行过程中,哪些动作会认为是已经超出了项目的范围?

(3)在调研、分析和整理流程时,团队使用哪些基本的方法和逻辑进行交互?

(4)哪些干系人是项目的关键参与人,关键参与人承诺的时间和精力保障是什么?

(5)项目的最终交付物除了业务流程手册外,还包括哪些内容?

(6)谁将对最终交付的流程手册和其他交付物进行评估,如何进行评估? 评估的意见或者结果向谁来反馈?

(7)项目整体的里程碑节点计划什么? 团队成员将会多长时间报告一次项目里程碑?

项目章程以书面文件的形式描述了业务流程梳理或优化项目的期望结果和交付时间框架,它事实上成了项目经理(或项目负责人)与项目团队以及问题提出者之间的一个新合约。

8.4.3 沟通与激励

在进行业务流程梳理和优化项目时,每一个项目成员都有自己的特色和工作方式,这需要项目经理带领大家,在全新的互联网信息化时代创建一种全新的工作和沟通机制。实际上,项目经理或者团队负责人需要在带领大家完成项目目标和团队成员关系间进行有效平衡,即团队领导要同时兼具任务领导和社会情感领导的双重领导能力。

为了更高效地实现项目目标,需要设置团队的生产率目标。如果团队成员间比较熟悉,则可以对团队的整体工作效果进行预测;如果团队成员在项目立项以前没有太多的合作经历,则可以运用项目管理的一些基础知识进行分析,对合理的生产率目标进行设置。

表格和文字是体现和表达项目目标进度和实际进度之间吻合度的重要方式,通过图形的方式可以使报告中的文字信息更加容易理解。例如,表 8.11 是某个项目需求的统计分析结果,图 8.2 和 8.3 是对表 8.11 中的数据进行图示化后的结果。

表 8.11 项目需求数据统计分析表

质量	2017年11月	2017年12月	2018年1月	2018年2月	2018年3月	2018年4月	2018年5月	2018年6月	2018年7月	2018年8月	2018年9月	2018年10月	整个项目
指数	100%	100%	100%	100%	100%	83.3%	100%	86.5%	100%	100%	100%	100%	71.9%
变更率	0.0%	0.0%	0.0%	0.0%	0.0%	16.7%	0.0%	13.5%	0.0%	0.0%	0.0%	0.0%	28.1%
变更数	0	0	0	0	0	13	0	12	0	0	0	0	25
总数	78	78	78	78	78	78	89	89	89	89	89	89	89
修改数	0	0	0	0	0	2	0	12					14
增加数	0	0	0	0	0	11	0	0					11
删除数	0	0	0	0	0	0	0	0					0

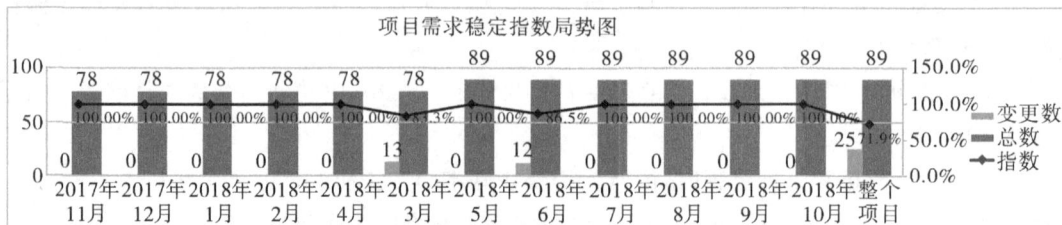

图 8.2 对表 8.11 进行统计后的需求稳定指数局势图

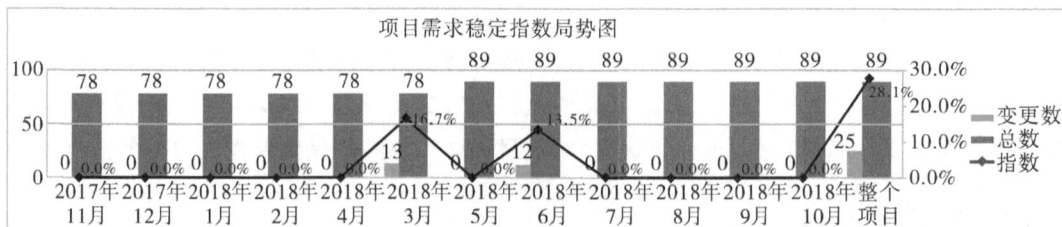

图 8.3 对表 8.11 进行统计后的需求变更指数局势图

如何对团队进行激励是一个极其复杂的主题，但却是每一个项目经理需要随时考虑的事情。根据本书第 2 章的阐述，项目经理可以在不同的层次上对团队成员进行有效激励，实现他们未满足的需求。通过全员参与目标设置，可以很大程度上激励团队成员，同时恰如其分地设置一个具有挑战性但切实可行的目标，然后定期根据目标对业绩进行度量（如表 8.11、图 8.2、图 8.3 所示），也可以起到激励团队成员的作用。总之，目标就像磁铁一样吸引着项目团队的成员做出重要贡献。

8.5　活动管理与进度安排

业务流程梳理与优化项目随着全社会数字化进程的发展越来越复杂，尤其是对大型的企业进行业务流程梳理时，更加复杂。为了使业务流程梳理的项目目标达成、过程可控，项目经理或负责人需要应用一些基础的项目管理技术来对项目活动和持续时间进行组织。

8.5.1　工作结构分解

业务流程梳理和优化项目的团队成员负责在预算的范围内按时完成项目，并负责完成承诺的目标。为了完成所有的目标，团队成员需要把项目按照一定的逻辑结构分解成更小的任务或者活动，这些任务以及任务分解的结构称为工作分解结构（work breakdown structure，WBS）。

在正确的方法指引下，WBS 内的任务具有一些基本的性质：①每个活动包括该活动所形成的一个可交付产品或者有形成果；②每个活动可以交由一个人或者一个小组完成；③每个活动有一个唯一的负责人进行监督和控制性能。

在 WBS 中，每个活动所需要的时间不一定相同，但是要能够通过团队预设的工作效率进行度量，以便后续的跟踪和反馈。每个活动也不需要包含同样多的团队成员，但是每个活动的加总要等于项目中 100％ 的工作。

运用 WBS 的主要方法是自上而下的分解，即项目团队从大的目标或者任务开始，把其分解成可管理的活动，这种将想法或目标分解成较小的目标或任务，并最终转化为活动的分解过程，在每一个活动可以产生一个可交付的成果为止。

WBS 分解方法可以是面向产品的或者面向过程的分解方法。在业务流程梳理或优化的项目中，在项目的范围确定后，一般采用面向过程的分解方法。例如，将一个业务流程梳理项目分为基础调研、按照"五要素一结果"法画流程图、按照九部分结构编写流程手册及确认与优化四个阶段，其中画流程图阶段又可以细分为明确角色、分解动作、确定动作关键描述、明确活动间逻辑关系等子活动，这样就可以组织和协调不同的成员来完成预设的目标。

8.5.2　活动持续时间估计

具体执行业务流程梳理与优化项目时，整个过程可能会变得很难控制，为了使项目的过程可管理，需要一些管理技术对 WBS 分解后的活动进行时间估算。对每一个活动所需的时间进行准确的估算是艰难的，这里介绍类比估算、参数估算和三点估算三种方法。

1. 类比估算

类比估算也叫自上而下估算法,是一种使用相似活动或项目的历史数据,来估算当前活动或项目的持续时间或成本的技术。类比估算以过去类似项目的参数值(如持续时间、预算、规模、重量和复杂性等)为基础,来估算未来项目的同类参数或指标。在估算持续时间时,类比估算技术以过去类似项目的实际持续时间为依据,来估算当前项目的持续时间。这是一种粗略的估算方法,有时需要根据项目复杂性方面的已知差异进行调整。类比估算通常成本较低、耗时较少,但准确性也较低。因此,可以针对整个项目或项目中的某个部分,进行类比估算。

2. 参数估算

参数估算是一种基于历史数据之间的统计关系和其他变量来估算诸如成本、预算和持续时间等活动参数的技术。把需要实施的工作量乘以完成单位工作量所需的工时,即可计算出活动持续时间。例如,对于某个集团下属二级单位的业务流程梳理和优化项目,可以利用以前梳理的其他某二级单位的经验数据,如已经完成的项目共梳理了 18 个部门,涉及 500 名员工,而要进行的单位共有 20 个部门,600 名员工,则可以根据两者之间的比较获得新项目的预计成本和工期。参数估算的准确性取决于参数模型的成熟度和基础数据的可靠性。参数估算可以针对整个项目或项目中的某个部分,并可与其他估算方法联合使用。

3. 三点估算

通过考虑估算中的不确定性和风险,可以提高活动持续时间估算的准确性。三点估算的概念起源于计划评审技术(program evaluation and review technique,PERT)。PERT 使用三种估算值来界定活动持续时间的近似区间,对这三种估算进行加权平均,进而计算预期活动持续时间(加权平均时间 t_E),具体如下:

(1)最可能时间(t_M):基于最可能获得的资源、最可能取得的资源生产率、对资源可用时间的现实预计、资源对其他参与者的可能依赖以及可能发生的各种干扰等,所得到的活动持续时间,即出现概率最高的"一个项目所需的时间"。

(2)最乐观时间(t_O):基于活动的最好情况所估算的活动持续时间。所以,最乐观时间也就是最短时间。

(3)最悲观时间(t_P):基于活动的最差情况,指在一切条件非常不利的情况下,所得到的活动持续时间。所以,最悲观时间也就是最长时间。

基于持续时间在三种估算值区间内的假定分布情况,使用共识来计算期望持续时间 t_E,基于三角分布和贝塔分布的两个常用公式如下:

$$三角分布 \quad t_E = (t_O + t_M + t_P)/3$$
$$贝塔分布 \quad t_E = (t_O + 4t_M + t_P)/6$$

8.5.3 项目进度安排

项目进度安排是分析活动顺序、持续时间、资源需求和进度制约因素,创建项目进度模型的过程。制订项目进度计划的主要作用是把进度活动、持续时间、资源、资源可用性和逻辑关系代入进度规划工具,从而形成包含各个项目活动的计划日期的进度模型。

项目进度计划是进度模型的输出，展示了活动之间的相互关联，以及计划日期、持续日期、里程碑和所需资源等。项目进度计划中至少要包括每个活动的计划开始日期与计划完成日期。即使在早期阶段就进行了资源规划，在未确认资源分配和计划开始与结束日期之前，项目进度计划都只是初步的。一般要在项目管理计划编制完成之前进行这些确认，还可以编制一份目标项目进度模型，规定每个活动的目标开始日期与目标结束日期。项目进度计划可以是概括的（有时称为主进度计划或里程碑进度计划），也可以是详细的。虽然项目进度计划可用列表形式，但图形方式更常见，图8.4是某项目的进度计划安排结果。

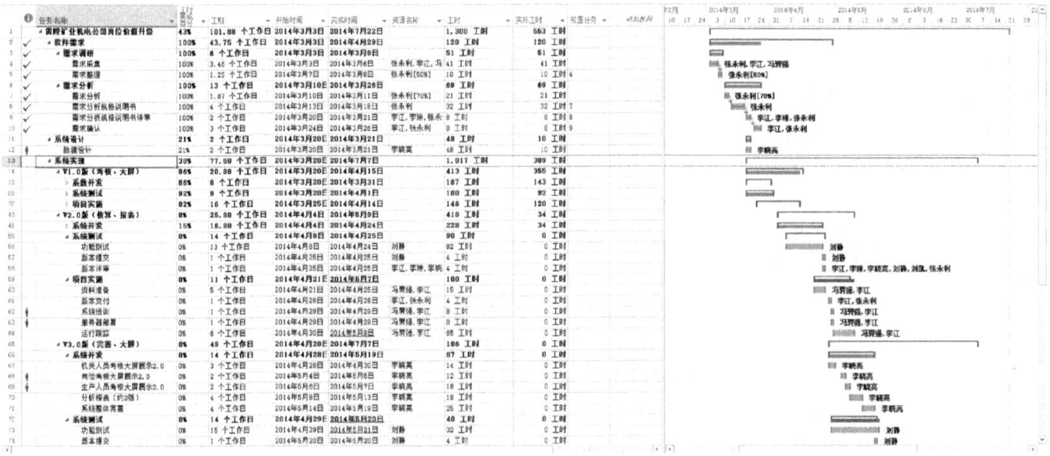

图 8.4 项目进度计划示例图

8.6 项目进展监督与控制

无论项目经理或团队成员把一个项目规划得多么好，在实际的执行中都会存在一些偏差。在实际执行项目计划时，需要考虑应急储备（有时称为时间储备或缓冲时间），并将其纳入项目进度计划中，以应对进度方面的不确定性。应急储备是包含在进度基准中的一段持续时间，用来应对已经接受的已识别风险，以及已经制定应急或减轻措施的已识别风险。应急储备与"已知-未知"风险相关，需要加以合理估算，用于完成未知的工作量。本节将对业务流程梳理项目中如何进行风险管控，如何进行进度控制，如何使用挣值法进行成本管控等进行说明。

8.6.1 过程风险管理

项目前期所进行的相关准备工作，以及在项目可行性期间所作的分析等工作，可以提升项目的成功率，或者避开具有高失败率的项目。项目团队的有效组织和个人经验等会使相关干系人提升判断项目价值和激励他人请求项目的动机。项目经理或负责人必须掌握企业或者组织的政治气氛以及财务和竞争情况。但是，注意到或者随时关注项目可能出现的严重问题也是十分重要的。

即使使用渐进明细等项目管理方法,也可能会在项目执行的过程中遇到麻烦。为了对某一个项目进展中可能存在的问题进行说明,项目经理或者负责人可能需要使用图 8.5 所示的鱼骨图方法,以更加清晰明了地看到项目过程中的哪些点会出现问题。使用鱼骨图可以系统地列出可能发生的问题,如图 8.5 所示,把项目要素信息放在图形上面,把项目阶段任务放在下面,则有一些问题可能很明显(如进度落后延迟),而有一些问题可能是隐性的(如访谈调研过程中交流总时被打断,无法得到业务流程的全貌)。找出问题后,项目经理可以向有经验的成员了解类似项目的成功或者失败原因,如果团队成员无法对一些问题进行合理解释,则需要从团队外部寻找专家帮助解决特殊问题。

项目经理不要尝试孤立地解决项目问题,他可以向企业或组织的管理层提出建议。团队的决策过程必须是开放式的,并且坚持从它的外部环境来研究它。团队成员也应该考虑到,他们在组织中的信誉和身份与他们所接受到的项目是密切相关的。

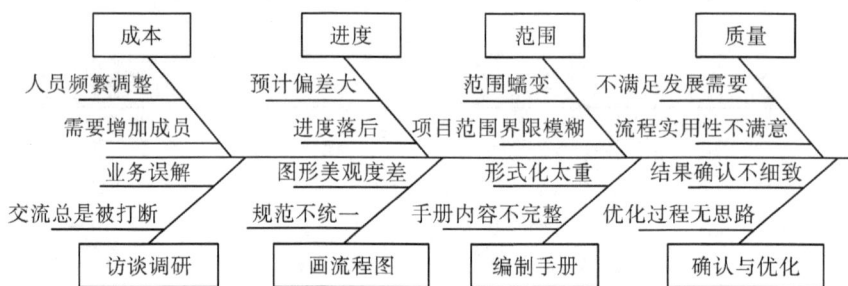

图 8.5 风险管理中鱼骨图使用方法

8.6.2 过程进度控制

控制进度是监督项目状态、更新项目进展、管理进度基准变更,以实现计划的过程。其主要作用是,提供发现计划偏离的方法,从而可以及时采取纠正和预防措施,以降低风险。进度控制的重要工作是分析偏离进度基准的原因与程度,评估这些偏差对未来工作的影响,确定是否需要采取纠正或预防措施。进度控制一定会基于绩效审查来对比实际情况和计划之间的差异。绩效审查是指测量、对比和分析进度绩效,如实际开始和完成日期、已完成百分比以及当前工作的剩余持续时间(如图 8.6 所示的项目进度偏差分析图)。主要的进度控制方法包括趋势分析法、关键路径法、关键链法、进度压缩法。

(1)趋势分析法:检查项目绩效随时间的变化情况,以确定绩效是在改善还是在恶化。图形分析技术有助于理解当前绩效,并与未来的目标绩效(表示为完工日期)进行对比。

(2)关键路径法:通过比较关键路径的进展情况来确定进度状态。关键路径上的差异将对项目的结束日期产生直接影响。同时,评估次关键路径上的活动的进展情况,也有助于识别进度风险。

(3)关键链法:比较剩余缓冲时间与所需缓冲时间(为保证按期交付),有助于确定进度状态。是否需要采取纠正措施,取决于所需缓冲与剩余缓冲之间的差值大小。

(4)进度压缩法:指在不缩减项目范围的前提下,缩短项目的进度时间,以满足进度制约因素、强制日期或其他进度目标。如通过增加资源，以最小的成本增加来压缩进度工期的赶工，将正常情况下按顺序进行的活动或阶段改为至少是部分并行开展的快速跟进等。

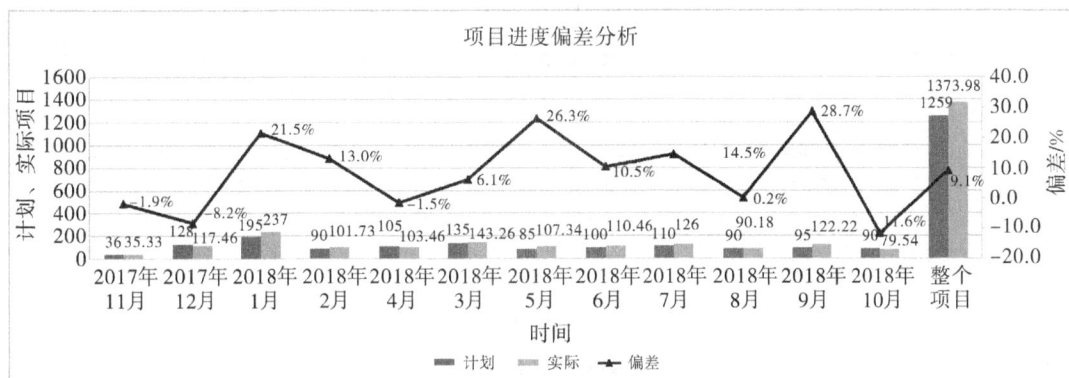

图 8.6 绩效审查——项目进度偏差分析示意图

8.6.3 基于挣值管理法的成本管理

项目管理中的一个非常有效的成本控制工具就是挣值管理（earned value management，EVM），又称挣值分析，它是综合考虑范围、进度和资源绩效，以评估项目绩效和进展的一种常用的绩效测量方法。它把范围基准、成本基准和进度基准整合起来，形成绩效基准，以便项目管理团队评估和测量项目绩效和进展。EVM 的原理适用于所有行业的所有项目。它针对每个工作包和控制账户，计算并监测以下三个关键指标：

（1）计划价值（plan value，PV）。PV 是为计划工作分配的经批准的预算。它是为完成某活动或 WBS 组件而准备的一份经批准的预算，不包括管理储备，应该把该预算分配至项目生命周期的各个阶段。在某个给定的时间点，计划价值代表着应该已经完成的工作。PV 的总和有时被称为绩效测量基准（performance measurement baseline，PMB）。项目的总计划价值又称为完工预算（budget at completion，BAC）。

（2）挣值（earned value，EV）。EV 是对已完成工作的测量值，用分配给该工作的预算来表示。它是已完成工作的经批准的预算。EV 的计算必须与 PMB 相对应，且所得的 EV 值不得大于相应组件的 PV 总预算。EV 常用于计算项目的完成百分比。项目经理应该为每个 WBS 组件规定进展测量准则，用于考核正在实施的工作。项目经理既要监测 EV 的增量，以判断当前的状态，又要监测 EV 的累计值，以判断长期的绩效趋势。

（3）实际成本（actual cost，AC）。是在给定时段内，执行某工作而实际发生的成本，是为完成与 EV 相对应的工作而发生的总成本。AC 的计算口径必须与 PV 和 EV 的计算口径保持一致（例如，都只计算直接成本，或都计算包含间接成本在内的全部成本）。AC 没有上限，为实现 EV 所花费的任何成本都要计算进去。

挣值管理法的基本参数及计算指标如图 8.7 所示。

基于上述三个基本指标就可以将监测实际绩效与基准之间的偏差刻画为以下两个指标，即进度偏差和成本偏差。

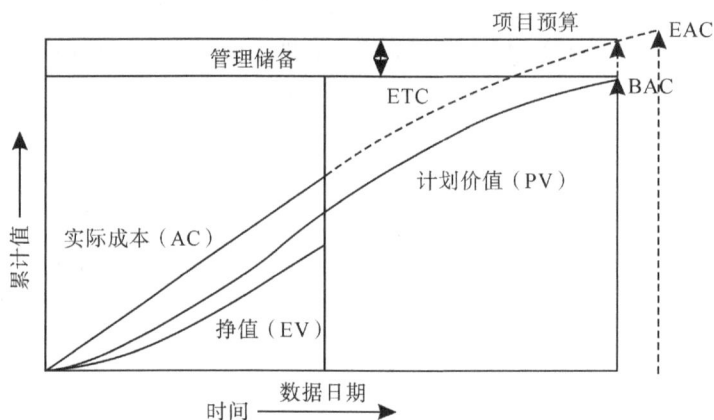

图 8.7 挣值管理法的基本参数及计算指标

(1)进度偏差(schedule variance,SV)。SV 是项目进度绩效的一种指标,表示为挣值与计划价值之差。它是指在某个给定的时点,项目提前或落后的进度等于挣值(EV)减去计划价值(PV),即 SV＝EV－PV。进度偏差是一种有用的指标,可表明项目进度是落后还是提前于进度基准。由于当项目完工时,全部的计划价值都将实现(即成为挣值),所以进度偏差最终将等于零。注意,最好把进度偏差与关键路径法(critical path method,CPM)和风险管理一起使用。

(2)成本偏差(cost variance,CV)。CV 是在某个给定时点的预算亏空或盈余量,表示为挣值与实际成本之差。它是测量项目成本绩效的一种指标,等于挣值(EV)减去实际成本(AC),即 CV＝EV－AC。项目结束时的成本偏差,就是完工预算(BAC)与实际成本之间的差值。由于成本偏差指明了实际绩效与成本支出之间的关系,所以它非常重要。注意,负的 CV 一般都是不可挽回的。

8.7 复盘型结项与经验总结

结项阶段是完结全部项目管理过程组的所有活动,以正式结束项目或阶段的过程。其主要作用是,总结经验教训,正式结束项目工作,为开展新工作而释放组织资源。在结束项目时,项目经理需要审查以前各阶段的收尾信息,确保项目目标已经实现,所有项目工作都已完成。由于项目范围是依据项目管理计划来考核的,因此项目经理需要审查范围基准,确保在项目工作全部完成后才宣布项目结束。如果项目在完工前就提前终止,那么结束项目或阶段过程还需要制定程序,来调查和记录提前终止的原因。为此,项目经理应该邀请所有合适的干系人参与本过程。结束项目或阶段是一个最终的活动,贯穿全部项目管理过程组已完成的项目和阶段。

8.7.1 什么是复盘?

复盘是一种行之有效的从实践中学习的方法,无论对于项目团队中的个人、类似项目的提升,还是企业的发展,都有重要的作用。复盘的最大优势是简单、便捷、结构化和易于操作,因此复盘也可以作为项目结项时的经验总结的方法和工具。那么,什么是复盘呢?

(1)复盘是指下完一盘棋之后,把对弈过程重新摆一遍,从中分析得失、学习如何更好地对弈。把对弈过程还原并且进行研讨、分析的过程,就是复盘。

(2)复盘是从过去的经验、实际工作中进行学习,以帮助管理者有效地总结经验、提升能力、实现绩效的改善。

(3)复盘是行动后的深刻反思和经验总结。

(4)复盘是一个不断学习、总结、反思、提炼和持续提高的过程。

(5)复盘是企业文化建设重要的组成部分。

复盘的价值包括:①知其然,知其所以然;②传承经验,提升能力;③不再犯同样的错误;④总结规律,固化流程。

复盘是对成功的关键要素和失败的根本原因进行分析。要想做好复盘,需要具备合适的条件,尤其是参与者的心态。联想在多年实践中发现,复盘成功的关键因素有七项:开放心态;坦诚表达;实事求是;集思广益;反思自我;刨根问底;重在行动。

8.7.2　项目复盘四步骤

复盘是一种工作方式,是一种学习方式。企业在复盘中提升,员工在复盘中成长,复盘可实现将个人追求融入企业的长远发展之中。复盘主要包括四个步骤:

步骤一,回顾目标:当初的目的或期望的结果是什么;

步骤二,评价结果:对照原来设定的目标找出这个过程中的亮点和不足;

步骤三,分析原因:事情成功的关键原因和失败的根本原因,包括主观和客观两方面;

步骤四,总结经验:包括体会、体验、反思、规律,还包括行动计划,需要实施哪些新举措,需要继续实施哪些措施,叫停哪些项目。

项目复盘的注意点如下:

(1)分清目的与目标的不同,正确的目的保证目标的方向;清晰而适配的目标能更好地分解和保障目的的实现。

(2)确定目的之外,最好能确定出可量化的目标或具有里程碑性质的标志。无量化或可考核的目标,很难保证目的实现,也难与结果对照评估。

(3)事前所提目的、目标不清晰,复盘时追补清晰,便于本次对照,提高下次定目标的准确度。

(4)要与原定的目标相比较,客观分析意料外的重要亮点或不足。

(5)亮点与不足同样重要,不能弱化亮点,"过分谦虚要不得,忽略真本事更遗憾"。

(6)多引入外部典型事实样本,让结果评估视野更广阔、结论更客观。

(7)分析成功因素时,多列举客观因素,精选真正的自身优势去推广。

(8)分析失败原因时,多从自身深挖原因,狠挑不足补短板。

(9)总结经验(规律)要尽可能推得远,寻求更广泛的指导性,尽量不局限于就事论事。

(10)总结经验要谨慎,总结规律更要小心;不能刻舟求剑,把一时一地的认识当成规律。

8.7.3 复盘学习机理

项目正式复盘应用的场景,包括:①在工作进行了一个有意义的阶段后;②多个团队协同推动的项目或大型事件;③项目具有典型特征,对后续有重要指导作用;④项目交付完成,对整个项目进行回顾。

项目正式复盘的特点,包括:①结构化——树状展开(分类、时间),顺序进行;②多维度——不同视角,团队协同,全面覆盖;③客观刻画——度量分析,量化呈现目标达成情况;④主观感受——满意度,愉快/压抑;⑤经验教训——成功因素,失败原因。

如何推动项目正式复盘?①领导重视:各级领导都必须高度重视复盘,并身体力行,以身作则,来推动复盘。②专人负责:投入专门的时间、精力和资源是必要的,也是值得的。③过程中小结:定期进行阶段性复盘,形成书面资料,一方面是工作计划、检查、推进使用,另一方面可供后续参考,为项目总体回顾提供素材。④把复盘当成推进工作的一部分:不可为了复盘而复盘,对于复盘的结果不能只是说说而已,必须认真对待,真正落实到位。

项目正式复盘需要注意的关键点,包括:①将焦点放在少数关键性的议题上,不必过多分析,复盘并不讲求面面俱到,而是要抓住重点;②包含群体中的所有成员,因为角度不同,可以互相补充完善;③根据多样化的观点以及结构化的步骤来进行。同时,角度很重要,宜从多个角度进行分析,而不是一面倒;结构化也很重要,结构化可使过程和结论描述清晰有条理且能迅速地反映到行动中,在行动之后马上执行;形式可以很正式,也可以不正式,但尽量让行动与学习间的循环时间越短越好。

复盘的学习机理与 PDCA 循环密切配合(如图 8.8 所示),复盘是嵌入 PDCA 循环之中的组织学习机制。

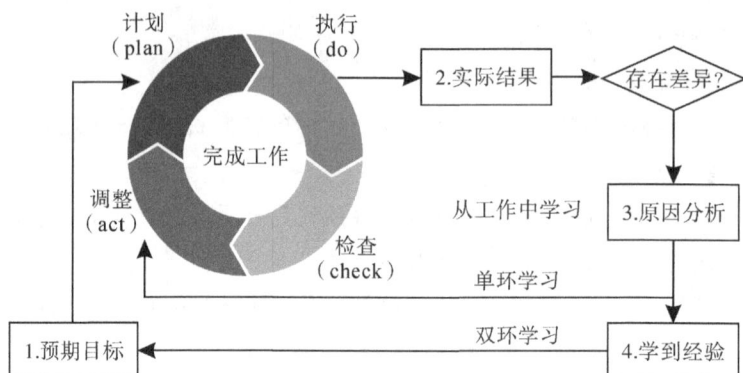

图 8.8 复盘学习机理逻辑框图

(1)复盘的第一步要求明确"预期目标",而这是"计划"(plan)的先导或产出。

(2)复盘会还原"执行"(do)过程,评估执行的"实际结果",并将其与"预期目标"进行对比。这本身就属于一种"检查"(check)工作。

(3)复盘会对"检查"中发现的偏差成因进行深入分析。只有经过审慎的分析,发现或找到了根本原因,才能更有效地拟定"纠偏措施"(act)。

（4）复盘会明确要求人们反思或总结得到哪些"经验教训"，提出以后做类似工作的改进建议。这是 PDCA 循环中没有明确提出的内容，也是复盘有别于工作推进与总结的要点之一。

8.8　本章小结

企业管理者针对目前存在的问题，会设立专门的业务流程梳理或优化项目，有时还会寻求外部咨询团队的技术或智力支持。无论是企业内部人员进行项目还是和外部咨询团队一起组成项目组，都需要对业务流程梳理或优化项目按照科学的项目管理体系进行管理。本章首先列举了业务流程梳理项目失败的原因，说明了进行项目管理的必要性；接着通过项目管理基础框架、项目生命周期、五大过程组和十大知识域，介绍了项目管理知识体系，尤其重点介绍了每一个知识域的"输入、工具/技术、输出"要素；最后详细介绍了项目启动与方案确定、项目团队组织与管理、活动管理与进度安排、项目进展监督与控制以及复盘型结项与经验总结等内容。

第9章
某企业精细化聚合管理重塑与实践

由本书第1章中对现代管理理论的发展脉络梳理可知,现代管理理论都源自亚当·斯密在《国富论》中阐明的劳动分工理论和经济人假设,但是随着劳动分工细化的不断进行,企业的整体协调和过程监控变得日益困难,管理环节越来越多,管理成本越来越高,组织效率越来越低下,以至于走到了分工原则初始动机的反面。因此,如何在信息时代,通过管理能力的提升和信息化手段的支撑,满足日益复杂的运营过程,如环境变化动荡,生产服务个性化、复杂化,专业化分工理念及运作模式等,是一个重要的研究课题。本章以某省级集团化公司为例(在本章中简称 A 公司),详细介绍对 A 公司总部机关实现精细化聚合管理的案例,以说明本书所阐述的理论机理以及实践效果。

9.1 公司概况与项目背景

9.1.1 公司简介

A 公司成立于 2017 年,是总部位于北京的某央企集团公司在某省的二级机构,下辖两家二级单位,分别是一家新能源公司和一家水电公司。其组织和业务架构梳理如图 9.1 所示。

A 公司自进入该省份以来,紧紧围绕集团发展规划和发展战略,按照设定的发展思路,努力推进集团公司在该省份的电力项目发展。经过"十三五"期间和"十四五"前两年的发展,公司的装机容量有了大幅度的提升,装机的形式从水电扩大到了光伏、水电和风电三足并举,目前已经是集团公司规模最大且盈利能力突出的光伏发电基地。A 公司的主要经营范围包括电力(热力)能源项目的开发、建设、经营和管理;电力(热力)生产、运营和销售;电力设备设施检修、调试、运行维护;电力及其他能源技术开发和咨询服务;电力及其他能源设备、物资销售;煤炭运输及销售。

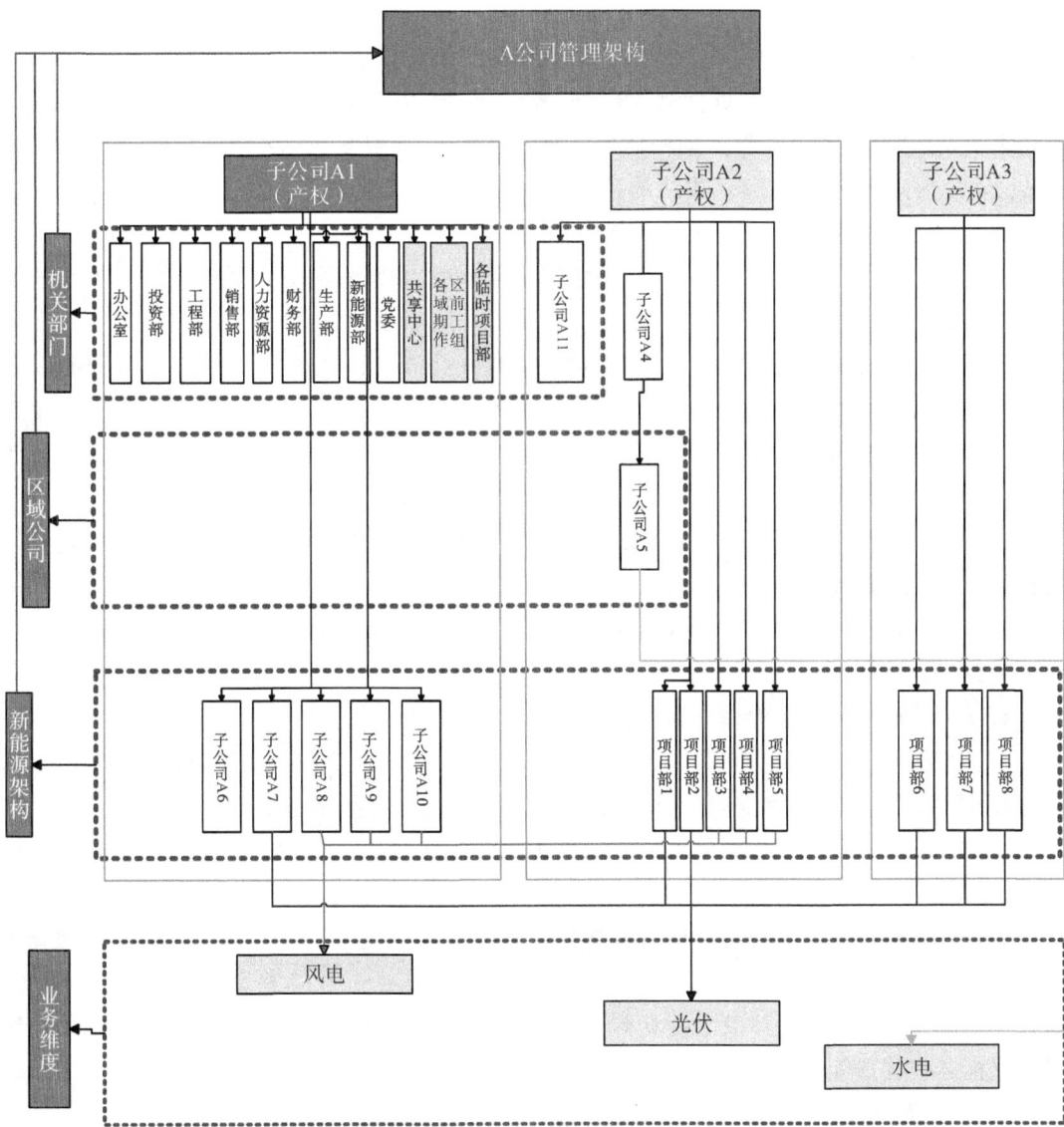

图 9.1　A公司组织架构及业务关系图

9.1.2　项目背景与意义

1. 分析方法论及框架

企业管理优化和信息化建设的最终目的是打造竞争优势，提升企业核心竞争力。目前企业竞争优势分析有两种方法，一是价值链分析方法，二是我国正在试点推行的企业两化融合方法。其中，价值链是分析竞争优势的工具，是业务链分析的基础；信息化支撑是在价值链分析基础上，围绕业务范围，实现竞争优势的主要手段。

结合 A 公司管理的实际需求和业务现状，本书提出以两化融合四层架构为基础，以价值链为主线的整个项目分析思路。

1)价值链分析法

价值链分析模型将企业内外价值增加的活动分为基本活动和支持性活动,基本活动涉及企业生产、销售、进料后勤、发货后勤、售后服务,支持性活动涉及人事、财务、计划、研究与开发、采购等,基本活动和支持性活动构成了企业的价值链(框架图详见本书第2章图2.7)。根据 A 公司的实际情况,可将其基本活动和支持性活动总结如下。

(1)基本活动可以分为以下五种类型:

①采购管理:与接收、存储和分配相关联的各种活动,如原材料搬运、仓储、库存控制、车辆调度和向供应商退货。

②生产运营:与将投入转化为最终产品形式相关的各种活动,如电力生产、包装、组装、设备维护、检测等。

③投资与工程:与公司光伏、水电和风电等建设项目相关的活动,如工程前期规划报告、工程可行性分析、后评价等。

④销售统计:与提供买方购买产品的方式和引导它们进行购买相关的各种活动,如电价统计、销售预算、渠道建设等。

⑤安全与科技:与公司安全环保工作和科技信息工作相关的各种活动,如安全督察、事项督办、科技项目管理等。

(2)支持性活动可以分为以下四种类型:

①人力资源:包括涉及所有类型人员的招聘、雇佣、培训、开发和报酬等的各种活动。人力资源管理不仅对基本活动和支持性活动起到辅助作用,而且支撑着整个价值链。

②行政办公:包括涉及公司的办公室行政管理的所有内容,如收发文管理、任务督办管理、内控管理等。

③财务管理:包括涉及公司整体财务管理的所有内容,如全面预算、资产管理、经营数据审核、并购管理等。

④党群纪检管理:包括涉及公司党群管理、纪检管理等所有工作内容,如党群管理、团组织管理、纪检巡查管理等。

2)两化融合方法论

两化融合架构来源于两化融合方法论。两化融合是指企业围绕发展战略,不断获取可持续竞争优势,在信息化环境下,通过业务流程优化、组织变革、综合技术实现、数据资源开发利用持续打造企业新型能力,促进企业创新、智能和绿色发展的过程。

两化融合方法论具备两个特点:一是企业信息化出发点是企业战略的落地;二是企业信息化打造的目标是获取与可持续竞争优势一致的新型能力。

依据两化融合方法论,本书提出了战略驱动、能力识别、系统实施和基础设施支撑四层基本框架,如图 9.2 所示。

(1)战略驱动层的主要目标是梳理企业发展战略,识别企业必须获取的竞争优势。

(2)能力识别层是指满足竞争优势需求的能力,可分为价值链能力和企业管控能力两个能力体系。

(3)系统实施层是企业以数据资源开发利用为核心,通过业务流程优化、组织结构调整和

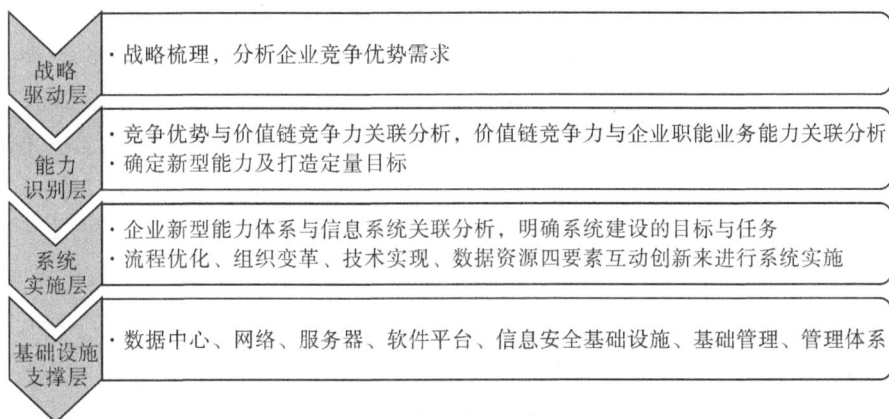

图 9.2 两化融合实施层次框架

综合技术互动创新以及持续改进建设和优化系统,来打造信息化环境下新型能力的过程。

(4)基础设施支撑层是企业 IT 设施资源。

2. 企业管理智能化与信息化发展趋势

当前,中国企业面临着适应经济新常态的重大挑战,如何推行网络化、智能化制造,加快"互联网+"行动提高生产要素配置效率,促进社会协同创新,成为企业发展转型升级的首要课题,企业信息化建设势在必行。

1)信息化应用呈现集成化、移动化、智能化

云计算、移动互联网、物联网和社交网络技术的蓬勃发展,正推动企业信息化进入一个全新的阶段。总体来说,企业信息化应用将呈现出集成化、移动化、智能化的趋势。集成化应用打破了"信息孤岛",信息系统真正成为有机整体;移动应用突破了时空限制,多终端随时随地访问系统,将显著提高协同效率;大量采用智能化技术,使应用系统操作更人性化、体验更好。

2)大数据成为企业信息化建设的新热点

数据的爆炸式增长已超出了传统 IT 基础架构的处理能力,给企业和社会带来了严峻的数据管理问题。因此必须进行大数据的规划和建设,开发使用这些数据,释放出更多数据的隐藏价值。通过大数据战略规划,可以帮助客户明晰大数据建设的整体目标、建设蓝图,并将蓝图的实现分解为可操作、可落地的实施路径和行动计划,有效指导企业大数据战略的落地实施。

3)人工智能等新一代信息技术加速推广应用

人工智能等新一代信息技术将对企业的创新发展产生一系列深远影响,未来企业之间的竞争,一定是信息化水平的竞争,信息化水平决定着企业未来的核心竞争力。如未来智能客服可能代替人工客服,强大的场景数据库和大数据分析,使智能客服帮助客户快速解决问题,拥有同时接待上万人、全天候在线的工作能力。另外,智能机器人也会广泛应用,它们可以智能识别障碍物,对实体轨迹进行预测,重新规划运动路线等。

4）信息安全在信息化建设中的受重视程度提升

随着计算机信息网络建设的不断发展以及各类应用的不断深入，企业的经营模式已经由传统模式逐渐向网络经济模式转变。网络的开放性、互连性、共享性，以及随着远程视频会议、远程现场监控等新兴业务的兴起，使得信息安全问题变得越来越重要。目前，很多企业都意识到了信息安全在提高企业核心竞争力方面的重要作用，持续实施信息安全整体解决方案，以信息网络、信息系统、数据、办公计算机和移动终端为防护对象，从管理和技术角度，设计和建设信息安全项目，大幅提高企业对信息安全事件风险的预警和响应能力。

5）提升IT管理能力成为未来企业关注的重点

随着企业信息化建设、应用的不断深入，企业内部的信息系统也具有较大规模，运行在信息系统上的各种业务越来越多。因此，IT自身管理能力的提升以及IT服务的标准化、规范化将成为未来关注的重点，企业应全面加强IT管理与服务体系建设，设立统一的IT服务管理机构，对信息系统运行维护实行直接式管理，以提高工作效率，加快反应速度，增强执行力度，确保信息系统安全、可靠、稳定运行。

3. 精细化聚合管理重塑项目的意义

新的电力行业体制改革之后，发电行业的深化改革和深度重塑局面已经形成，A公司想要在激烈的市场竞争环境中保持公司的强劲发展势头并逐步取得市场竞争优势，需要加强内部精细化管理，促进内部管理更加准确、更加高效，减少员工在流程管控衔接上的低端劳动量和错误率，提高企业管理效能，及时应对经营发展变化。

A公司目前已建成OA、财务、统计、合同、生产集控等系统，但由于平台无统一规划，这些相互独立的系统间无法实现数据共享，造成大量数据及信息未能得到充分利用，且不同系统的展示风格、维护方式均不相同，造成了大量的维护工作量及人力资源浪费。总之，信息化管理的效益还没有充分发挥出来。

基于A公司加快高质量发展和建设一流企业的愿景，以及机构精简改革和定员数量较少的现实，如何通过流程信息化、互联化来提升A公司信息化建设与应用水平，有效提升A公司治理和内部管控水平，实现企业精细化管理、资源优化配置、最终提高企业核心竞争力，是A公司面临的严峻挑战。因此，持续规划和建设基于大数据互联概念的管理精细化聚合平台，是非常必要且紧迫的。

9.1.3 项目目标与内容

1. 项目建设目标

任何一种先进管理模式的引进，都可以采取三个步骤：先僵化、后优化、再固化。任何一种管理模式的引入，它面临的最大挑战就是管理现状。A公司项目建设目标如图9.3所示。

（1）流程化。将制度、规定、默认习惯和成功经验沉淀为流程，用流程固化员工行为；每项计划任务先生成管理要求，进入流程，对执行过程进行透明化管理。如此，就会让组织的力量超越个人的能力，即换谁做都是一个样。基于此，可成就一个规范化的组织。

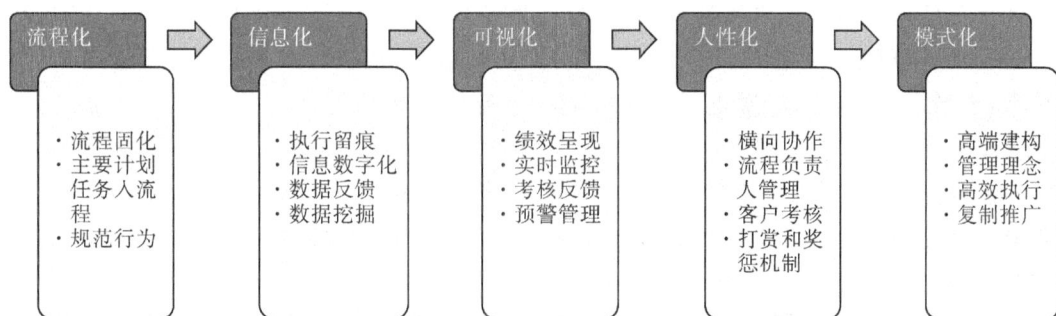

图 9.3　项目建设目标概览

（2）信息化。流程化以后，构建 BPM 系统，将任务流、信息流和决策流进行一体化处理，不断提高业务流的信息化率，同时关联信息孤岛，然后就可以对业务大数据进行分析、挖掘，更深入地解读和分析业务规律。

（3）可视化。经过复杂精心的系统设计，最终以友好便捷的操作界面呈现给各级管理者。这样，每级管理者就可以通过"绩效视窗"按照各自的管理权限对绩效数据信息进行分析、监控、预警、考核、反馈和及时处理。

（4）人性化。一项管理措施如果做不到人性化，员工就不愿意使用；如果过于复杂，员工就会抛在一边；如果达不到实际效果，产生不了价值，做的都是无用功，企业就会弃之不用。所以，整个管理模式的设计一定要做到精细，导入一个系统是关键，改变行为模式更关键，创造价值最关键。所以，对于信息化流程的优化、审核，首先要达到上述目的；其次要建立一套适合横向协作的评价机制，设计一套更适合新生代员工的友好操作界面和充满吸引力的奖惩机制，从而构建新型的文化生态环境，把各层级的管理者吸引到系统上来，让他们对工作产生游戏般的愉悦感。

（5）模式化。如果管理系统经过高端架构设计，逐步导入，不久就见效了，那么所有的设计理念、模板、做法就能在下级、同级或上一级公司中复制和推广。

2. 项目建设内容

A 公司希望通过精细化聚合管理重塑项目，通过信息化、数字化、智能化带动企业管理水平的提升，建立基于价值链的企业经营模式。这里重点围绕业务流程的贯通和衔接，建设管理精细化聚合平台，分阶段集成其他外围系统的数据，与集团公司统建系统进行数据无缝对接，强化生产管理和经营管理环节的无缝衔接与综合集成，加强企业生产全过程的管理和优化，加强质量管理，降低审计风险，实现资金流、信息流、业务流聚合与协同，全面提升公司管理水平和竞争力。预期的主要建设内容包括以下几个方面：

（1）基于先进的理论框架，进行全公司的组织机构权责梳理和业务流程优化，构建全要素数字孪生的动态标准。

此部分任务内容的主要目的是：基于管理现代化和先进信息技术理念对公司现有权责划分、规章制度、工作流程等进行结构梳理与优化，并对每一环节工作的结果形成数字化表单，形成全公司工作内容全要素（或关键要素）的数字化标准。

此部分任务内容的主要任务包括：①按照国家工信部两化融合管理体系的基础和标准进行公司业务调研；②按照"谁来做、怎么做、做的结果"的基础框架形成全公司业务流程管理体系（含数字化表单）；③对电子化业务流程进行梳理和优化，形成研究报告并通过公司审议。

此部分任务内容的主要结果是：形成《A公司业务流程手册》，报告中按业务范围进行逻辑划分，每一个业务含有流程概述、相关部门职责描述、流程图、风险控制矩阵、相关制度、相关报告/表单等主要内容。

（2）以全景视图的数据维度，进行数据立体关联与数据血缘分析，通过鲜活化数据的有效连接，构建"数据＋算法"的科学化决策体系。

此部分任务内容的主要目的是：在业务流程梳理优化与工作结果数字化的基础上，进行数据治理，构建覆盖全业务数据全生命周期的闭环管理，通过数据有效连接与血缘分析，形成公司决策体系，满足通过数据赋能管理的需要。

此部分任务内容的主要任务包括：①按照管理、开发、共享、应用的循环构建数据全生命周期管理体系；②按照"自目标向下钻取、自数据向上汇聚"相结合的方式对数据进行"逻辑、时间、空间"多维度的连接与血缘分析；③以体系化指标为基础，辅以模型分析的方式，构建公司科学化决策体系，实现通过数据进行管理的目标要求。

此部分任务内容的主要结果包括：《A公司数据应用手册》《A公司数据分析指标体系》。

（3）搭建基于微服务架构的数据集成平台，分阶段实现全公司的数字化业务流程的自动化，以量化目标提升工作效能，以图形化效果展示数据价值。

此部分任务内容的主要目的是：在业务流程梳理和数据决策体系构建的基础上，进行用户需求分析，搭建软件系统与平台，通过信息化手段和工具，提升整体工作效率。

此部分任务内容的主要任务包括：①按照敏捷软件开发的实践，搭建基于微服务的数据后台，以支撑数据采集和治理；②按照《A公司数据治理体系及管理规范》，分阶段实现数据采集自动化；③通过信息化平台工具，对数据价值进行图形化展示及利用。

此部分任务内容的主要结果是：《A公司管理精细化数据分析平台》。

9.2　项目方案与可行性

9.2.1　存在问题分析

传统工业时代的分工理论（详见本书中第1章相关章节内容）基于这样一种概念：分工越细，操作越简单，则越有利于提高工作效率。但是在信息时代，环境变化动荡、生产服务个性化和复杂化、专业化分工理念及运作模式等使得企业的整体协调和过程监控变得日益困难，管理环节越来越多，管理成本越来越高，组织效率越来越低下，以至于走到了分工原则初始动机的反面。

专业化分工不适应性的诸多表现为：专业化分工导致业务系统割据，一项任务完成需要跨越多个部门和层级时，横向沟通困难，执行效率低下；每个部门都受制于传统考核指标的压力，强调局部最优,而无法实现全局最优,导致企业总体绩效目标无法有效达成;员工更倾向于服从上级命令,而非横向协作,缺乏为流程客户服务的意识,更缺乏一种为客户负责的考核和激励机制;企业构建了财务信息系统、ERP系统、OA系统、人力资源管理系统、各种质量和生产标准化管理系统等,但是各种决策所需的信息孤立,无法实现信息集成和共享,高效决策无从实现。

图9.4展示了A公司员工端的问题总结与分析。总体来看,员工端存在着繁、慢、累三个方面的问题。首先,内控流程很长很烦琐。央企强调管控,变得越来越集权,决策链条越来越长;集团为了了解详细情况,需要上报的东西越来越细致,这就导致员工一直期望借助管理工具来提高流程效率。其次,任务执行效率低。例如,内控需要走漫长的流程,横向协作得不到有效支持,缺乏计划性、经常赶工等,这就导致员工一直期望借助管理工具强化内部协作。最后,员工是数据的苦力搬运工。原始数据按照不同的归口要求上报集团,需要进行不同的繁复处理;按照不同的归口要求向基层直接索取,基层单位也会有苦难言,这就导致员工一直期望借助管理工具来执行低端重复工作。

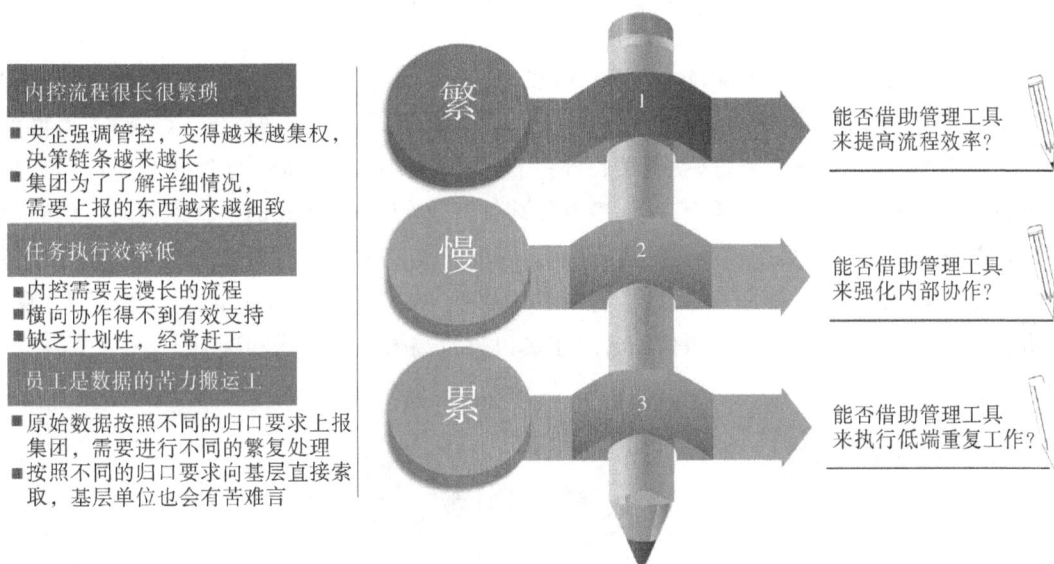

图9.4　A公司员工端的问题总结

图9.5展示了A公司部门端的问题总结和分析。总体来看,部门端存在着闭、乏、欠三个方面的主要问题。首先,部门之间有"金钟罩",配合少。部门非常强调部门的管理主张和利益诉求;工作太累的情况下,无力配合;为了管控需要,严格恪守内控要求,这就导致部门一直期望借助管理工具来构建横向协作机制。其次,经常应对紧急性任务,策划少。内控需要走漫长的流程;横向协作得不到有效支持;缺乏计划性,经常赶工,这就导致部门一直期望借助管理工具来构建任务计划系统。最后,无暇培植专业能力,提升少。原始数据按照不同的归口要求上报集团,需要进行不同的繁复处理;按照不同的归口要求向基层直接索取,基层单位也会有苦难言,这就导致部门一直期望借助管理工具腾出时间培植专业能力。

部门之间有"金钟罩"，配合少

- 部门非常强调部门管理主张和利益诉求
- 工作太累的情况下，无力配合
- 为了管控需要，严格恪守内控要求

经常应对紧急性任务、策划少

- 内控需要走漫长的流程
- 横向协作得不到有效支持
- 缺乏计划性，经常赶工

无暇培植专业能力，提升少

- 原始数据按照不同的归口要求上报集团，需要进行不同的繁复处理
- 按照不同的归口要求向基层直接索取，基层单位也会有苦难言

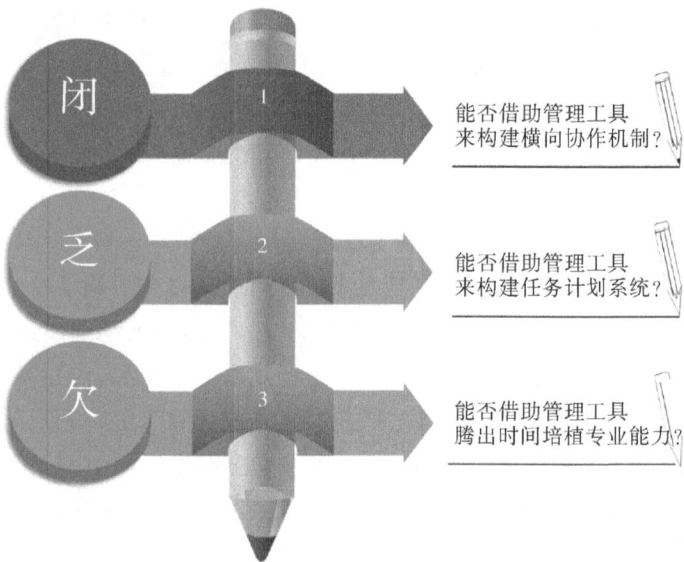

闭 1 ——— 能否借助管理工具来构建横向协作机制？

乏 2 ——— 能否借助管理工具来构建任务计划系统？

欠 3 ——— 能否借助管理工具腾出时间培植专业能力？

图 9.5　A 公司部门端的问题总结

图 9.6 展示了 A 公司领导端的问题总结和分析。总体来看，决策端存在虑、竭、盲三个方面的主要问题。首先，领导不敢授权。生怕哪个环节出了问题，哪个细节出了纰漏；人人负责，最终人人无责，领导终极负责，这就导致领导一直期望借助管理工具以逐步放心授权。其次，领导担心执行偏差。例如，任务会走丢，没有闭环管理，成为协调矛盾的中转站等，这就导致领导一直期望借助管理工具以提高执行力。最后，领导害怕数据黑箱。例如，数据在每个孤岛系统中无法打通；不同归口数据不一致；信息数字化率低，人工检索核对效率低，工作量大；数据会出错等，这就导致领导一直期望借助管理工具以进行高效信息获取和决策。

领导不敢授权

- 生怕哪个环节出了问题，哪个细节出了纰漏
- 人人负责，最终人人无责，领导终极负责

领导担心执行偏差

- 任务会走丢
- 没有闭环管理
- 成为协调矛盾的中转站

领导害怕数据黑箱

- 数据在每个孤岛系统中无法打通
- 不同归口数据不一致
- 信息数字化率低，人工检索核对效率低，工作量大
- 数据会出错

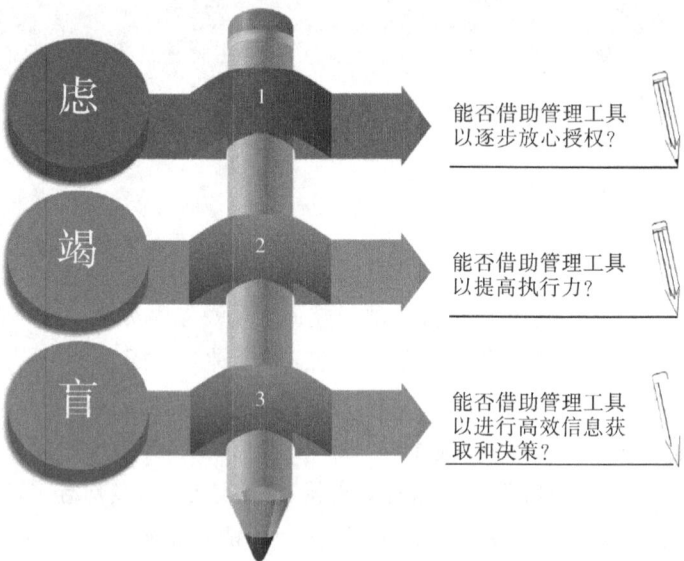

虑 1 ——— 能否借助管理工具以逐步放心授权？

竭 2 ——— 能否借助管理工具以提高执行力？

盲 3 ——— 能否借助管理工具以进行高效信息获取和决策？

图 9.6　A 公司领导端的问题总结

9.2.2　整体解决方案

数据不集成,没有办法分析和决策;活动不集成,过程没有办法监控;功能不集成,工作效率无法实现高效。企业管理亟待一种强调价值创造、横向协作、客户导向和高效执行的管理模式的出现,它能够实现信息数字化、信息集成,让任务执行过程形成闭环,执行过程透明,绩效可视、决策及时,最终达到绩效全局最优以及创造一种新型的企业文化生态的管理结果。目前,随着IT技术的发展,使简化管理环节成为可能。与市场变化和高科技发展相对应的是,新生代员工对工作的灵活性和主动性的诉求远远高于过往。他们不再满足于从事单调、简单的重复性工作(这些任务完全可以交由系统自动完成),对分享决策权的要求日益强烈。上述变化使企业内部运作模式的创新成为客观要求,且存在实施的可能性。图9.7展示了项目整体解决方案的框架。

由图9.7可以看到,整体工作分为管理咨询和工具化软件平台两个部分。管理咨询主要包括精细化和聚合两部分内容,精细化的工作对象是业务流程,通过系统化、规范化、具体化实现业务流程的"精"(流程简洁精准)和"细"(岗位管理显化);聚合的工作对象是数据,通过体系化、指标化、可视化实现公司相关数据的"聚"(血缘网络梳理)、"合"(分析结果聚焦)以及"用"(显化倒逼执行)。工具化软件平台开发是根据前期的管理咨询成果,按照软件系统分析与建设的基本逻辑进行大数据聚合分析平台建设。最终实现的目标是管理效能的提升,实现业务流程的规范和企业整体运行效率的提升。

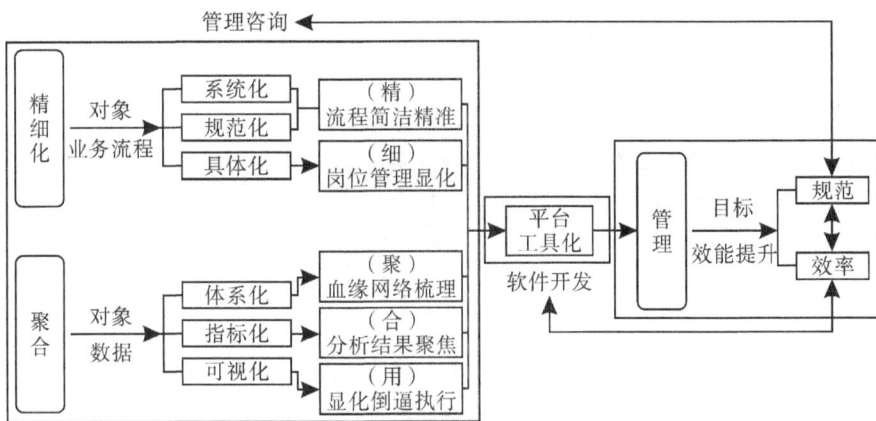

图9.7　项目整体方案规划

9.2.3　方案可行性确定

通过上述的项目背景与意义、建设目标与内容、建设方案确定等,基本确定了项目的三要素:范围、时间、成本。虽然目前的可行性研究不能算作是一项非常成熟的系统科学研究,但相关决策人员可以通过收集数据,并通过数据的利用对是否继续该项目做出决策。A公司的精细化聚合管理平台项目,在项目目标及项目三要素清晰化之后,需要综合分析组织或者相关参与人员是否有能力支撑该项目到结束。

(1)技术可行性。根据对A公司的前期调研和背景分析,可以确定A公司目前已经存在基础的工作流程,对一些流程也已经实现了规范化管理,但是流程的关联性不强,可以使用本书第5、6章的方法论进行重新优化和梳理;目前A公司使用的系统大部分是集团部署的系统,可以通过EAI的方式进行数据系统集成。因此,本方案提出的管理咨询和工具平台方案技术上是可行的。

(2)经济可行性。业务流程梳理和优化的过程类似于"跑马拉松的过程进行心脏手术",除资金成本外,还需要很多的人力成本投入。A公司在启动项目前进行了大量的调研和分析,同时对人员进行了相关的培训,各个业务处室对自己存在的问题认识清楚,解决问题的思路清晰,而且都愿意投身到具体的实践中。因此,针对本方案的投入和成本基础上的经济层面是可行的。

(3)操作可行性。在本方案技术和经济可行性基础上,还要考察项目在时间进度、实际执行计划等层面的可操作性。A公司针对本项目特成立了由科研院所组建的咨询团队、专业大数据研发公司组建的开发团队,还成立了专门的业务团队,同时还包括项目管理委员会。因此,在合理制订计划和严格执行控制的基础上,针对本方案的执行计划及操作是可行的。

9.3　项目启动

9.3.1　项目团队

本次项目组织包含项目指导委员会、项目管理办公室、咨询工作团队、平台工作团队、A公司业务团队共5个组成部分,如图9.8所示。

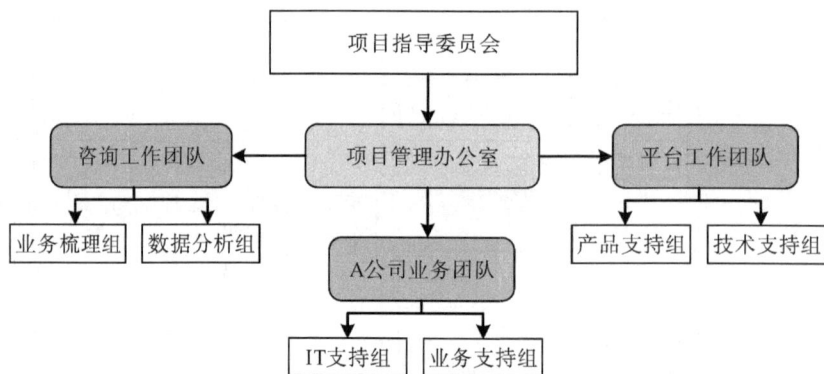

图 9.8　项目团队组织架构图

(1)项目指导委员会:项目指导委员会分别由A公司高层领导和实施方高层领导担任,通过项目指导委员会主要完成批准项目计划、监控项目进展、协调解决项目中存在的问题、对项目关键环节进行决策、听取项目各阶段汇报和审核项目交付等工作。

(2)项目管理办公室:对整体项目管理工作提供指导,并进行监督,以及进行高层互访。其主要职责是:准备并主持项目管理委员会会议和项目最终汇报会议;项目的日常管理;提供项目指导;评估项目提交文档的质量;确保项目能够按时完成;协调项目所需资源,创造良好的项目工作及沟通环境。

(3)咨询工作团队:由业务流程梳理团队和数据分析团队组成,主要负责图9.8中的管理咨询部分工作,对"精""细""聚""合""用"的每个组成部分进行仔细梳理,主要包括业务流程梳理、数据集成分析两部分工作。

（4）平台工作团队：由产品支持组和技术支持组组成。产品支持组负责为本次项目提供业务流程咨询、需求分析和产品专家支持，其主要职责如下：梳理各个部门业务流程并进行聚合和优化设计；对核心组进行产品功能培训；参与项目关键问题研讨和提供建设性建议；业务需求调研；业务需求分析；指标梳理和分析；提供项目指导；测试；评估项目提交文档的质量。技术支持组负责为本次项目提供客户化开发支持，其主要职责如下：全程参与需求确认过程；参与编写客户化手册；完成客户化开发及测试。

（5）A公司业务团队：由IT支持组和业务支持组组成。IT支持组负责为本次项目提供系统保障支持，其主要职责是：接受实施方针对系统管理员的培训；负责最终用户操作系统及应用系统的安装；确保硬件环境及应用系统的稳定运行。业务支持组负责为实施方详细介绍各部门业务情况、公司规章制度，确保系统功能符合企业实际需求，其主要职责如下：接受实施方针对系统功能的培训；参加系统功能操作考核，确保熟悉掌握系统功能及操作方法；确认系统流程合规；参与项目关键问题研讨和提供合理性需求建议；完成功能测试及操作手册；负责对各自部门及相关部门的最终用户的操作培训。

9.3.2 项目整合管理

项目整合管理是识别、定义、组合、统一和协调项目管理过程组的各种过程和活动而开展的过程。前述章节已经对项目的范围目标和内容进行了详细的说明，这里对本项目的工作技术路线图和进度管理进行说明。

本项目研究的技术路线图如图9.9所示，共分为启动准备、前期调研、业务流程梳理优化、数据决策体系构建、系统平台开发、系统试运行、系统投运与运维六个阶段。

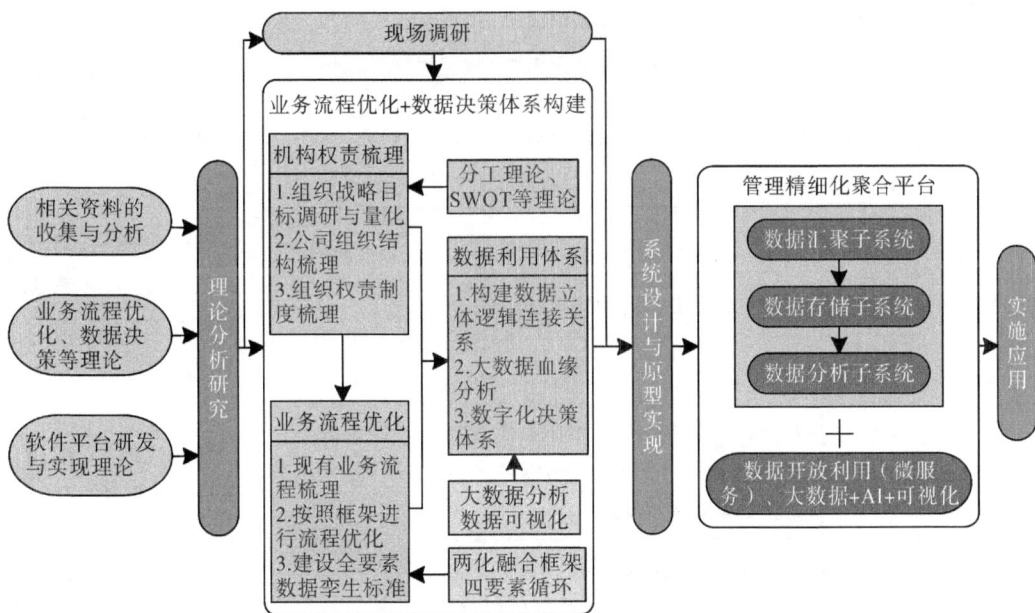

图9.9 A公司精细化聚合平台项目技术路线图

按照图9.9中的技术路线图和项目主要阶段,整个项目的进度计划如表9.1所示。其中,启动准备、前期调研阶段是由咨询工作团队、平台建设团队、业务骨干团队三者一起进行;业务流程梳理优化和数据决策体系构建主要由咨询工作团队和业务骨干团队一起进行;系统平台开发、系统试运行和系统投运与运维主要由平台建设团队和业务骨干团队一起进行。

表9.1 项目核心进度计划表

阶段	任务	标志性成果	时间节点
启动准备	成立双方项目组、制订项目计划	项目管理计划	1周
前期调研	公司现状基础调研	现状调研报告	1周
业务流程梳理优化	业务流程梳理与优化	数字化业务流程	3周
数据决策体系构建	数据共享与利用决策体系构建(含数据采集)	数据决策体系	6周
系统平台开发	软件系统平台研发与实现	软件系统	8周
系统试运行	软件系统的整体框架及部分流程上线、培训	试运行及消缺	12周
系统投运与运维	对软件系统实施跟踪与运维	上线运行	1周

在项目整合管理阶段,项目经理还需要对目前所面临的风险进行仔细分析,并制定相关的对策,如表9.2所示。

表9.2 项目整合管理阶段的风险识别与应对策略

项目风险	程度	影响分析	策略	预防措施
项目的目标不具体	高	本项目涉及的人员、组织和系统比较复杂,宏观的项目目标应该是清晰的、共同认可的,但是落实到项目具体可以量化的目标,还需要进行大量的工作。一旦项目目标不清晰,就会导致整个项目没有亮点、没有最大化实效	避免	反复确定整体路线图、项目阶段,以及各个阶段的具体目标,去粗取精
项目范围不清晰	高	各个部门对该项目的期望值过高,可能会导致项目的范围不断扩大,从而影响项目的有序进行	减缓	反复确定工作说明书
在初始阶段陷入业务流程细节过多,而忽视整体目标	高	流程久议不决,容易耽误时机	减缓	采用先固化、后优化的策略;先强调整体和衔接,然后再优化细节
工具平台能力不足	高	工具平台需要具备灵活的流程交付能力、集成能力、数据聚合和分析能力,需要工具平台的能力能够支撑未来的发展	避免	重复考察,选取最适合的工具平台
接口工作难以协调	高	公司级的应用需要多方协调供应商来满足本项目的接口要求,一旦端对端的配合不足,可能严重影响本项目的成效	避免	多方协调,需要公司高层推动支持

为了对项目的结果质量进行有效评价,由咨询工作团队、平台建设团队、业务骨干团队三者对项目的执行绩效指标进行制定,如表9.3所示。

表9.3　项目评价指标

序号	指标	要求	评价说明
1	项目目标达成率	95%以上	通过客观的数据,反映项目的综合业务成效
2	项目工期按时	按期完成	反馈甲乙双方的工作执行力
3	项目重大差错率	无重大差错	反馈项目质量
4	项目范围一致性	无重大范围变化	反馈项目范围设立的合理性
5	文档和系统交付合格率	100%	所有文档和系统的交付,都需要通过甲方的验收确认
6	业务部门满意率	90%	反映业务流程设计和梳理成效以及工具易用性
7	知识转移合格率	90%	培训和知识转移,需要严格按照计划和要求履行,提高使用者的工作成效

9.4　项目核心工作内容

根据图9.7显示的整体解决方案,可以将整个项目的工作内容细分为三个组成部分:流程梳理与优化、数据分析与集成、系统平台开发与运行,如图9.10所示。由于系统平台的开发与运行超出了本书的内容范围,因此本节对前两项工作内容的过程思路和重要结果进行展示。

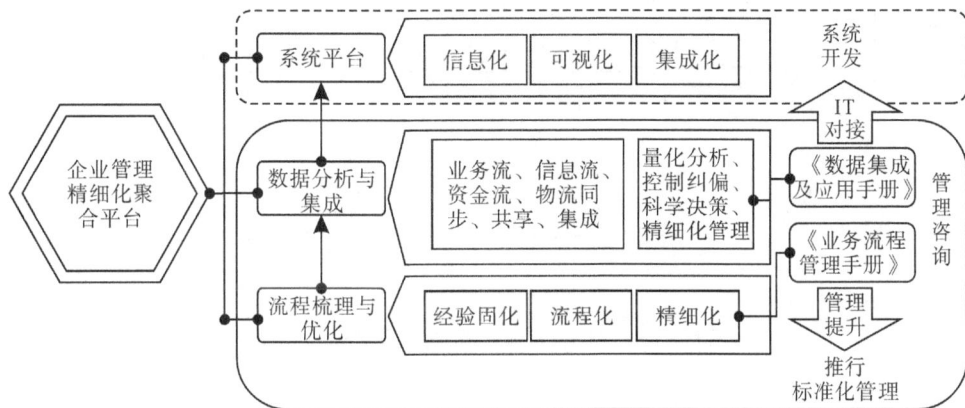

图9.10　A公司精细化聚合管理平台项目主要工作内容分解

9.4.1　业务流程梳理与优化

业务流程梳理与优化任务在实际执行过程中被抽象为“精”和“细”两个主要内容,其中“精”是指实现全公司业务流程的系统化和规范化,如图9.11所示。其中,系统化是指按照本书第5章中所阐述的“五要素—结果”建模法进行业务流程重塑和优化建模,规范化指的是每一个流程都按照标准的九部分进行阐述。

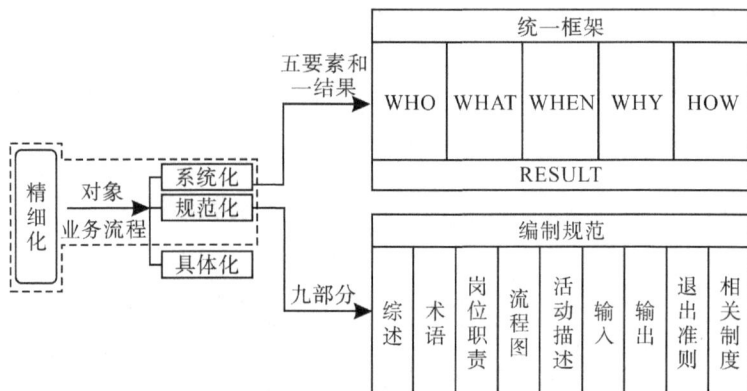

图 9.11 "精流程简洁精准"部分工作逻辑与思路

业务流程梳理与优化任务中的"细"是指业务流程内容的具体化,除了重要的业务流程图之外,还需要对业务流程图中的每一个活动进行细致描述,对核心活动进行有效归纳和细化,具体的步骤和要求如图 9.12 所示。

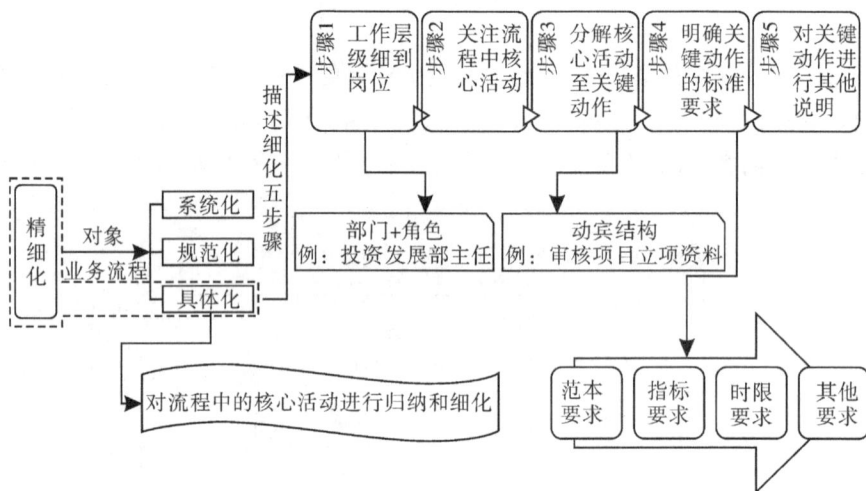

图 9.12 "岗位管理显化"部分工作逻辑与思路

经过两个月的业务流程梳理与优化工作,对 A 公司的现有流程和未建立流程的业务进行了有效梳理,共形成了 12 大业务分类,且对每一个类别的业务按照图 9.11 和图 9.12 的过程方法进行了梳理,所得到的流程数量结果如表 9.4 所示(12 个业务分类,共有 163 个业务流程)。每一个业务分类会单独形成一个业务流程手册,图 9.13 是 A 公司销售管理业务的流程手册首页和目录。

表 9.4　A 公司业务分类及流程梳理数量结果

编码序号	业务分类	流程数量
1	投发业务	6
2	工程业务	15
3	采购业务	8
4	销售业务	5
5	生产业务	12
6	安环业务	4
7	科技业务	18
8	办公行政	17
9	人力业务	32
10	财务业务	21
11	党团业务	17
12	监察业务	8

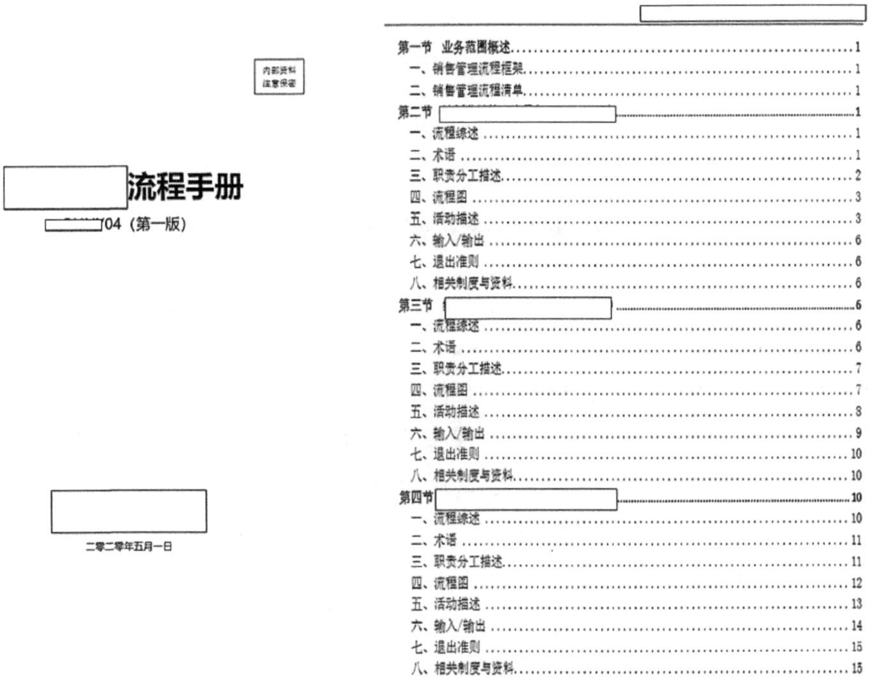
内部资料
注意保密

流程手册

04（第一版）

二零二零年五月一日

第一节　业务范围概述……1
一、销售管理流程框架……1
二、销售管理流程清单……1
第二节……1
一、流程综述……1
二、术语……1
三、职责分工描述……2
四、流程图……3
五、活动描述……3
六、输入/输出……6
七、退出准则……6
八、相关制度与资料……6
第三节……6
一、流程综述……6
二、术语……6
三、职责分工描述……7
四、流程图……7
五、活动描述……8
六、输入/输出……9
七、退出准则……10
八、相关制度与资料……10
第四节……10
一、流程综述……10
二、术语……11
三、职责分工描述……11
四、流程图……12
五、活动描述……13
六、输入/输出……14
七、退出准则……15
八、相关制度与资料……15

图 9.13　销售管理业务的流程手册示例

9.4.2 数据分析与集成

聚合是管理咨询部分的第二部分工作任务,主要包括三个工作内容:"聚"(血缘网络梳理)、"合"(分析结果聚焦)以及"用"(显化倒逼执行)。

其中,"聚"是指对数据之间的血缘网络进行梳理,实现全公司数据的体系化,如图9.14所示。其主要工作过程包括四个工作步骤:①采集全量业务流数据,具体任务包括通过业务流整理输入/输出数据、对数据进行清单列示、收集输入/输出示范模板等;②标识数据项实体,具体任务包括依托数据清单标识数据实体、确定数据实体中关键数据内容等;③绘制数据血缘地图,具体任务包括厘清数据实体间逻辑连接顺序、确定数据实体间逻辑连接关系、绘制流程内/间数据血缘地图等;④构建企业数据模型,具体任务包括透过数据流视角反视流程质量、形成文本化数据模型手册等。

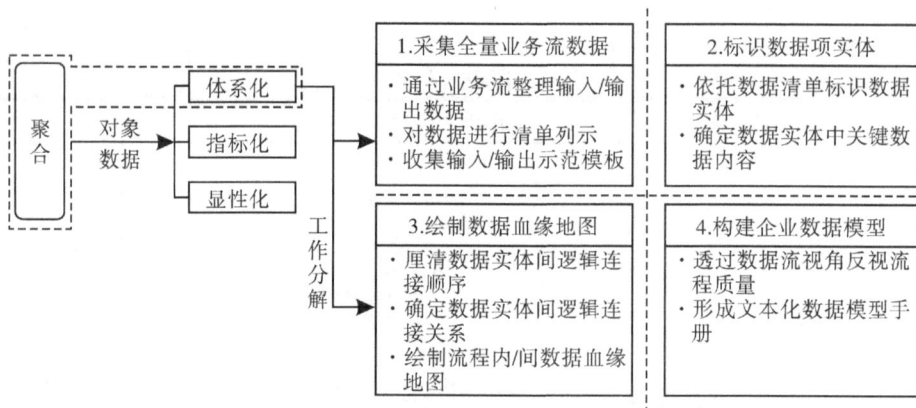

图9.14 "血缘网络梳理"部分工作逻辑与思路

"合"是指实现公司数据的指标化,通过指标化的过程来实现分析结果聚焦,如图9.15所示。在指标化的过程中,主要在数据层级、可衡量性和决策层级三个维度展开,具体的工作步骤有三个,即指标收集、指标树构建、指标库描述。指标收集主要通过部门按要求填报表格和高层决策级指标调研来实现;指标树构建主要通过按指标体系形成指标树和按分析维度进行汇总来实现;指标库描述主要通过从企业级视角形成指标库和按标准文稿、文字化描述来实现。

"用"是指对数据体系化和指标化的结果进行合理展示,通过显化倒逼业务执行,如图9.16所示。其主要是通过结果可视的方式实现公司数据的全面性、及时性、唯一性和共享性,实现工作画像、领导决策驾驶舱层,进而对存在的问题进行因素分析,再通过和"精""细""合"的工作结果进行对比分析,发展根因并找到解决办法,并通过PDCA的闭环管理实现企业业务的阶梯性上升。

通过上述三个主要工作任务形成了《A公司数据集成与应用分析手册》,该手册重点描述了数据实体及血缘关系图、数据实体核心数据内容和指标应用分析结果三部分内容。图9.17只是对数据实体分析结果、数据血缘关系图和指标应用分析结果进行了示例。

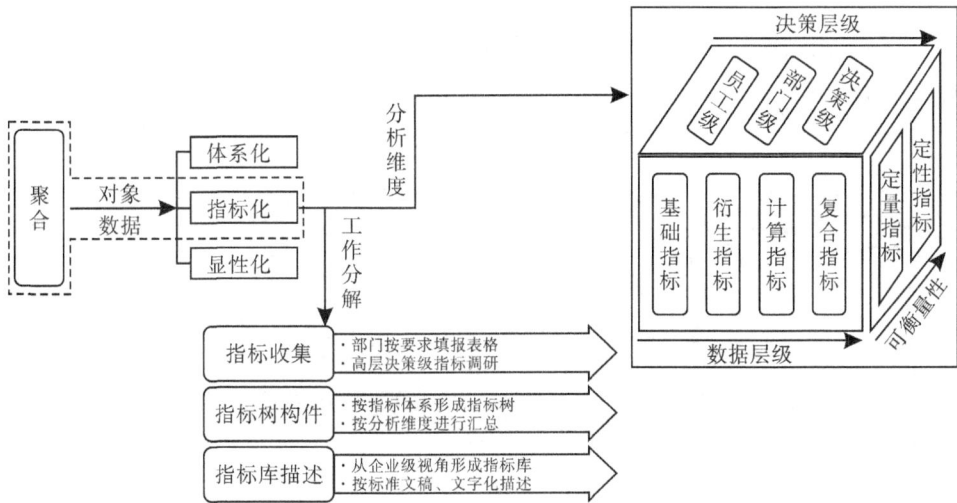

图 9.15 "分析结果聚焦"部分工作逻辑与思路

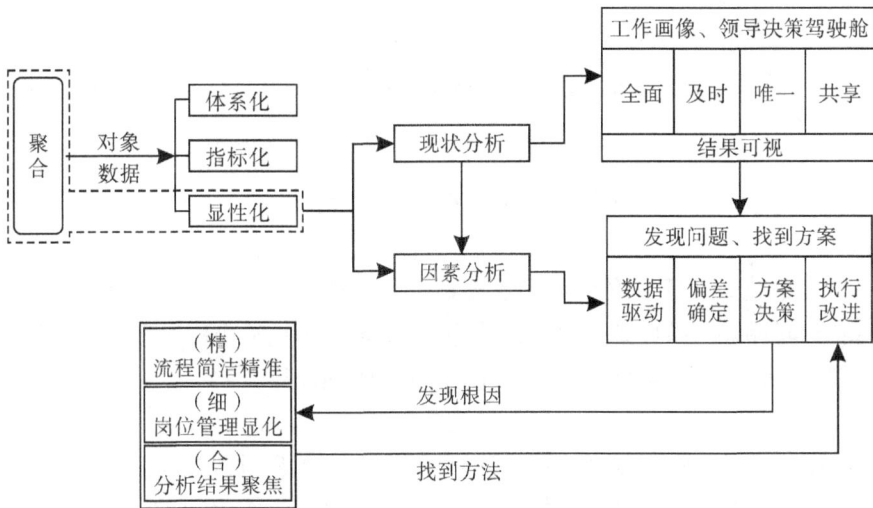

图 9.16 "显化倒逼执行"部分工作逻辑与思路

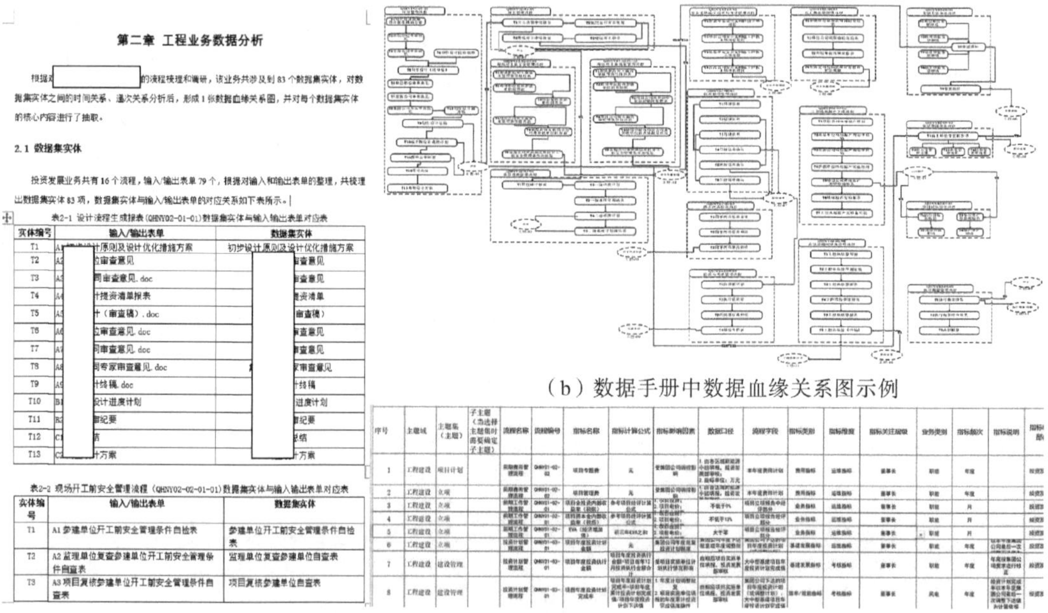

（a）数据手册中数据实体分析结果示例　　　　　（c）数据手册中指标应用分析结果示例

（b）数据手册中数据血缘关系图示例

图 9.17　数据集成与应用分析手册中关键数据内容示例

9.5　项目建设效果

A 公司的精细化集合管理平台项目预期通过信息化、数字化、智能化带动企业管理水平的提升，达到"一套标准体系可查可用可提升、一个聚合平台让工作协同高效、一张绩效地图可视可管可纠偏"的使用效果，如图 9.18 所示。A 公司的精细化集合管理平台项目通过"谁来做、怎么做、做的结果"的基础框架，优化业务流程，实现了全要素数字孪生；通过进行数据立体关联与数据血缘分析，构建了"数据＋算法"的科学化决策体系；通过开发高性能的软件支撑工具，量化了全流程自动化程度，展示了数据价值，提高了效能。A 公司的精细化集合管理平台项目建设的具体效果包括：

（1）效率提升了。系统运行以后，员工的工作量下降了，操作简单了，且部分工作交由系统自动执行，减少了大量的传递和等待的时间，使流程运行周期得到了大幅压缩。

（2）可控性增强了。由于将流程固化到 BPM 系统中，使得流程执行得到了保障，违规操作的情况减少了，而且流程的可追溯性增强了。可见，管理的规范性越强，管理风险越可控。

（3）跟进容易了。全流程走到哪一个节点，可一目了然地适时跟进，一旦出现延误，流程执行人就会被提醒、考核和反馈，这样流程执行效率更有保障，可预测性更强。

（4）成本下降了。数字化比率提高，办公费用以及大量重复手工操作带来的人工成本就会得到大幅度缩减。

（5）管理透明了。全流程每个操作环节，以及绩效数据处于可视化状态，使管理透明了，一方面可提升业务人员的执行力，另一方面增加了企业发现问题和解决问题的能力。

(6)数据准确了。端到端流程之间的数据集成共享了,减少了多头录入产生的错误;通过数字化表单字段的设计,提升了数据录入的质量;一旦数据出现错误,可以方便地追溯到问题的根源,从而及时纠错。

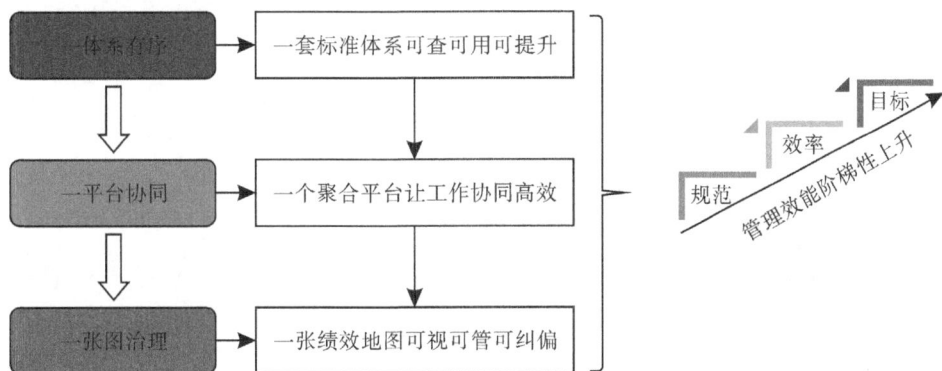

图9.18 项目建设效果总结图

9.6 本章小结

本章以A公司进行精细化聚合管理平台项目建设为案例,对业务流程梳理及优化的项目过程进行了展示和总结。本章首先介绍了A公司的企业概况和项目背景,阐述了A企业进行精细化聚合管理平台建设的意义,并提出了项目的目标和建设内容,接着从A公司员工、部门、领导三个层级的问题分析入手,介绍了项目的整体解决方案和框架,并对方案的可行性进行了分析,然后简要介绍了项目团队和项目经理视角下的整合管理,同时对项目中的业务流程梳理和数据分析与集成的工作内容和核心工作逻辑进行了说明,最后展示了项目的建设效果。

第四篇

数据应用驱动背景下的业财融合

第10章
业财融合的发展趋势

10.1 业财融合的概念

通俗来讲,业财融合就是业务和财务融合。在《管理会计基本指引》未发布之前,业财融合在各种期刊中被多次提及。财政部 2016 年 6 月 22 日发布的《管理会计基本指引》中明确提到,单位应用管理会计,应遵循融合性原则。管理会计应嵌入单位相关领域、层次、环节,以业务流程为基础,利用管理会计工具方法,将财务和业务等有机融合。关于业财融合的学界研究,主要有以下几种观点。

1. 合作关系观点

吴宜红提出,各行各业都已进入"管理驱动型"增长模式,财务角色也将经历从"管账"到"管家",从"记录员""监督员""分析员"到"业务伙伴"的变化,同时财务管理应更好地与业务管理对接,促进企业提升资源使用效率,有效应对激烈的市场竞争。金梅和陈生寿认为,业财融合是业务财务一体化的简称,其实质是企业市场经营线与行政综合线之间的协同与贯通。基于会计角度的分析,业财融合属于管理会计的分类,可以为企业管理人员提供各方面的参考与分析。

2. 合作与制衡观点

何瑛和彭亚男认为,业务和财务的融合需要以企业前期充分的信息化建设和人才培养为前提,在价值文化的指导下重塑财务流程,对业务全程进行财务管理,并在合理有效的绩效考核下对业财团队进行监督和激励。殷起宏和胡懿认为,业财融合是企业精益管理的表现形式,业务和财务是合作和制衡的关系——合作是业务需要财务提供决策支持,制衡是财务对业务进行监督和评价。

3. 融合价值链观点

张庆龙认为,价值链管理需要通过业财融合实现业务财务的一体化。一方面,可以通过财务向业务前端进行延伸,打通会计与业务、会计与外部利益相关者的界限,实现信息的集成与实时控制。另一方面,财务与业务融合要关注业务链条中的不增值环节和节点,并利用信息化与智能化消除会计核算流程的不增值部分。郭永清认为,业财融合是指业务部门与财务部门通过信息化技术和手段实现业务流、资金流、信息流等数据源的及时共享,并基于价值目标共同做出规划、决策、控制和评价等管理活动,以保证企业价值创造过程的实现。

4. 信息系统一体化观点

程平等认为,业务财务一体化在网络、数据库、软件平台等构成的 IT 环境下,将企业经营中的业务流程、资金运动过程和数据流程有机融合,建立基于业务活动驱动的业财一体化信息收集、处理、分析流程,使财务数据和业务信息融为一体。

以上为学界关于业财融合的一些观点。关于业财融合的学科归属问题,汤谷良、夏怡斐认为"业财融合是一个标准的管理会计学科议题",认为业财融合"本质是一项企业的后台管理业务",并在 Hopwood 研究的基础上,提出了企业业财融合的管理会计理论框架,见图 10.1。

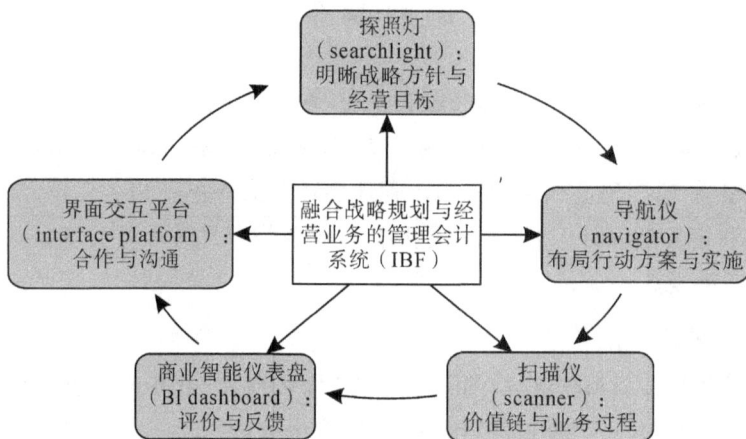

图 10.1 企业业财融合的管理会计理论框架

王斌认为业财融合的本质是"业务经营牵引财务发展,财务发展支撑业务经营";组织运行中的业财融合是一个"业务融入财务、财务融合业务的双向过程";业财融合是"组织的天然属性、必然要求";业财融合就是要"回归管理本源","为业务发展而管理,为价值创造这一终极目标而融合管理,为打破职能壁垒,增加组织内外协调、协作和共生性而管理"。

基于学界的观点,本书认为业财融合在宏观意义上是一个管理问题,是组织价值创造的问题,所有组织存在的价值只有一个,就是价值创造,为股东、为员工、为利益相关者创造价值。业财融合在宏观的维度上,是一个管理理念、管理思维、管理实践的过程,是一个价值创造的过程;在微观意义上,业财融合是一个打破内部职能壁垒、财务由后台迈向前台的融合过程,是管理会计理念、工具融入业务流程、业务环节的活动。业财融合不单单是财务部门的事情,也不单单是业务部门的事情,而是组织的事情。基于此,本书对业财融合给出一个比较综合的概念:业财融合是一个管理过程,也是一个创造价值的过程,业财融合是以战略为目标,以流程为牵引,将企业业务流、信息流、资金流、物流等数据流充分共享,并运用一定的管理会计工具和手段为业务发展提供有效支撑的管理活动。

10.2　业财融合面临的现状

近年来,业财融合是很热门的一个话题,业财融合能够引起这么多的关注,与业财融合现状有极大的关系。业财融合的现状主要体现在以下几个方面。

10.2.1　业务财务融而不"和"

业务与财务就像是一枚硬币的正、反面,彼此相依,彼此相随。马克斯·韦伯的科层制理论在一定程度上满足了现代社会对效率的追求,职业化和专业化提升了组织的运营效率,但在这种理性科层体制的安排中,又导致职能壁垒森严,本位主义倾向严重,每个职能部门在建立自己的权力"版图",沟通成本高。各个职能部门在各自领域范围内均以"专业化"自居,体现在业务与财务上,就是业务认为财务不支持业务,财务认为业务不断在挑战财务底线,造成融而不"和"的局面。

10.2.2　流程切割泾渭分明

组织中业务繁多,流程成为业务实现的载体。大多数企业具有各种业务的流程,如财务有专门的财务流程,财务流程的起点是业务流程终点,业务流程的输出会成为财务流程的输入。从组织角度看,一个业务只有一个流程,只是流程节点涉及的部门、岗位以及传递的信息、资料不同而已。但现实情况是,业务流程和财务流程被切割开,业务流程的运营财务难以介入,财务流程的流转业务难以获取,导致业务的即时性和财务的滞后性矛盾无法调和,这也是当下业财融合面临的一个现状。

10.2.3　组织信息无法共享

流程既是业务实现的载体,也是组织信息流或者数据流的载体。在一个流程中,必然会出现业务流、发票流、资金流、物流等信息流,这些信息流本质上是企业的数据流。但是,基于流程的信息流或者数据流因职能划分和流程切割,导致数据流无法共享,这种共享一方面取决于组织的数据管理基础,另一方面取决于组织是否具有共享的平台。

10.2.4　业财融合程度参差不齐

从业财融合的程度看,国企的融合程度要高于民企,规模大的企业的融合程度要高于规模小的企业,信息化基础好的企业的融合程度要高于信息化程度低的企业,领导重视的企业的融合程度要高于领导不重视的企业。

10.3　大数据背景下业财融合的发展趋势

业务和财务就像一枚硬币的正、反面,一方面,业务与财务的关系具有天然的不可切割的内在联系;另一方面,在业务与财务的关系上,业务具有前导性和外部性,财务具有滞后性和内部性。在没有信息技术支撑的前提下,业务与财务的融合更多体现在点的融合上;在大数据背景下,业务与财务的融合则体现在面和体系的融合上。大数据背景下,业财融合呈现出如下发展趋势。

10.3.1　组织数字化向大数据化发展

一个组织中存在业务数据、交易数据、资金数据、纳税数据,这些数据更多是以数字的形式存在于相对独立的部门、系统中,组织中存在大量的非结构化的数据。在智能化、移动互联网、云计算等技术没有出现之前,这些数据是无法被收集和存储的,但是随着智能化、移动互联网、云计算等技术的应用,组织中的这些非结构化的数据能够被收集和存储,组织的数字化逐步转变为数据化,数据化的海量积累就形成了不同结构、多维度数据标识的大数据化。

10.3.2　大数据背景使得业务和财务的关系日益同步

在传统的企业中,业务具有前导性和外部性,财务具有滞后性和内部性,而在大数据背景下,财务以信息共享的形式具有了前导性和外部性,且财务的滞后性和内部性将被智能化、移动互联网和云计算逐渐弱化,财务不仅仅掌握业务的每一个数据,而且通过大数据的预测功能前瞻性地参与业务的决策过程。

10.3.3　流程数据化成为业务和财务紧密融合的纽带

在大数据背景下,流程成为业务流、物流、资金流等信息流的载体,流程不再被人为切割为业务流程和财务流程,流程中数据的血缘关系、数据之间的逻辑关系以及数据之间的 ETL(转换、抽取、加载)均会得以清晰呈现,从而实现多个维度数据的实时共享。可见,大数据背景下,流程会成为业财融合的关键纽带。

10.3.4　管理会计工具将在大数据背景下发挥更大的分析决策价值

《管理会计基本指引》中提道:"管理会计应嵌入单位相关领域、层次、环节,以业务流程为基础,利用管理会计工具方法,将财务和业务等有机融合。"在大数据背景下,组织的数据从产生到应用需要经过数据源层、数据仓库层、数据建模层,最后到数据应用层,要经过层层加工。管理会计工具的具体应用,就体现在数据建模上,将数据和管理会计工具结合起来,形成适合组织的数据模型,并开展数据分析、预测等工作,为业务提供预警、决策等支持。

10.4　业财融合的模式介绍

业财融合不仅是一个理念,更是一项管理活动。关于业财融合的模式,王斌认为业财融合需要在组织架构设计、制度规范等层面为两者融合提供合法性基础。他认为业财融合的模式有以下几种:①制度化模式。所谓制度化模式是指业财融合被公司治理与管理规则、商业传统、文化观念等影响并予以其合法化的模式。在制度化模式下,业财融合不仅仅是靠彼此自愿相互融合,更是通过制度保障强化并固化,同时制度化模式与组织的商业文化、信任传统有很大的关系。②财务主动嵌入模式。财务主动嵌入模式是指财务主动嵌入并服务于业务部门的融合模式。其特征是:第一,以业务经营为服务对象,主动重构公司财务组织以满足业务发展需要。第二,财务嵌入业务的动因,既来自业务对财务管理需求的驱动,也来自现代信息技术、财务共享等对财务组织转型升级的要求。第三,业财融合既可看成是"业务融入财务",更重要的是强调"财务主动融入业务",即强调财务对业务发展的决策支持、资源保障、风险把控等方面。③项目制模式。项目制模式主要是指因业务经营需要而组建不同的跨职能团队、项目团队等项目制组织形式。

王斌认为:"上述三种模式之间不存在非此即彼的互斥关系,它们之间的差异只体现在业财融合的应用层面和应用程度上。从可预期的未来角度,业财融合的最高层次应当是上述三种模式的融合。"王斌提出的三种模式都可以理解为财务通过制度保障、主动转型以及参与项目来实现业财融合。在大数据背景下,本书介绍几种典型的业财融合模式。

1. 中兴通讯财务共享模式

中兴通讯是全球领先的综合性通信制造业上市公司,是近年全球增长较快的通信解决方案提供商之一。1985 年,中兴通讯成立。1997 年,中兴通讯 A 股在深圳证券交易所上市。2004 年 12 月,中兴通讯作为中国内地首家 A 股上市公司成功在香港上市。作为在香港和深圳两地上市的大型通信制造业上市公司,中兴通讯以满足客户需求为目标,为全球客户提供创新性、客户化的产品和服务,帮助客户实现持续赢利和成功,构建自由广阔的通信未来。凭借有线产品、无线产品、业务产品、终端产品等四大产品领域的卓越实力,中兴通讯已成为中国电信市场最主要的设备提供商之一,并为全球 120 多个国家的 500 多家运营商提供优质的、高性价比的产品与服务。

中兴通讯建立财务共享服务中心,是为了解决分散式的财务核算及管理模式中存在的问题,比如:分散的独立财务组织效率低下,成本高昂;缺乏对业务的支持和战略推进能力;集团缺乏对基层业务单位及子公司的监控能力。通过建立财务共享服务中心,中兴通讯在财务转型上实现了突破和创新,主要体现在以下几个方面:

(1)财务管理制度创新——财务制度标准化。财务管理制度创新主要体现在整个集团财务管理制度的标准化,这是财务共享服务模式构建的基础。财务共享服务最终的目的之一是建立高效低成本的运作流程。标准化的过程能够使各地的财务组织按照同样的标准和方式做一件事情,从而使得本来各具差异的工作出现专业化分工的可能性。而专业化的分工最终将使从事该项工作的员工技能要求降低,从而能够使用更低成本的人员进行置换并达到集团财务管理成本降低的目的,同时又为集团财务战略得以统一贯彻执行提供了保证。

(2)财务组织创新——财务人员的集中化。财务组织创新主要体现在财务组织从分散组织形式到集中式组织的转变,这是财务共享服务模式成功的关键。财务共享服务是一种典型的集中式组织模式,它通过将服务端(共享服务中心)和客户端(企业集团成员单位)分离的方式,重新定位了集团和基层业务及子公司之间的业务界面和业务关系,且将从事标准化财务工作的财务人员从成员单位分离出来,并归属到财务共享服务中,实现财务人员的集中化。集中式组织模式能够实现资源的有效共享,一个服务端向多个客户端提供服务,客户端能够共享服务端资源。同时通过合理配置一个服务端对应的客户端数量，能够最大限度地平衡资源。此外，通过服务端进行服务的封装能够使财务的服务界面简单化，从而提升服务水平，提高业务效率，并为统一财务战略执行力提供支持。

（3）流程创新——财务管理流程化。根据哈默在《企业再造：企业革命的宣言书》中的定义，BPR是对企业业务流程作根本性的再思考和彻底的重设计，以达到成本、质量、服务和速度等现代关键业绩指标显著提高的目的。财务共享服务中心建立的过程实质就是财务流程再造的过程。

在中兴通讯的实施过程中，流程再造遵循了六个原则，通过流程再造实现了财务管理向流程化和业务化分工的转变。在操作过程中，中兴通讯实施了包括费用报销流程、资金收付流程、应付流程在内的流程再造。

（4）技术创新——财务管理网络化。财务共享服务中心需要强大的信息系统来支持，它最重要的作用在于建立了一个IT平台，将财务共享服务中心制定的一切财务制度都固化在统一的数据库中，包括财务作业流程等都在信息系统中进行统一设定，成员单位不得随意修改，从而保证总部的战略得到有效贯彻和落实。

将传统会计信息系统进行集成再造是信息系统演变的必然趋势。在对传统会计业务流程进行共享服务流程再造后，中兴通讯建立起了基于共享服务系统平台的集成的网络财务系统，以网上报销模块、票据实物流、票据影像模块、过程绩效测评模块和综合管理模块为核心的共享服务系统平台为中兴通讯财务共享的实施奠定了强大的信息系统基础。

中兴通讯财务共享模式带来的应用价值体现在以下几个方面：

1）实现财务业务一体化，集团战略推进得到落实

中兴通讯财务共享服务的实施推动了财务业务一体化的进程。通过集中整合后，基础财务业务从分散的各地财务组织集中到财务共享服务中心。各地财务组织中释放的编制用于补充高端财务管理人员，他们直接从财务共享服务中心获得数据产品，并深入业务提供决策支持。

在财务共享服务得到成功实施后，中兴通讯形成了一套包括营销财务、产品财务、研发财务、海外财务、子公司财务在内的完整的业务财务体系。这些财务人员对自己所提供支持的业务领域有着深入的了解，并协助各业务单位进行经营决策。借助业务财务体系，集团的各项战略和财务管理需求直接传递至业务单位的核心决策层，为集团一体化的战略推进做出了巨大的贡献。此外，财务共享服务中心以其高度的执行力和标准的财务流程对于基础财务业务的要求，推动了集团战略的落实。

2）实现集团范围的财务监控

中兴通讯财务共享服务的实施在实现集团范围财务监控的过程中也起到了积极的作用。在分散式财务管理模式下，集团各基层单位的财务情况无法高效准确地到达集团总部，且由于缺少监管，潜在的舞弊现象也难以及时发现。

实施财务共享服务后，财务人员和业务人员可能的联络被彻底切断。基于流程和业务分工的财务作业模式使单据随机分配到每个业务处理人员手中，业务人员面对的不再是固定的财务人员，而是经过封装的财务共享服务中心，串通舞弊的可能大大降低。此外，所有的业务

处理对于集团彻底透明,任何一笔业务均可以通过财务共享服务中心进行查阅,为及时发现问题提供了有力的支持。

3)服务质量及运作效率得到提升

在成本降低的同时,中兴通讯财务共享服务中心的服务质量和运作效率也同步得到提升。以费用报销流程为例,实施共享服务前,由于缺乏统一标准,各地执行尺度不一,这种情况下,业务单位常常对财务的客观公正提出质疑,频繁的冲突和沟通使服务质量难以得到保障,运作效率低下。实施共享服务后,标准化的单据审核形成了一致的结果,且财务呼叫中心的建立,以统一的接口和界面面对员工提出的各类问题,服务质量和员工满意度得到提升。例如,业务效率由7天的财务处理效率提高到72小时,平均业务处理能力也提高了1倍。

4)运作成本显著降低

在资源、业务集中之前,虽然员工的工作量很有可能不饱和,但是也必须为每个单位或地区设置相同的岗位、人员;而将资源、业务集中到共享服务中心处理后,不必为每个地区、单位设置岗位、人员,一个人员可以处理几个单位或地区的相同岗位的业务,从而导致业务量不变的前提下业务人员的减少或者是业务量增加而人员不变。同时,实施共享服务后,对业务流程、规则进行标准化管理,同时流程优化消除了多余的协调、重复的、非增值的一些作业,这都会大大提高效率,且分配到每一项作业的时间会减少,这也间接地降低了成本。另外,业务操作得到标准化和简化,对人员的学历、技能等要求会有所降低,这在很大程度上降低了运作成本。

2. 华为财经集成模式

华为的财经管理模式,主要体现在两次大的财经变革上。第一次变革为"四个统一"变革;第二次变革为集成财经服务变革。第一次变革(1998—2007年)实际是推行四个统一,即统一会计政策、统一会计流程、统一会计科目、统一监控。在四个统一中,尤其在统一会计科目上,华为已经突破了传统的会计科目概念,对会计科目编码赋予了更多的字段标识。华为将会计科目编码分为7个字段,前5个字段包括公司字段、区域字段、产品字段、部门字段、会计科目字段,还有2个预留字段,一个是项目字段,另一个是每个区域根据特色自主设计的字段。这个会计科目编码为华为奠定了管理会计信息基础。

华为的财经集成模式主要体现在第二次变革(2007—2014年),在这个阶段,华为财经服务变革经历了IDSⅠ和IDSⅡ两个阶段[①];IDSⅠ变革(2007—2010年)解决了财务与业务部门之间的沟通和连接问题,具体就是交付业务、研发业务、市场业务与财务之间流程的连通,从而保证交易数据的准确性;IDSⅡ变革(2010—2014年)旨在解决责任中心定义的问题和提高华为公司项目财务管理能力。

华为集成财经模式体现为三个关键要素,分别为流程优化、组织保障和IT工具。在流程优化方面,华为将流程从现行的、大量重复性的工作中梳理出来,然后将其标准化,其目的在于提高管理效率,降低运行成本;在组织保障方面,华为成立了财经变革指导委员会,该指导委员

---

① IDS指集成推行解决方案,英文翻译为 integrated deployment solution。

会成员包括华为的高层领导,当时的首席法务官、首席销售和服务官、首席财务官皆在其中,首席法务官任指导委员会主席,他们三人共同决定集成财经服务变革的重要事项,并直接向华为领导人汇报;在IT工具方面,IT工具首先用于固化流程,同时运用IT工具实现流程中信息和数据的共享,加强部门之间的沟通和联系,从而提高了公司的运营效率。

3. 海尔人单合一模式

海尔人单合一模式经历了人单合一1.0和人单合一2.0模式。人单合一模式不但重新定义了企业,而且重新定义了组织与人(利益攸关方)的关系,本质上是一种顺应互联网时代的组织治理模式,也是大数据背景下业财融合的一种创新模式。

海尔人单合一1.0模式相比传统的模式,根本的变革在于借助信息技术和交易机制安排,以极低内部交易成本增加为代价,大幅度压缩庞大的科层组织管理成本,带来的结果是打破科斯企业与市场二元制划分方法,在企业内部建立有限开放的竞争性市场,在实现企业整体治理成本最优的同时发挥市场机制的强激励、灵活应变的功效。海尔人单合一2.0模式相比1.0模式的优势,在于搭建各利益攸关方共生、共创、共赢生态系统(平台),组织、嫁接、催化全球资源以驱动创新。海尔人单合一2.0模式是基于互联网的自组织模式,在这个模式下,海尔提出了企业平台化、用户个性化、员工创客化的主张。

海尔人单合一模式作为业财融合的一种模式,看似没有涉及财务,其实在海尔人单合一模式下,海尔为匹配机动灵活的一线经营组织,使其变成真正的自组织,需要再造功能部门,建立精简干练的"小后台"组织。同时,通过技术手段,实现日常服务"云端化"、资源配置"自动化"、专业分工"整合化"、高端服务"专家化"、前后利益"一体化"。前两项旨在简化后台,提高效率,减少审批;中间两项旨在为一线提供一站式的高价值服务,即要从"显示器"变成"温控器";最后一项为利益驱动机制;最终目的实现前后台的价值协同。

另外,海尔人单合一模式是基于互联网的自组织,而不是科层组织,实现了组织的扁平化,让数千个经营单元在组织平台上运转,这就使海尔必须放弃层级管理思维,转向机制寻求解决之道,使其自运转、自控制、自创新。在整体组织构建思路上,海尔实际上是在消灭层级,是有别于传统科层组织的一种创新模式。

10.5 业财融合的工具与方法介绍

业财融合的工具,包括流程优化工具与方法、信息技术工具与方法、管理会计工具和方法等。

10.5.1 流程优化工具与方法

流程优化工具与方法是研究管理流程、流程优化的一项基本方法策略,其通过不断发展、完善、优化业务流程方法,对于保持业务流程实施的成效,最大化流程优化的成果具有重要意义。流程优化的目的是消除浪费环节,精简冗繁环节,重排不合理环节,弥补缺失环节,最终达到高效流程。

流程优化的工具和方法主要有以下几种。

1.标杆瞄准

标杆瞄准指企业将自己的产品、服务、成本和经营实践,与那些相应方面表现最优秀、最卓有成效的企业(并不局限于同一行业)相比较,以改进本企业经营业绩和业务表现的一个不间断的精益求精的过程。标杆瞄准是将本企业经营的各方面状况和环节与竞争对手或行业内外一流的企业进行对照分析的过程,是一种评价自身企业和研究其他组织的手段,是将外部企业的持久业绩作为自身企业的内部发展目标,并将外界的最佳做法移植到本企业的经营环节中的一种方法。实施标杆瞄准的公司必须不断对竞争对手或一流企业的产品、服务、经营业绩等进行评价来发现自身的优势和不足。标杆管理如图 10.2 所示。

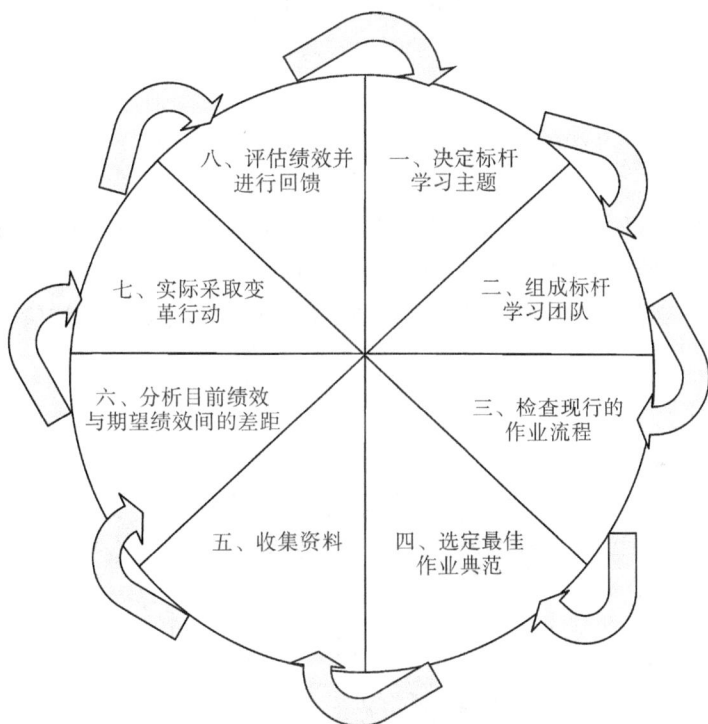

图 10.2 标杆管理示意图

标杆瞄准法的类型包括战略与战术的标杆瞄准法、管理职能的标杆瞄准法、跨职能标杆瞄准法等。

2.DMAIC 模型

DMAIC 模型,即界定(define)、量测(measure)、分析(analyze)、改进(improve)、控制(control),是实施 6 sigma(6σ)的一套操作方法,如图 10.3 所示。DMAIC 是 6σ 管理中最重要、最经典的管理模型,主要侧重在已有流程的质量改善方面。所有 6σ 管理涉及的专业统计工具与方法,都贯穿在每一个 6σ 质量改进项目的环节中。

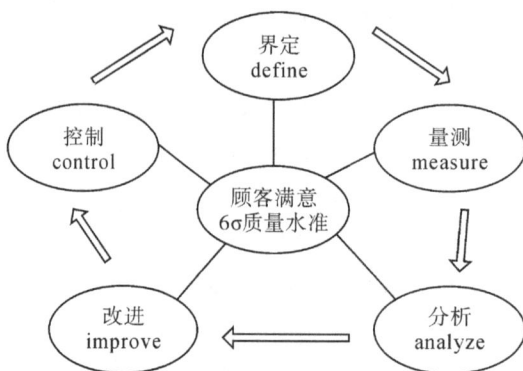

图 10.3 DMAIC 模型

3. ESIA 分析法

ESIA 分析法,即消除(eliminate)、简化(simplify)、整合(integrate)和自动化(automate),如图 10.4 所示。

所有企业的最终目的都是为了提升顾客在价值链上的价值分配。重新设计新的流程以替代原有流程的根本目的,就是为了以一种新的结构方式为顾客提供这种价值的增加。反映到具体的流程设计上,就是尽一切可能减少非增值活动调整流程中的核心增值活动,其基本原则就是 ESIA。

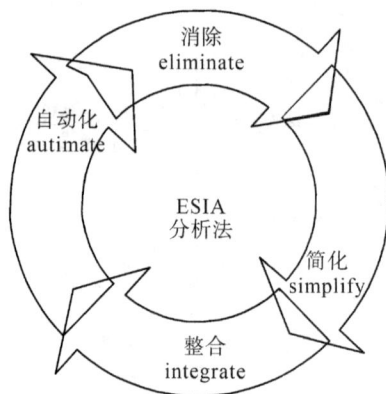

图 10.4 ESIA 分析法

4. ECRS 分析法

ECRS 分析法,即取消(eliminate)、合并(combine)、重排(rearrange)、简化(simplify)。

取消(eliminate):"完成了什么?是否必要?为什么?"

合并(combine):如果工作或动作不能取消,则考虑能否与其他工作合并。

重排(rearrange):对工作的顺序进行重新排列。

简化(simplify):指工作内容和步骤的简化,亦指动作的简化,能量的节省。

在进行 5W1H 分析的基础上,可以寻找工序流程的改善方向,构思新的工作方法,以取代现行的工作方法。运用 ECRS 四原则,即取消、合并、重组和简化的原则,可以帮助人们找到更好的效能和更佳的工序方法。

5. SDCA 循环

SDCA 循环就是标准化维持,即"标准(standard)、执行(do)、检查(check)、行动(action)"模式,包括所有和改进过程相关的流程的更新(标准化),并使其平衡运行,然后检查过程,以确保其精确性,最后做出合理分析和调整,使得过程能够满足愿望和要求。SDCA 循环——标准化维持的目的,就是标准化和稳定现有的流程。

S 是标准(standard),即企业为提高产品质量编制出的各种质量体系文件。

D 是执行(do),即执行质量体系文件。

C 是检查(check),即对质量体系的内容审核和各种检查。

A 是行动(action),即通过对质量体系的评审,做出相应处置。

10.5.2　信息技术工具与方法

信息技术工具与方法涉及很多,比如互联网、智能化、大数据、云计算、区块链等,互联网、智能化、云计算是信息技术的基础设施,本书重点介绍大数据技术。

1. 企业大数据的类型

企业在运营过程中,会生成多维度多类型的企业数据,企业的数据包括企业中各类型数据相关的所有事项。首先,企业的数据可划分为结构化数据和非结构化数据。所谓结构化数据是一种可预见、经常出现的数据格式,结构化数据通过数据库管理系统进行管理,结构化数据是定义良好的、可预测的,并且可通过复杂的基础设施进行管理;相反,非结构化数据是不可预见的,而且没有可以被计算机识别的结构,最常见的非结构化数据是文本。其次,非结构化数据进一步可以分为重复型非结构化数据和非重复型非结构化数据。重复型非结构化数据包括模拟处理数据、电话记录、计量数据、天气数据等;非重复型非结构化数据包括电子邮件、医疗记录、医保索赔、市场调查、呼叫中心等数据。从与业务的相关性看,非重复型非结构化数据在很大比例上都与业务相关,而重复型非结构化数据与业务的相关性很低。

2. 数据仓库工具与技术

数据仓库技术是基于信息系统业务发展的需要,基于数据库系统技术发展而来,并逐步独立的一系列新的应用技术。随着 20 世纪 90 年代后期 Internet 的兴起与飞速发展,我们进入了一个新的时代,大量的信息和数据迎面而来,用科学的方法去整理数据,从不同视角对企业经营各方面信息的精确分析、准确判断比以往更为迫切,实施商业行为的有效性也比以往更受关注。

使用这些技术建设的信息系统,我们称为数据仓库系统。随着数据仓库技术应用的不断深入,近几年数据仓库系统得到长足的发展。典型的数据仓库系统,比如经营分析系统、决策支持系统等。同时,随着数据仓库系统带来的良好效果,各行各业的企业已经能很好地接受运用"整合数据,从数据中找知识,运用数据知识,用数据说话"等新的关系改良生产活动各环节、提高生产效率、发展生产力的理念。数据仓库技术就是基于数学及统计学严谨逻辑思维并达成"科学的判断、有效的行为"的一个工具。数据仓库技术也是一种达成"数据整合、知识管理"的有效手段。数据仓库是面向主题的、集成的、与时间相关的、不可修改的数据集合,这是数据仓库技术特征的定位。

数据仓库呈现如下特征:

(1)面向主题。与传统数据库面向应用进行数据组织的特点相对应,数据仓库中的数据是面向主题进行组织的。面向主题的数据组织方式,就是在较高层次上对分析对象的数据进行一个完整、一致的描述,能完整、统一地刻画各个分析对象所涉及的各项数据及数据间的联系。

(2)集成化特性。数据仓库中的数据是从原有分散的数据库中抽取出来的。由于数据仓库的每一主题所对应的源数据在原有分散的数据库中可能有重复或不一致的地方,加上综合数据不能从原有数据库中直接得到,因此数据在进入数据仓库之前必须要经过统一和综合形成集成化的数据。

(3)随时间不断变化。数据仓库中数据的不可更新性是针对应用来说的,即用户进行分析处理时是不进行数据更新操作的;但这并不是说,从数据集成入库到最终被删除的整个数据生成周期中,所有数据仓库中的数据都永远不变,它是随时间不断变化的。

(4)非易失性。非易失性是数据仓库的另一个重要特征。操作型环境中的数据通常是一次访问和处理一个记录,并且操作型环境中的数据是可以被更新的。但是在数据仓库中的数据通常是一次载入与访问的,并且数据仓库中的数据并不进行一般意义上的数据更新。

3. 数据血缘分析工具与技术

在大数据环境下,数据呈现海量的增长趋势,数据之间通过 ETL(转换、抽取、加载),形成数据之间的联姻融合、转换流通,从而生成新的数据。数据之间的产生、融合、流转、流通到最终的消亡,形成了数据之间的关系,这种关系借鉴人类血缘关系的表达,就称为数据血缘关系。数据血缘关系是数据治理中很重要的一部分。

通过数据血缘分析,也就是血缘追踪,可以获得结果数据的来源信息;同时,更新数据时,能够反映原始数据库的变化,查看数据在数据流中的变化过程。

数据血缘关系的特征如下:

(1)归属性。数据具有一定的归属性。数据可以归属于一个流程,也可以归属于一个特定数据组织或人,无论数据之间如何融合、转换,都可以找到一个归属。

(2)多源性。数据的来源具有一对一、一对多、多对一甚至多对多的特点。同一个数据可以有多个来源,一个数据可以由多个数据加工生成。

(3)层次性。数据的血缘关系是有层次的。一般来说,数据会呈现字段、表、数据库等层次,对不同层次的数据进行分类、归纳、总结,又会形成新的数据。

（4）溯源性。数据具有可追溯性。数据的血缘关系,体现了数据的生命周期,体现了数据从产生到消亡的整个过程,具备可追溯性。

（5）不可逆性。数据血缘关系反映了数据之间的关系,它同人类血缘关系一样,从数据的形成到消亡,具有不可逆性。

10.5.3　管理会计工具和方法

从 2014 年 10 月发布《关于全面推进管理会计体系建设的指导意见》到 2017 年 9 月颁布《管理会计应用指引第 100 号——战略管理》等 22 项管理会计应用指引,再到 2018 年 8 月颁布《管理会计应用指引第 202 号——零基预算》等 7 项管理会计应用指引,这些文件中包括了很多管理会计工具和方法,现对这些管理会计工具和方法简述如下。

1. 预算管理

预算几乎影响着管理会计的每一个方面。成本会计、责任会计、业绩计量和薪酬管理都与预算相关联。预算管理具有多种用途,包括计划和协调一个组织的活动、分配资源、激励员工以及遵循社会规范。因此,预算是管理会计中受到最广泛关注的主题之一,国内外学者均对预算进行了大量的研究。

2. 成本管理

成本管理是管理会计中的一个重要研究领域,企业采用新的成本管理方法的需求与管理会计学者扩展成本管理研究范围的需求相吻合。管理会计提供了一系列的工具和方法,为试图使企业长期利润最大化的经营管理者提供信息,帮助其进行决策。成本管理领域应用的管理会计工具方法包括但不限于目标成本法、标准成本法、作业成本法等。

3. 营运管理

营运管理作为管理会计的一个重要研究领域,主要涉及促进商品和劳务横向流动的技术、设计和组织原则。本量利分析和标杆管理被视作营运管理的基本方法,营运管理是企业提升竞争力的关键。

4. 绩效管理

所谓绩效管理,是指各级管理者和员工为了达到组织目标共同参与绩效计划制订、绩效辅导沟通、绩效考核评价、绩效结果应用、绩效目标提高的持续循环过程,绩效管理的目的是持续提高个人、部门和组织的绩效。绩效管理领域应用的管理会计工具方法包括但不限于关键绩效指标、经济增加值、平衡计分卡等。

5. 风险管理

风险管理过去总是关注孤立的交易和有形资产,实施的是机械管理,其观念是降低风险而不是充分利用风险为企业谋利。风险在许多商业模式中是固有的,可以通过有组织有计划的方式将战略、流程、人员、技术和知识整合起来,以评估和管理企业在价值创造过程中面临的不确定性。

理论界和实务界对管理会计工具的整合,并不是简单地将几种管理会计工具进行叠加或者共同使用,而是更注重融合。不同的管理会计工具各有专攻,如何在这些管理会计工具之间建立起有机的联系,并将其整合在同一个企业管理会计框架内,也是近年来管理会计研究中比较令人关注的问题。目前学者们所提出的管理会计工具整合有两种:一是将多种管理会计工具纳入同一个整合框架之中,强调各种管理会计工具之间不是相互独立的,而是存在着互补性;二是以一种管理会计工具为主、其他管理会计工具为辅进行配合的整合模式。

第11章
数据应用背景下业财融合的价值实现路径

11.1 信息技术对企业业务流程重塑的影响

所谓企业流程重组,是指对企业经营流程进行根本性的再思考和彻底的重新设计,以求在成本、质量、服务和速度等绩效标准上取得重大改善。流程重组关心的是事物"应该是什么样子",而不计较"现在是什么样子"。

在手工管理方式下,企业已经形成了一个比较成型的流程和管理方法。然而在手工管理方式下,信息被割裂,无法共享,且流程看似一条线,实际上被职能化组织人为割裂。随着信息技术的发展,信息技术的应用有可能改变原有的信息采集、描述、组织、存储、检索、分析和使用方式,甚至使信息的质量、获取途径和传递手段等都发生了根本性的变化。在企业信息化建设中,仅仅用计算机系统去模拟原手工管理系统,并不能从根本上提高企业的竞争能力,重要的是重组企业流程,按现代化信息处理的特点,对现有的企业流程进行重新设计,这是提高企业运行效率的重要途径。

信息技术的发展,不仅改善了人的工作环境,提高了工作效率,而且随着信息技术的应用,实现了数据的共享和流动。它使业务流程各个环节联系更紧密,过去被分解得支离破碎的流程融为一个整体。信息网络使各个部门交织在一起,淡化了职能部门之间的界线。信息技术真正的能力不在于它使传统的工作方法更有效率,而在于它使企业打破了传统的工作规则,并创造新的工作方式,这正是企业流程重组的核心内容。

企业流程重组不等于自动化,它关注的是如何利用信息技术实现全新的目标,是如何用新的信息技术"做好当前和过去没做过的工作"。为此,需要研究新的开发方法,创造性地应用信息技术。同时,要充分认识信息作为战略性竞争资源的潜能,创造性地对现有业务流程进行分析,找出现有业务流程中存在的问题及产生问题的原因,分析每一项活动的必要性,并根据企业的战略目标,采用关键成功因素法等,发现正确的业务流程,如在信息技术的支持下,有些工作可以合并,有些组织管理层次可以减少,有些工作可以取消等。

信息技术是企业流程重组的推动力。正是信息技术的发展与应用,使企业能够打破陈旧的制度,创建全新的过程模式,使远大的目标得以实现;同样是由于信息技术的发展,有些工作可以合并,有些组织管理层次可以减少,有些工作可以取消,企业流程与企业的运行方式、组织的协调合作、人的组织管理正在发生革命性的改变。信息技术的应用是企业流程重组的核心,信息技术既是企业流程重组的出发点,也是企业流程重组的最终目标的体现者。

11.2 基于数据应用的业务流程重塑数据价值分析 ——以报销审批优化为例

本节以企业业务报销审批作为案例,介绍在信息技术环境下,如何优化报销业务流程,实现数据之间的应用。

11.2.1 背景

目前具有一定规模的企业基本实现了预算控制、网络报销以及自动生成会计凭证的信息化架构,尤其在员工借款与报销管理上能够实现借款预算控制、审批付款、见票报销、冲销借款的管理模式,在这种模式下,企业员工此类业务基本要经过两次审批,也就是借款审批一次,报销审批一次,只不过是审批的权限和层级有差别而已。这种模式造成的问题如下:

(1)员工借款已经造成了公司资源的占用,也形成了公司事实上的资源耗费。

(2)在现有核算环境下,员工借款体现的是员工占用企业资源,也就是其他应收款,而在员工绩效考核时,由于没有将这部分资源耗费考虑在当期经营结果中,造成当期的经营成果不真实。

(3)报销是以票为依据,这是基于税法规则的税务会计处理方法,而这种方法成为公司调节利润、员工调节考核结果的手段。

(4)两次审批造成企业效率低下,组织效率难以提升。

借款与报销流程见图 11.1、图 11.2。

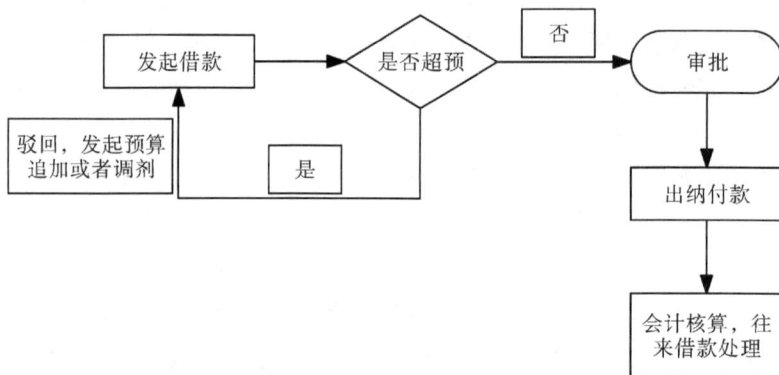

图 11.1　借款审批流程

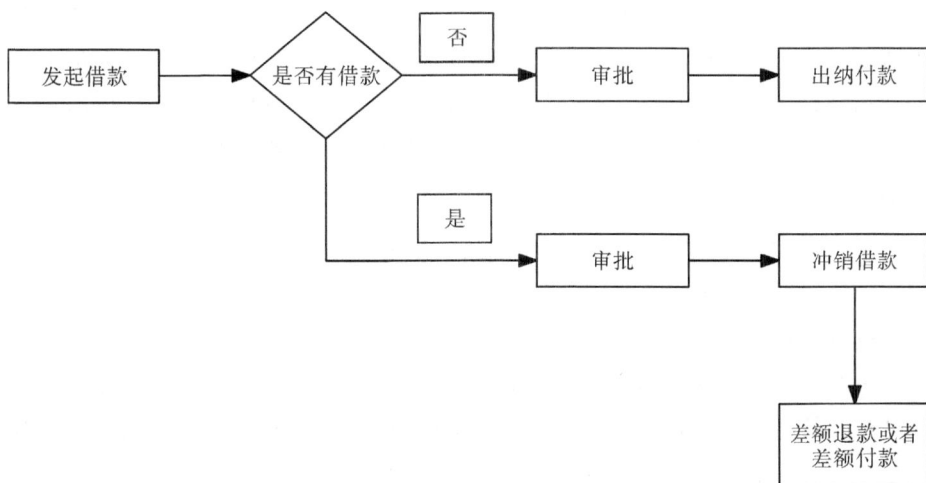

图 11.2　报销审批流程

2017 年 5 月 19 日,国家税务总局发布的《关于增值税发票开具有关问题的公告》(国家税务总局公告 2017 年第 16 号)提出:"自 2017 年 7 月 1 日起,购买方为企业的,索取增值税普通发票时,应向销售方提供纳税人识别号或统一社会信用代码;销售方为其开具增值税普通发票时,应在'购买方纳税人识别号'栏填写购买方的纳税人识别号或统一社会信用代码。不符合规定的发票,不得作为税收凭证。"该公告的出台,为企业财务软件、其他信息化系统和金税三期发票税控系统对接提供了应用基础。

首先,在此公告出台后,增值税发票税控系统关于发票的信息具有可查性和唯一性,在纳税人识别号这个唯一索引字段下,企业给谁开票、谁给企业开票的相关信息一目了然,双方的业务具有了信息化条件下的可验证性,这种信息化特点为企业购买产品和服务的报销提供了天然的交互验证条件,将企业之前基于内部业务真实性的审批延展到外部业务真实性的交互验证,为报销业务的审批简化提供了信息化保障。

其次,增值税发票税控系统严格的商品编码分类,为业务的真实性提供了保障。随着电子发票的推广,发票的开具和取得越来越便利,发票相关的大数据信息能够为企业业务管理、会计核算提供更多的共享信息。

最后,和增值税发票税控系统衔接,可以增加报销的及时性,无须等经办人拿到发票后再提报销单,提高了报销的及时性。

11.2.2　信息化背景下员工借款与报销管理优化的设计思路

1. 优化的原则

(1)如实反映经营状况的原则。员工借款与报销管理优化的首要目标是真实、及时地反映企业经营状况,一旦耗用资源,就需要反映为企业的费用,而不是反映在往来科目上。

(2)简化审批流程,提高组织效率。员工借款是基于业务而发生的,对业务的审批和管理是企业流程管理必需的环节,应将重点放在业务事前的审核和审批,而不是放在事后的报销审批。

(3)将业务核算与税务核算分开的原则。会计核算是基于企业会计准则,而税务会计是基于税务规则,在此原则下,借款一旦得到适当审批,即是企业资源的流出和耗用,应该纳入费用核算,而发票的取得只是对此业务的税务认证,需要通过科目的设计进行纳税报表的调整,两者之间具有本质的区别,故信息化背景下将二者区分具有了技术基础。

2.优化思路

会计核算系统、网络报销系统和金税三期增值税发票税控系统三个系统要彼此连接,但是抓取的数据信息和回写的数据路径不同。

(1)网络报销系统和金税三期增值税发票税控系统对接,要实现抓取以本单位纳税人识别号为主字段的发票信息,包括发票类别、发票编号、开票单位名称、纳税人识别号、地址电话、开票的编码以及商品名称、金额、经办人及身份信息;目前开票方开具发票时,没有要求提供经办人以及经办人身份证信息,这个字段需要在增值税发票税控系统中完善。

取得这些信息后,网络报销系统根据对应规则,即可判断该经办人是否借款,并自动生成报销单据。经办人借款的对应业务全部完成后,由经办人将与该借款对应的报销凭单一揽子确认后,即可由会计审核并生成预制凭证。

(2)将预制会计凭证推送至核算系统,自动生成会计凭证和凭证号。

(3)核算系统向网络报销系统回写凭证编号,以备核查。

信息化对接架构详见图11.3。

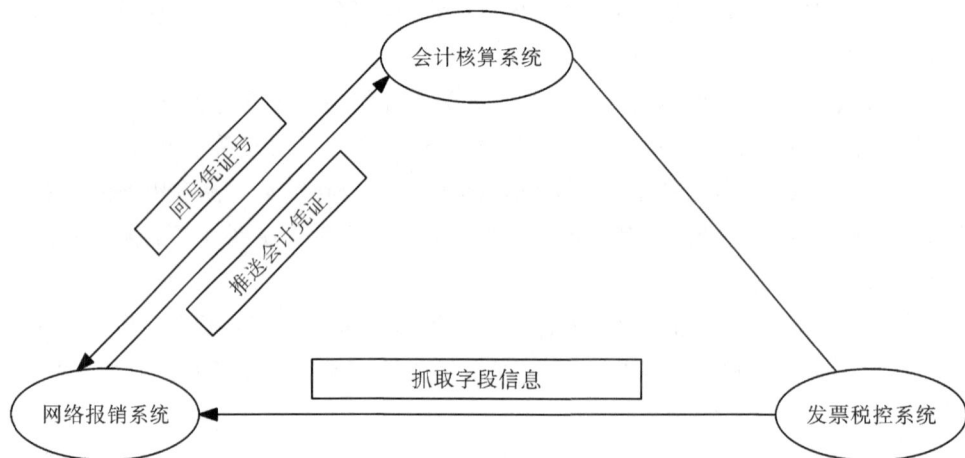

图11.3 与增值税发票税控系统对接示意图

3.审批流程的优化设计

传统的员工借款、报销的流程为两次审批,而在信息化背景下,员工借款时履行审批手续,员工报销时只要基于税控发票系统生成的报销凭单,无须再履行审批程序,仅需要经办人确认在税控系统数据下借款对应的一揽子报销凭单即可。但是,经办人报销如果超过借款限额,该一揽子报销单还是需要履行审批程序,见图11.4。

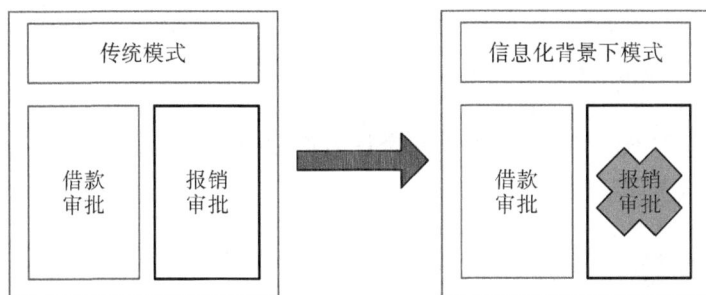

图11.4　借款与报销业务审批模式对比

11.2.3　优化后的特点

报销审批流程优化后的特点如下：

(1)可以将借款反映在当期经营成果中,使得当期的绩效经营成果真实。

(2)在这种模式下,经办人一般会尽可能控制借款,因为借款金额直接影响当期的绩效结果。

(3)简化了借款的报销流程,加强了对业务的事前审批和管理。对借款业务的报销采取大数据验证的模式,既简化了报销流程,又简化了财务人员审核票据的工作量,从而提升了组织效率。

11.3　业财融合的原则及特点

11.3.1　业财融合的原则

业财融合首先是企业正常的经营管理活动,既然是企业正常的经营管理活动,就要遵循如下原则：

1.战略导向

战略导向是企业所有业务的出发点,业财融合要服务于企业战略,要有利于企业战略目标的达成。

2.业务导向

业财融合必须以业务为导向,企业所有活动都要有利于业务发展,有利于业务健康良性发展。

3.流程导向

企业任何一项业务是由一系列活动组成的,这些活动形成了企业的流程。流程既是信息的传递,同时也是数据的传递,业财融合就要在流程中体现两者的融合。

4.价值导向

业财融合最终体现的是价值导向,通过业财融合要能够体现企业价值,体现利益相关者的价值,通过价值的实现,从而达到企业战略目标的实现。

11.3.2　业财融合的特点

大数据背景下,业财融合的特点具有以下四方面的属性,即业财融合具有业务属性、会计属性、数据属性和价值属性的特征,如图 11.5 所示。

业务属性
全面性
动态性
交互性
清单性

价值属性
嵌入性
同一性
应用性
融合性
创造性

大数据背景下业财融合的特点

会计属性
唯一性
逻辑性
枢纽性
溯源性

数据属性
共享性
关联性
多维性
血源性
共生性
系统性

01 04 02 03

图 11.5　大数据背景下业财融合的特点

就业务属性而言,业财融合具有全面性、动态性、交互性、清单性。全面性体现了业务的全过程覆盖;动态性体现了业务的灵活性以及业务是一个根据环境不断变动的过程;交互性体现了业务之间是互为结果的,彼此之间都有信息的输入和输出;清单性体现了业务的标准化,每一个业务都可以通过表单进行清单化管理。

就会计属性而言,业财融合具有唯一性、逻辑性、枢纽性、溯源性。唯一性体现了每一笔业务在会计表现上具有不重复性,是独一无二的;逻辑性体现了会计的记账特点,也体现了分布式记账的特点,透过借方与贷方的关系,体现了业务之间的逻辑;枢纽性是指会计是所有业务的交汇点,所有涉及资金的业务都将在会计中体现;溯源性是经济业务由于时间序列而使得体现在会计上的数据具有可追溯性,在一定程度体现了数据的血缘关系。

就数据属性而言,业财融合具有共享性、关联性、多维性、血源性、共生性、系统性。共享性是业财融合中最重要的特点,在大数据背景下,流程之间的数据不再是封闭的,而是具有开放性和共享性,后端流程不需要等到流转到该环节时才能看到,而是数据一旦产生,涉及的后端环节即可看到数据,根据数据进行事前决策;关联性充分发挥了大数据和互联网的特点,流程内、流程之间的数据能够建立逻辑关系,通过关联数据,可以更好地发挥数据的价值;多维性是在大数据背景下,数据颗粒度会更加多维,对一个数据可以设置并添加更多的标识,通过数据的多维度标识,使得数据更具有价值;血源性体现了大数据的特点,通过血缘关系分析,对数据的来龙去脉更清晰,既便于追溯,同时也可以发现数据问题;共生性是数据之间会建立一个数据生态,会形成一种生态关系,为数据的加工、挖掘提供一个良好的生态基础;系统性体现了大数据背景下业财融合是一个系统工程,而不是一个孤立的或者割裂的工程,需要系统化思维。

就价值属性而言,业财融合具有嵌入性、同一性、应用性、融合性、创造性。嵌入性是大数据背景下业财融合需要各类管理工具包括管理会计工具、决策应用工具的嵌入,没有这些工具的嵌入,业财融合就如面和水一样,永远无法融合;同一性是指业财融合本就是一个体系的,彼此互联的,就如太极阴阳一样,是你中有我,我中有你的,尤其在大数据背景下,数据即业务,数据即财务;应用性是大数据背景下业财融合具有决策应用性和管理驱动性,要充分发挥业财融合的应用价值;融合性是大数据背景下业财融合的归一性,真正实现业即是财,财即是业;创造性是大数据背景下业财融合的终极目的,业财融合就是要创造更大更好的价值,如果背离这个目标,业财融合就没有存在的意义。

11.4 大数据背景下业财融合的机理研究

11.4.1 业财融合的双循环驱动

在科层制组织架构下,职能化带来了专业化,倡导"专业主义",但职能化同时带来了"职能之墙"(functional wall)"(王斌),带来了部门"官僚主义"和"地盘主义",同时带来了内部流程的人为切割。"铁路警察,各管一边",这是科层制带来的负面结果。由于这种组织架构,导致业务和财务矛盾激化,业务抱怨财务不理解他们,财务抱怨业务总想突破底线,不配合财务工作。在业财融合环境下,职能逐渐淡化,取而代之的是流程节点的专业化,而非原来的职能流程化。同时,将专业化嵌入流程活动中,以流程驱动业务而非以职能驱动业务;将财务嵌入流程活动中,随着财务的流转实现对业务的支撑和发展。

业财融合的本质是:以业务经营活动为出发点,以流程为导向,将财务管理活动嵌入业务经营活动中,将业务活动和财务管理活动融为一体,是企业价值创造的自驱行为和过程。

业财融合是两个驱动循环的融合,一个是战略决策循环,战略决策的基础是环境影响战略,战略影响业务,业务影响架构,在战略决策循环中,战略决定目标,目标决定业务,业务决定资源;另一个是运营支持循环,在运营支持循环中,以资源为出发点,资源驱动流程,流程驱动数据,数据驱动管理,管理驱动价值。两个循环既自成体系,同时又形成一种以资源为纽带的"倒8字"循环,如图11.6所示。

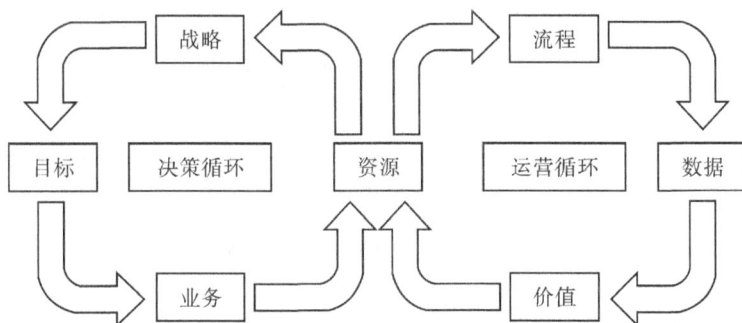

图 11.6 企业两大循环示意图

战略决策循环和运营支持循环以资源为纽带,将战略与价值融合起来,将业务与流程融合起来,将决策与运营融合起来。财务是贯穿于战略、业务、流程、价值全过程的一只既有形又无形的"手",这只"手"与业务如影随形,最终将战略与价值融合起来。企业的经营开始于战略,归结于价值,制约于资源。业务与财融如同太极的阴阳一般,你中有我,我中有你,浑然天成,如图11.7所示。

图11.7 业财融合太极图

11.4.2 业财融合机理分析

数据应用背景下业财融合的机理,我们认为首先是机制融合,机制包括企业治理、组织架构、制度、技术、流程、数据等方面,其次是业财数据的融合,再次是工具和应用嵌入融合,最后才是业财融合和价值创造。机制融合是业财数据融合的基础,没有机制,业财无法融合;在业财数据融合的基础上,数据决策需求和数据决策管理工具能够跟上,数据才能为经营决策提供支撑和服务。数据应用背景下业财融合的机理如图11.8所示。

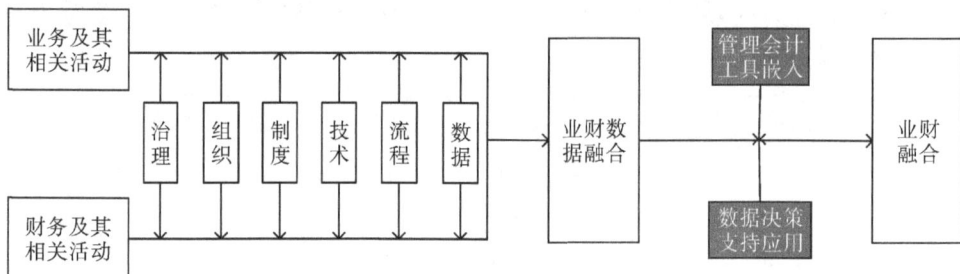

图11.8 大数据背景下业财融合机理传导图

1. 大数据背景下业财融合的对象

在大数据背景下,业财融合是大业务和大财务的融合。所谓的大业务,是与企业经营相关的基本业务和辅助业务,从波特的价值链角度看,涉及基本活动,包括企业生产、销售、进向物流、去向物流、售后服务,也涉及基本活动之外(财务也除外)的支持性活动,包括人事、计划、研究与开发、采购等活动;大财务不是通常意义上的财务活动,既包括会计活动,也包括财务活动。所以,大数据背景下业财融合对象是一个全方位、全过程、全覆盖的所有活动。

2. 大数据背景下业财融合的驱动因素

在大数据背景下,业财融合需要三个驱动支撑,第一个驱动是机制融合,第二个驱动是数据融合,第三个驱动是工具和应用的融合。

(1)机制融合驱动。在大数据背景下,企业需要一个好的机制体系,这个机制体系包括治理体系、组织体系、制度体系、技术体系、流程体系和数据体系,这六个体系具有宏观层面的顶层设计,也有运营保障层面的执行设计,还有技术和数据管理的前瞻性架构设计,这是大数据背景下企业业财融合的基础,一个企业业财融合是否有效,这个机制起决定性的作用。

(2)数据融合驱动。在机制融合的基础上,企业能够实现业务数据和财务数据的实时联动、共享和沉淀,确保企业每一个业务能够实现业务驱动资源、资源驱动流程、流程驱动数据,数据之间虽在物理上是独立的,但在逻辑上是关联的,实现了业务数据和财务数据的高度融合,避免了之前信息孤岛效应和信息割裂的局面。

(3)工具和应用的融合驱动。大数据背景下业财数据融合实现了数据最小颗粒度的归集,将管理会计工具和数据决策支持应用融合到业财数据中,才能实现数据的应用价值。

3. 大数据背景下的业财融合

在大数据背景下,通过三个维度的驱动,最终实现企业的业财融合,业财融合也从理念和思维的融合,达到真正意义上的业财融合。

11.5　大数据背景下价值创造的机理分析

大数据背景下,业财融合通过三个驱动的融合,实现了大业务和大财务真正意义上的融合,但是这种融合的终极目的是创造企业价值。如何创造企业价值,作者认为必须将企业的双循环驱动也融合进来,将双循环驱动和业财融合有机地结合起来,才能实现业财融合的价值创造。如图 11.9 所示。

1. 三个融合是核心

在大数据背景下,机制融合、数据融合、工具和应用嵌入融合是创造的内核,也是价值创造的基础,犹如人的心脏和大脑,是决定价值创造的核心。

2. 两个循环是加持

战略决策循环和运营支持循环是企业运营的两个方面,一个倾向于顶层、宏观和方向,另一个倾向于执行、运营和结果,这两个循环是大数据背景下价值创造的加持因素,厘定了企业的边界。这两个循环正如前述所言,既是相互独立的循环,又是一个相互交融的"倒 8 字"循环,两个循环也犹如一个太极,你中有我,我中有你。同时,这两个循环最终又会体现到业财的机制融合、数据融合、工具和应用嵌入融合上。

3. 资源耗用是驱动

战略决策循环和运营支持循环以资源为纽带,形成了战略、资源、价值的衔接。资源是战略决策循环的终点,又是运营支持循环的起点;相对运营支持循环而言,资源是运营支持循环的终点,又是战略决策循环的起点。企业的资源毕竟是有限的,在有限的资源条件下,既涉及资源的配置,同时又涉及资源的耗费,资源的配置连接战略,资源的耗费连接流程,耗费资源的过程正是流程驱动的过程。伴随流程的驱动,业务和财务在三个融合的驱动下,在战略决策循环和运营支持循环的加持中,为战略决策提供支撑,为运营支持提供分析,最终实现业财融合的价值创造。

图 11.9　大数据背景下业财融合价值创造示意图

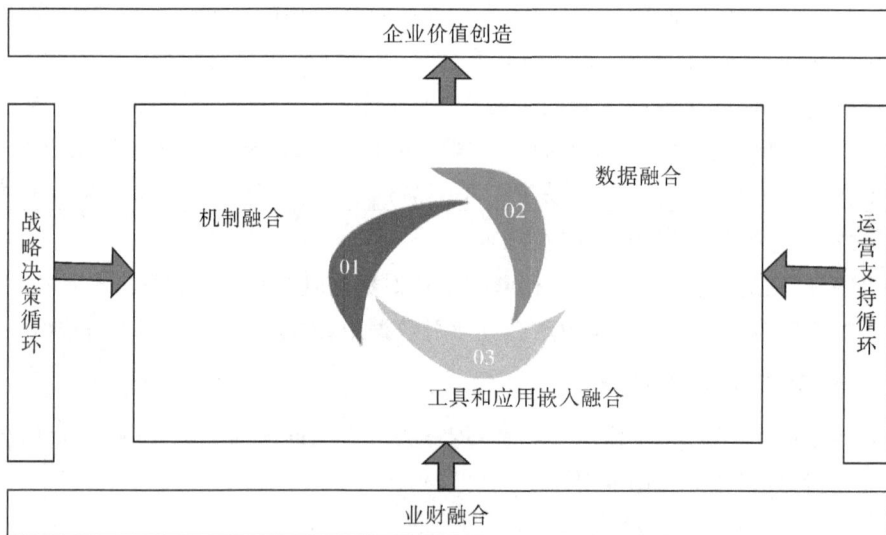

第12章
A企业业财融合案例分析

12.1 A企业基本情况介绍

A企业成立于××××年,是一家经营范围涵盖工程施工、设计、装备制造、资本营运、房地产开发、物资贸易等领域,并具有对外经营权的特大型企业集团。A企业下辖14个全资子公司、13个国内区域指挥部、4个国际区域指挥部,A企业现有正式员工18000人左右,具有铁路总承包特级资质,房建、公路、市政等工程总承包一级资质,在建项目700多个。集团公司施工队伍分布在全国近30个省、市、自治区及利比亚、马来西亚、新加坡等国家的一些地区。集团各分公司、子公司为项目管理的主体,项目部为企业派出机构,以项目为管理对象,代表企业协调外部关系、指挥施工生产,并对工期、成本、效益、安全、质量及相关的经济、法律责任负责。

A企业的财务组织结构采取的是"集团—分公司及子公司—项目部"的三层级管理,集团财务部负责公司资金管理、财务分析、资产管理、融资管理、会计核算、稽核会计、报表决算、税务管理、报表编制、财务风险管理等工作,同时负责指导分公司及子公司的财务管理工作。分公司及子公司实行独立核算,财务部内部一般也会设置会计核算、报表编报、资金管理、税务管理等岗位。项目部的财务部通常设置项目财务主管、项目会计和项目出纳岗位。

12.2 A企业业财融合的现状及动因

A企业的员工众多,业务覆盖十分广泛,在进行会计核算、经营分析、优化财务管理模式、提升财务团队能力等方面遇到了一系列问题,主要表现在:

1.财务职能界面模糊,不利于岗位专业化,不利于有效考核

会计核算、财务管理的职能分工界面比较模糊,如相当一部分财务人员既从事会计核算工作,又从事企业经营分析工作,还参与业务工作,在工作过程中需要频繁切换工作内容。同一岗位承担多项职能,通常难以量化各岗位各职能的工作量以及需要耗用的时间,财务人员配置合理性难以评估,既不利于岗位的专业化,也不利于对财务人员进行有效考核。

2.财务职能的决策支持能力有限

集团的发展要求深入分析财务数据,更多地分析本公司的环境与发展状况,提供决策支持信息,为管理提供建议,帮助企业提高营运效率。

但是,一方面由于公司的项目众多,日常需要处理的各种会计业务很多,时间基本都用在稽核、记账、资金收支和财务决算等事务上,用于决策分析的时间较少;另一方面由于财务部门与业务部门的沟通不够充分、不深入,且财务分析工作一般要到每个月下旬才能开始,财务分析结果相对滞后,对业务决策的支持作用有限。

3.财务管控能力不足,存在各类监管漏洞和不可控的财务风险

首先,财务人员素质和能力参差不齐,不同核算单位之间同一类业务操作标准不统一,出现资金审批手续不完善、报销票据不合规等现象,导致存在一定的资金控制风险和税务检查风险。

其次,分散的财务管理模式和会计基础工作的不规范,使得总部对分散在外的分公司及子公司或是项目上的财务会计人员与业务人员之间的一些合谋行为或集体违规行为难以及时识别发现。

最后,财务管控事后分析较多,缺乏事前管控,整体管理能力不足,使得财务管理过程中容易存在可能的监管漏洞,导致更多不可控的财务风险。

4.重视信息化建设工作,但是信息孤岛仍然存在

为了满足业务运行需要,A企业先后投入使用了多个业务系统,涵盖了多个业务模块,如财务管理系统、物贸供应链管理系统、综合项目管理系统、人力资源系统、OA系统等,其中财务管理系统包括资金管理系统、债权债务系统、网上报销系统、财务核算系统、报表系统等。但是,A企业的各信息系统没有实现互联互通,形成了信息孤岛,数据标准不一致,导致信息多口录入,信息不一致情况严重。

为解决公司业务财务信息不对称问题,推动公司业财一体化融合,A企业高层决定正式立项财务共享服务中心项目,并选择X软件公司作为合作伙伴,共同建设财务共享服务中心。

12.3 A企业业财融合项目建设目标及建设思路

12.3.1 项目目标

结合集团面临的财务问题,A企业确定了项目的总体目标是:建设业财税一体化的管控型财务共享服务中心,借助财务共享服务中心的支持,打破业务数据在各部门的孤立现状,搭建扁平化、集约化管理平台,再造管理架构,调整资源分配,使各分公司、子公司、业务部门更加紧密、有机地处理企业业务,提升协同管理能力。具体目标分解如下:

1.提升管控力度

采取融服务于管控的方式构建财务共享服务中心,通过即时的数据收集、处理、监控、定期报告的方式,更多地参与事前和事中控制,配合企业集团总部加强对成员单位的管控力度,降低企业风险。

2. 推动财务转型

以财务共享服务中心建设作为推动财务转型的手段与工具,助推集团财务从整体出发,明确职能愿景和角色定位,厘清各级财务组织、各个财务条线的权责分工,协同配置资源,最终通过专精分工、流程优化及信息化配套,打造一体化的财务专精团队,提升财务运营效率与能力并加强内控。

3. 实现业财融合

通过财务共享服务中心实现财务系统与项目管理系统、人力资源系统等业务系统的集成,从数据源头入手,统一业务和财务数据口径和数据假设,减少口径转换,加强业务财务衔接,实现业务财务系统一体化。

4. 统一数据标准

通过财务共享服务中心的财务基础数据和业务数据的标准化,使得财务共享服务中心与业务系统交换的都是标准化的数据,如往来单位、项目等信息,以保持财务基础数据和业务数据的一致性。

5. 实现流程再造

推进流程标准化、业务标准化与审核标准化,制定并完善一系列财务管理制度及执行标准,使得企业整体业务处理规范程度显著提高,夯实基础工作,有效提升核算质量。同时,通过再造管控流程,建立权责界面清晰、管控要素全面、业务活动精简的流程标准,落实企业管控要求。在逐个梳理流程关键控制点的基础上,通过流程的梳理优化,规范各环节操作标准,明确各岗位责任义务,将核算及内控标准依托系统固化至流程操作过程中,在提高财务流程效率的基础上形成有效的控制标准,有效提升风险防控能力。

6. 提升信息质量

通过规范化的财务共享服务中心流程,统一处理各下属单位会计核算工作,统一会计核算标准、统一会计职业判断,如实地反映各单位生产经营情况、经营成果以及资金状况,提高会计信息质量,便于总部掌握项目的真实信息。通过合理地配置财务共享服务中心的岗位分工,利用信息技术手段,提高工作效率,进而从质量与效率两方面不断提高服务水平。

7. 培养人员队伍

企业将烦琐的基础性核算工作交由财务共享服务中心统一进行处理后,将各单位财务人员安排在财务分析和成本管理的岗位上,促进其更加紧密地与业务人员合作协同,深入业务的各个环节,发掘可降低的成本和可提升的管理点。财务共享服务中心建立后,数据的透明度和可比性更高,财务分析的可利用数据质量更好,也有助于各单位财务人员发挥更大的业务伙伴作用,进一步支持和促进成员单位及时作出正确的经营决策,从而提高自身能力和企业整体业绩。

12.3.2　项目总体建设思路

项目组首先对A企业的业务进行梳理,按照项目建设目标对面临的财务税务问题进行详细的剖析,确定了财务共享服务中心的总体建设思路为:基于"五化"管理的核心理念,设计构建一个具备"流程化、标准化、一体化、信息化、智能化"特征的"业财税"一体化管控型财务共享服务中心。

1. 坚持"五化"管理的核心理念

1）流程化

流程化是指将现有正在运行的管理流程、业务流程、审批流程等进行梳理固化，打通业务在各产业单位、职能部门、领导人员、操作人员等关键节点之间的关联通道，在防范风险的同时提高工作效率。

2）标准化

标准化是指对于相同业务所涉及的各产业单位、职能部门，统一"一种语言"，基于一套标准，具体包含制度标准、分类标准、架构标准、数据交换标准等。标准化是企业战略规划、数据分析决策、财务共享服务中心建设的基础和前提。

3）一体化

一体化是指在标准化的基础上，将业务发生的全过程有机地在各单位之间结合，并形成透明的、真实的、连贯的、简化的、可控的、可追溯的业务管理架构。一体化可以解决企业各类报表中经常会出现的业务部门、财务部门之间同一指标统计数据不一致的问题，解决各个业务单元、职能部门常见的数据孤岛问题。

4）信息化

信息化是企业业务和财务流程化、标准化、一体化的技术基础，通过信息化系统平台建设，将标准化的流程、精准的控制、业务的流转、各部门的职责、管理要求等方方面面的内容，嵌入系统中，形成固化的系统功能。所有对应业务流程的发生、办理、归档都必须从信息化系统平台中流转。

5）智能化

标准的流程、一体化的数据借助信息化系统平台，形成企业数据仓库，但通常都表现为静态的数据存储，加上业务人员和会计人员通常都不具备太多的信息技术知识，很大程度上限制了数据价值的发挥。通过智能化处理将信息系统中存储的数据资产进行归类分析、组合计算，在管理驾驶舱自动展示分析结果、推送业务报警信息和企业营运预警信息，可以服务于企业内部的战略决策者；通过自动生成对外报告信息，又可以服务于外部的信息使用者。

2. 确定高层督导、重点突破、稳步推进的原则

为保证A企业的财务共享服务中心能顺利建成并营运，达成业财税一体化管控的建设目标，项目组确定了"高层督导、重点突破、稳步推进"的建设原则。

1）高层督导

组建由最高领导班子牵头的项目实施决策小组，全程参与督导财务共享服务中心建设过程。

建设财务共享服务中心，是财务部门针对会计、财务职能分解、优化的重要改革措施。财务数据是企业战略级数据，对财务数据的产生流程进行再造，是企业的一件大事。业财税一体

化涉及了大多数的业务部门,在建设过程中一定会存在较多的困难点和矛盾,势必会对现状产生影响。在财务共享服务中心的建设过程中将问题分类交由对应层级的领导进行决策,并由高级领导参与和督导,势必会对项目的实现起到至关重要的作用。

2)重点突破

财务共享服务中心建设过程中所遇到的问题千差万别,不会一蹴而就。为成功建成财务共享服务中心,必须首先重点突破原则性的、能解决的、关键的问题,突破业务和技术上的壁垒,保证财务共享服务中心的建设和正常运转。对于短期内无法解决或非关键性的问题,如果不影响项目进程,可以先暂时搁置,待突出矛盾解决后再行推进。

3)稳步推进

财务共享服务中心的建设要持续进行,稳步推进,千万不可急功近利。

12.3.3　应用架构设计

财务共享服务中心的系统平台架构(见图 12.1)具体包括开发平台、建模平台、流程平台、集成平台、分析平台、数据平台、微信对接平台。A 企业在这一系统平台上构建了主数据管理系统、电子影像系统、网上报账系统、财务共享服务平台系统、财务核算系统、电子档案系统,这些系统又均与业务系统之间有对接,使集团的成本管理、债权债务管理、资金管理、税务管理、固定资产管理、报表管理、全面预算系统和商业分析系统等管理会计的应用都建立在构建的财务共享服务中心之上。A 公司构建的财务共享服务中心还实现了外部与银行系统、税务系统、商旅系统的对接,内部与办公系统的对接。

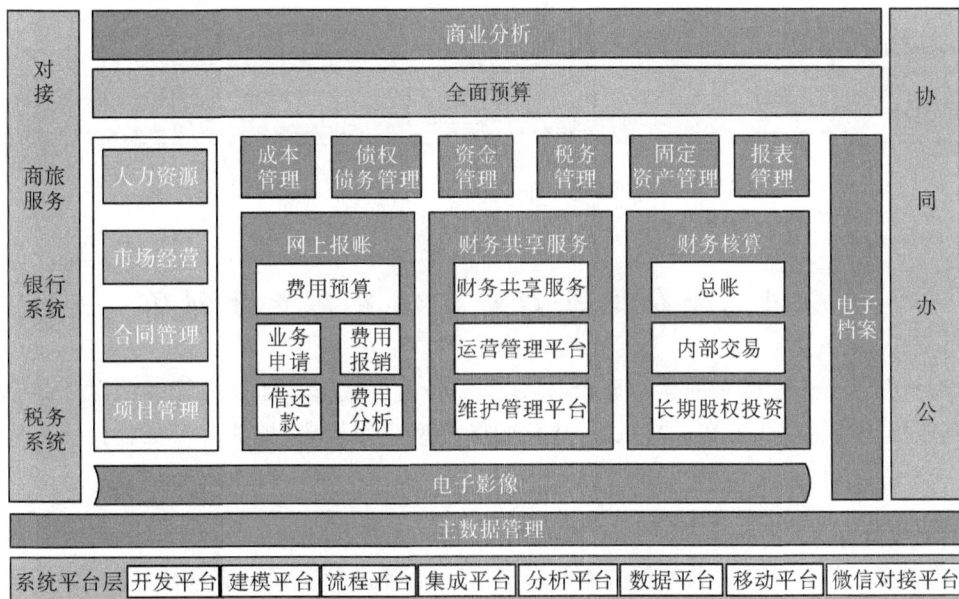

图 12.1　A 企业财务共享服务中心系统平台架构

A 企业财务共享服务中心系统整体框架、A 企业财务共享服务中心建设的应用架构分别如图 12.2、图 12.3 所示。

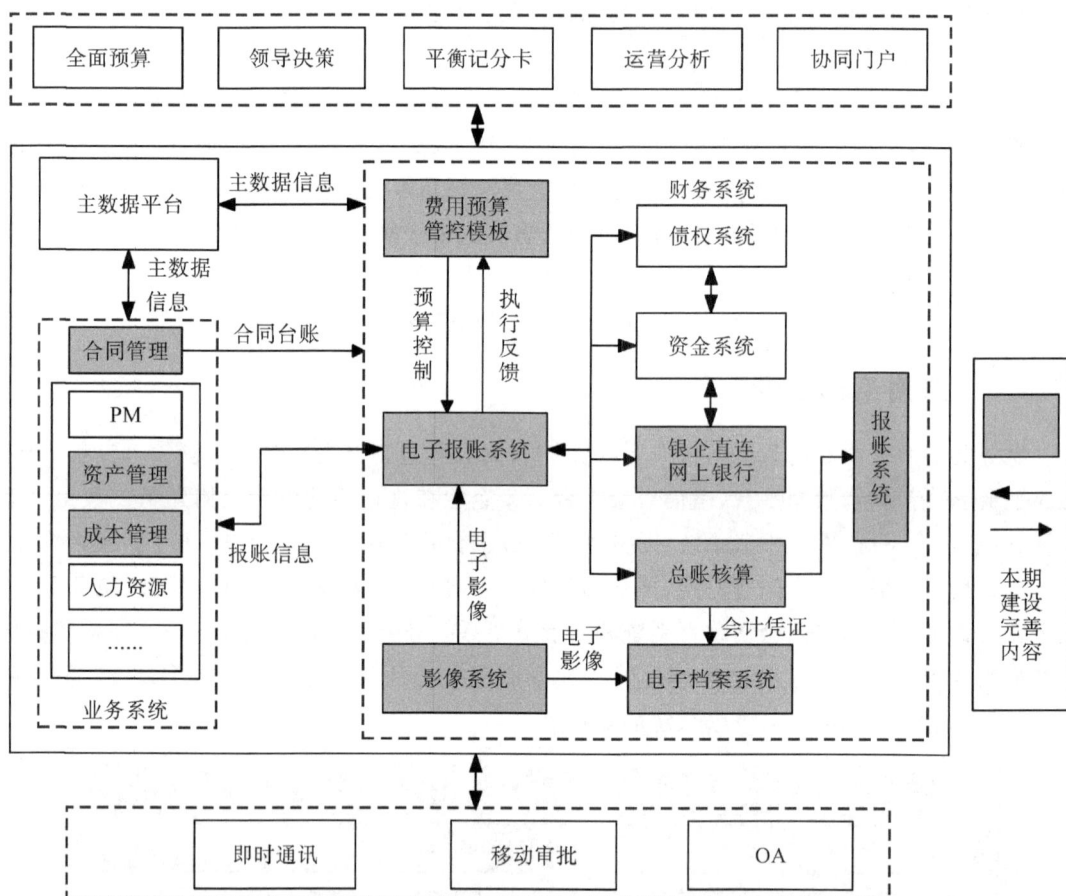

图 12.2　A 企业财务共享服务中心系统整体框架图

12.4　A 企业业财融合项目的管理创新

A 企业基于"五化"管理的核心理念,构建了业务财务税务一体化的管控型财务共享服务中心,其应用创新主要表现在:业财税一体化的管控型应用架构,规范统一是管控能力实现的核心,实现了"三算"集中,设立了业务监察。

1. 业财税一体化的管控型应用架构

该业财税一体化的财务共享服务中心形成了 A 企业的信息化生态环境,不仅保证了数据真实性,避免了数据的重复录入,还通过智能化功能,加强了集团管理的管控能力。

2. 规范统一是管控能力实现的核心

各单位对经济业务发生的合理性、真实性以及经济活动产生的结果负责。财务共享服务中心则负责在经济业务发生过程中提供规范、统一的服务,对过程的规范性进行管控。财务共

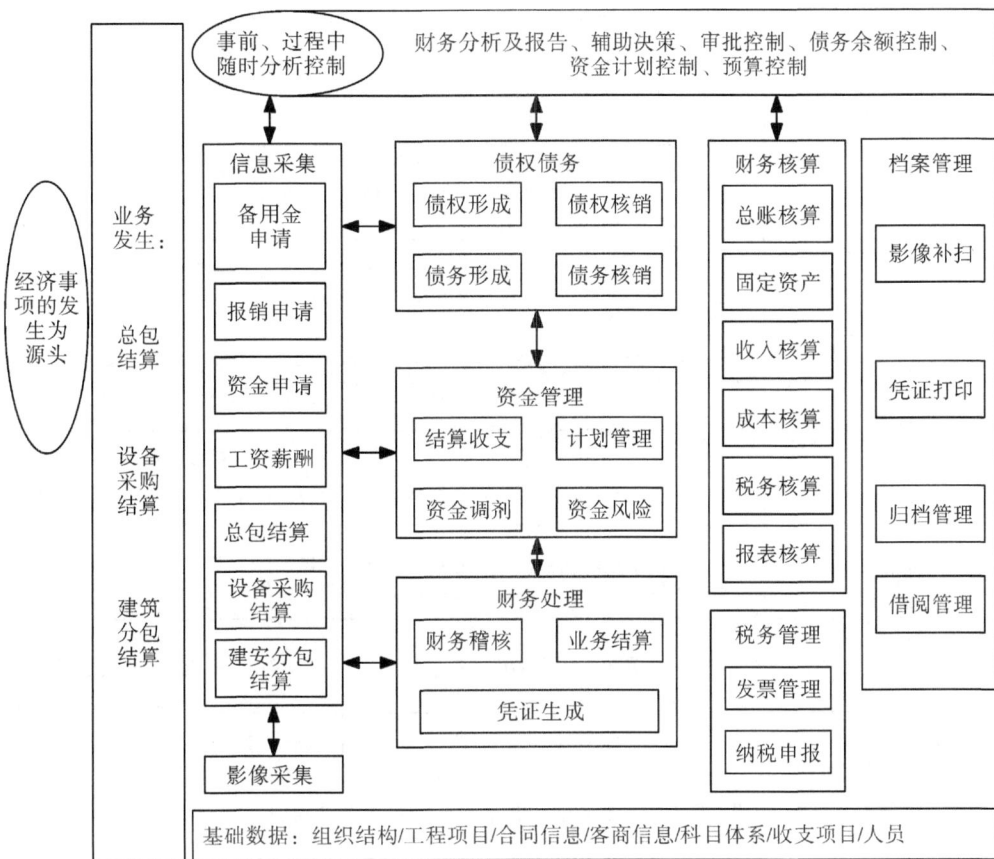

图 12.3 A企业财务共享服务中心建设的应用架构

享服务中心的营运要求做到流程规范、标准统一、管控要求统一、服务水平统一,如图 12.4 所示。

在该财务共享服务中心的支持下,财务人员在没有增加工作量的基础上,实现了财务管理水平提升、职能优化的目标,为 A 企业创造了更大价值。

3. 实现了"三算"集中

A 企业建设了"三算"集中的财务共享服务中心,有利于财务处理的标准化、流程化,能使企业管理制度快速落地。"三算"集中指核算、结算和决算的集中。

(1)"核算"集中:所有业务数据通过共享服务中心流程流转后,最终到达会计部门,进行工厂化处理。

(2)"结算"集中:全集团所有资金收支业务集中到财务共享服务中心处理,降低资金风险。

(3)"决算"集中:集团所有月报、季报集中到财务共享服务中心自动生成。

将"三算"集中纳入共享中心后,再进行专业化分工,使相同性质的业务归集到同一部门,由同一部门处理全集团该类型业务,保证政策执行,使业务运行在"阳光"下。

各单位对经济业务发生的合理性、真实性以及经济活动产生的结果负责。

业务真实性责任主体	由于经济业务是在各单位发生，因此对经济业务的真实性、合法性、规范性，各单位需承担相应的会计法规责任。
内控责任主体	由于各项经济业务在本地发生，故涉及会计核算最基础的原始记录都由本地收集。各地要执行内部控制的各项规定，取得真实合法的原始凭证，按规定流程发起报账。
资源管理责任主体	各单位仍然按照预算管理的各项规定，实施资源的分配和动态管理，承担各项绩效考核责任，不会因财务共享服务中心的成立而改变各单位的责权利格局。
审批责任主体	各单位在报账时使用的是本单位的资源、资金计划和预算，因此报账审批流程和对外支付款项的审批责任不会发生改变，仍然由各单位负责。
审计责任主体	仍以各单位为基础展开经济审计、税务审计、工程审计和其他各项财政工商检查，对审计工程中发现的问题，各单位仍需承担相应的责任。
税收责任主体	需进行属地申报的税目仍按现有规定属地申报缴纳，如发生涉税问题，由成员单位负责沟通协调，不影响各单位和当地政府的关系。

财务共享服务中心负责在经济业务发生过程中提供规范、统一的服务，对过程的规范性进行管控。

流程规范	标准统一	管控要求统一	服务水平统一

图12.4　A企业财务共享服务中心权责管控图

4.设立了业务监察

A公司的财务共享服务中心还包含了业务监察部门。业务监察部门负责监督业务正确进行，持续对业务处理是否合规、处理时间是否有效进行监察，并稽核一定比例的单据，对不合格单据进行通报和内部整改，将错误账务处理风险管控在安全线以下，保证财务共享服务中心业务处理的有效性。

12.5　A企业业财融合项目的价值创新

1.管理效率提高

财务共享服务中心全面运行后，满足了集团公司管理制度与规则落实到位的要求，其规模效应下的运作成本逐渐降低、服务质量与运作效率逐渐提高，且系统能够满足各种类型单位的业务需求，包括一般的工程项目、工业制造、房地产项目、并账项目等。

2.财务管理前端化

简单的、重复的、标准化的财务业务，由财务人员在财务共享服务中心统一处理；业务财务则借助业财税一体化的财务共享信息化平台系统和强有力的管理会计方法和工具并结合各个公司的管理制度，对业务进行深入分析，在业务前端就进行财务管理控制，不仅使得资源得到合理配置,而且更有助于使管理风险得到有效控制。

3.内外部报告一键生成

借助财务共享信息化平台,将报表取数规则、数据维度融入业务规则中,使得财务科目、业务类型等与报表相关的参数与报表维度分类相同,既满足了日常业务流转的需要,又符合报表取数的需要,将会计期末的报表工作有机分散在日常账务处理中。

4.数据共享和数据增值体现

财务共享服务中心建设完成后,构建了一个全集团统一的数据中心,存储各类不同的财务及业务数据。同时构建配套的数据管理组织、数据流程、数据标准、质量控制及技术支撑,保障数据在全集团范围内的唯一性、及时性、准确性。通过企业级数据仓库实现了业财数据中心的落地,通过决策支持系统的统计分析,可以满足不同时期、不同角度的分析要求,最终实现财务数据数出一源、数存一处、一数多用,支持企业智能化营运、精准决策,逐步体现出企业数据资产的增值作用。

5.多业务系统支撑和多环节业务控制

A企业建设财务共享服务中心之初,就有意识地避免建立孤立的财务共享服务中心产品,防止出现财务人员在落实日常业务之后,仍需将业务数据翻译成财务维度数据,手工填写到财务共享服务中心系统的低效局面。同时,主干业务数据需要基本数据支撑,实现业务数据在系统中的流动共享。如大部分数据都需要合同,如果没有合同管理系统,业务数据虽可填写合同名称,但不能引用合同条款或证明其合法性。再如资产管理、供应链管理、PM管理等系统的存在,不仅丰富了A企业系统生态,使得数据之间环环相扣,造假成本较高,而且能为精益化管理提供丰富的数据支撑,使得深挖数据、分析多维、控制多点成为可能。

参 考 文 献

[1]全国信息化和工业化融合管理标准化技术委员会.信息化和工业化融合管理体系:基础和术语(GB/T 23001—2017)[S].北京:中华人民共和国工业和信息化部,2017.

[2]全国信息化和工业化融合管理标准化技术委员会.信息化和工业化融合管理体系:要求(GB/T 23001—2017)[S].北京:中华人民共和国工业和信息化部,2017.

[3]全国信息化和工业化融合管理标准化技术委员会.信息化和工业化融合管理体系:实施指南(GB/T 23001—2017)[S].北京:中华人民共和国工业和信息化部,2017.

[4]何顺果.人类文明历程[M].北京:高等教育出版社,2000.

[5]奚惠鹏,王源.浅谈学会工作信息化[J].科协论坛,2009(7):29 - 31.

[6]霍瑟萨尔.心理学史[M].郭本禹,等译.4 版.北京:人民邮电出版社,2011.

[7]颜爱民,廖伟.浅析业务流程管理(BPM)理论及应用实践[J].湖南经济管理干部学院学报,2015,16(4):36 - 37.

[8]吴江,徐波,顾平安,等.中国电子政务:进行中的对策政务环境:政务流程的规范化和优化[J].电子政务,2004(Z2):55 - 56,136 - 137.

[9]水藏玺.业务流程再造[M].5 版.北京:中国经济出版社,2019.

[10]弗朗茨,柯克莫.埃森哲顾问教你做流程管理[M].谭静,叶硕,贾俊岩,译.北京:机械工业出版社,2016.

[11]王斌.论业财融合[J].财务研究,2018,3(21):3 - 9.

[12]汤谷良,夏怡斐.企业"业财融合"的理论框架与实操要领[J].财务研究,2018,2(20):3 - 9.

[13]财政部会计司.管理管理案例示范集[M].北京:中国财经出版传媒集团,2019.

[14]项目管理编写组.项目管理知识体系指南(PMBOK 指南)[M].6 版.北京:机械工业出版社,2015.

[15]宋文官.电子商务概论[M].4 版.北京:清华大学出版社,2017.

[16]万映红.管理信息系统[M].西安:西安交通大学出版社,2014.

[17]罗素,诺维格.人工智能:一种现代的方法[M].殷建平,祝恩,刘越,等译.北京:清华大学出版社,2013.

[18]张锦,王如龙.IT 项目管理从理论到实践[M].2 版.北京:清华大学出版社,2014.

[19]林子雨.大数据技术原理与应用:概念、储存、处理、分析与应用[M].3 版.北京:人民邮电出版社,2021.

[20]王关义,刘益,刘彤,等.现代企业管理[M].5 版.北京:清华大学出版社,2019.